Die großen Rätsel

Seltsame Ereignisse aus 2500 Jahren

Walter-Jörg Langbein

Die großen Rätsel

Seltsame Ereignisse aus 2500 Jahren

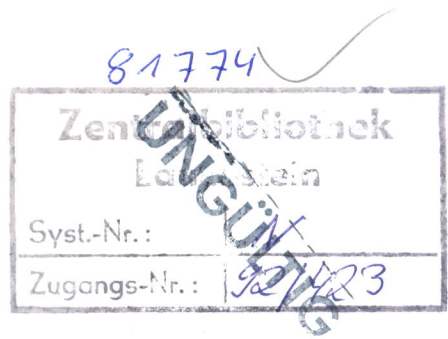
Weltbild Verlag

Über den Autor

Walter-Jörg Langbein, geboren 1954 in Coburg, lebt bei Bad Pyrmont. Er studierte in Erlangen evangelische Theologie. Nach Übersetzungen u.a. rätselhafter Schrifttexte ("Qumran") und umfangreicher Passagen des Alten Testaments von den hebräischen Originalen ins Deutsche erste Buchveröffentlichung 1979 mit internationaler Auszeichnung ("Astronautengötter"). Es folgten Beiträge zu mehreren Sachbüchern ("Neue Beweise der Prä-Astronautik", 1979, "Aus den Tiefen des Alls", 1985, "Kosmische Spuren", 1989, "Neue Kosmische Spuren", 1992) und zahlreiche Sachartikel sowie Serien. Der Autor gilt in internationalen Fachkreisen als Experte auf dem Gebiet der Prä-Astronautik (Waren die Götter Astronauten?).

Copyright © 1992 by Weltbild Verlag GmbH, Augsburg, Autor und AVA GmbH, München-Breitbrunn
Einbandgestaltung: Peter Engel, München
Gesamtherstellung: Maasburg GmbH, München
Druck: Wiener Verlag, Himberg bei Wien
Printed in Austria
ISBN 3-89350-136-3

Inhalt

Vorwort

In unserer modernen Welt hat der Pragmatismus sich in so allumfassender Weise sämtlicher Denkbereiche bemächtigt, daß darüber oft vergessen wird, wie ungesichert noch so manche unserer Erkenntnisse tatsächlich sind. Die Fortschritte dieser Erkenntnisse z. B. der Naturwissenschaften verleiten leicht dazu, die Welt für restlos erklärt oder jedenfalls erklärbar zu halten. Dabei sind es eben die Naturwissenschaften, allen voran die Physik, die sich heute der sich völlig neu eröffnenden Bereiche bewußt sind, welche das bisher scheinbar zuverlässig gewonnene Weltbild bereits wieder fragwürdig machen und – wieder einmal – zu ganz neuen Vorstellungen von der Beschaffenheit unseres Universums zwingen.

Nun ist gewiß ein quantitativer und qualitativer Unterschied, was man als "ungelöstes Rätsel" des Universums bezeichnet oder was mehr oder minder lediglich Marginalien der menschlichen Existenz sind. Und es gibt wirkliche und vermeintliche Rätsel, unlösbare und nur ungelöste. Aber da neben den "großen" auch die "kleinen" Rätsel vorkommen, haben auch diese ihr Existenzrecht.

Vor über 150 Jahren hat der Berliner Professor Emil Du Bois-Reymond seine Formel "Ignoramus et ignorabimus" geprägt: wir wissen es nicht und werden es nie wissen – als Kurzfassung für seine berühmten Sieben Welträtsel, die er damals formulierte und die - jedenfalls größtenteils – bis heute ebenso ungelöst sind wie damals. Er hielt sie für grundsätzlich unlösbar, der Philosoph Ernst Haeckel, sein Zeitgenosse, für teils lösbar, teils falsch gestellt. Es sind die Fragen nach dem Ursprung der Bewegung, des Lebens, der Empfindung, des vernünftigen Denkens und der Sprache, ferner nach dem Wesen der Materie und Kraft, der Zweckmäßigkeit des Lebendigen und der Willensfreiheit.

Um diese Art Welt-Rätsel geht es in dem vorliegenden Buch nicht. Man mag allenfalls darüber nachdenken, ob das eine oder andere der beschriebenen Phänomene, Kuriosa, echten oder nur vermeintlichen Rätsel in den Bereich eines der genannten "Welträtsel" fallen oder einen solchen berühren könnte. Seltsamkeiten, Merkwürdigkeiten, Unerklärtes oder auch Unerklärbares sind jedenfalls Teil unserer Wirklichkeit. Die Welt ist nicht "restlos erklärt"; noch lange nicht; im Großen nicht, und nicht im Kleinen. Viele der "rätselhaften" Fälle, die hier geschildert werden, sind "rätselhaft" wegen fehlender – verlorengegangener – Dokumentation, nicht zu führender Beweise oder einfach, weil sie berühren, was man gerne die "Zwischenbereiche" nennt – im alltäglichen Leben ebenso wie in den Wissenschaften, der Geschichte oder auch (und das keineswegs zuletzt) in den Bereichen der Metaphysik und des Religiösen. Es ist eine gewisse Modeerscheinung geworden, die sogenannte "Schulwissenschaft" für doktrinär, reaktionär und erkenntnisfeindlich schlechthin zu erklären, für weder willens noch bereit und imstande, neue Denkweisen und "Lösungsvorschläge" für die nach wie vor bestehenden Rätsel dieser Welt anzunehmen oder überhaupt zuzulassen - unter (meist hämischem) Hinweis auf die mancherlei Irrtümer und Verweigerungen, denen "die" Wissenschaft in der Vergangenheit schon unterlegen sei. Das sind, obgleich es solche Irrtümer und Kurzsichtigkeiten von Wissenschaftlern oder auch "im Namen der Wissenschaft" selbstverständlich immer wieder tatsächlich gegeben hat, jedoch selbst doktrinäre und meistens auch ganz unzulässige Vereinfachungen und Verkürzungen. Es kommt überhaupt nicht darauf an, den einen oder anderen Irrtum des einen oder anderen großen Namens nachzuweisen und davon Pauschalurteile abzuleiten. Ausschlaggebend ist allenfalls, ob man bereit ist, offen zu sein für Ideen, Argumente und Überlegungen, die möglicherweise imstande sein könnten, Ungeklärtes, "Rätselhaftes" zu klären — oder festzustellen, daß es tatsächlich unlösbar, unerklärbar bleibt - vorläufig oder aber angesichts einer Beschaffenheit des Universums, die sich unserem vollen Verständnis entzieht, auf Dauer. Genau da beginnt dann der Bereich, der sich mit den Naturwissenschaften allein nicht mehr ausloten läßt.

Ein Buch mit "Rätseln" aus 25 Jahrhunderten Menschheitsgeschichte - die schon ihrer Natur nach sehr verschieden sind - und so die verschiedensten Bereiche ansprechen, in denen sich Unerklärtes und Ungeklärtes begibt/begeben hat oder zuweilen auch nur scheinbar vorhanden ist, mag ein Beitrag sein, zur Offenheit der Welt gegenüber zu gelangen, eine Aufforderung, die Welt "täglich neu zu entdecken", sich auch einen freien, unverstellten Blick ohne Scheuklappen zu bewahren.

"Es muß nicht alles so sein, es kann auch ganz anders sein". Manche Rätsel sind Scheinrätsel, manche werden zu welchen gemacht, manche aber widerstehen ziemlich hartnäckig allzu glatten Erklärungsversuchen. Und manche lassen die verschiedenen Denk- und Deutungsmöglichkeiten so offen, wie nun einmal die Existenz dieser Welt und das Leben der Menschen durch zahllose Verflechtungen und Verbindungen so vielschichtig und vieldeutig ist, daß es sich immer den einen und einzigen Interpretationen entzieht.

Einführung

Hermann Oberth (1894-1989), der bekannte "Vater der Weltraumfahrt", Lehrer u.a. Wernher von Brauns, ein Wissenschaftler von Weltruf, war überzeugt, daß die Zukunft des Menschen in den Tiefen des Alls liege.

In einem seiner letzten Interviews, das er dem Autor gewährte, äußerte der greise Entwerfer wahr gewordener Utopien eine Prophetie:

Eines Tages in der Zukunft werden viele Menschen die Erde verlassen und in riesigen Weltraumstädten in die Tiefen des Alls reisen. An Bord dieser Welten mit künstlicher Schwerkraft werden Generationen alt und sterben, werden neue Generationen geboren.

Irgendwann wird man ferne Sonnen erreichen, ferne Planeten besiedeln.

Die Urheimat Erde kennen diese Menschen dann nur noch aus Büchern. Berichte über die Erde werden ihnen dann wohl wie eine Mischung aus wundersamen Mythen und Fakten vorkommen.

Als eine Mischung aus Wahrheit und Fiktion sah bereits vor 2300 Jahren der griechische Historiker Euhemeros Überlieferungen aus alten Zeiten an. Er betrachtete es als wichtige Aufgabe der Wissenschaften, diese Berichte auf Fakten und Fiktion hin zu überprüfen.

Noch zu Beginn unseres ausklingenden Jahrhunderts ging der überwiegende Teil der Wissenschaftler davon aus, daß alle mythologischen Überlieferungen der Märchenwelt zuzuordnen seien.

Heute erkennen immer mehr Wissenschaftler, daß auf den ersten Blick Mythologisch-Rätselhaftes in aller Regel auf tatsächlichen Ereignissen beruht und einen Kern von Fakten hat, also auf verschiedene Weise sublimierte Realität darstellt.

So verehrten die alten Griechen die Pleiaden korrekt als Siebengestirn, obwohl man mit bloßem Auge nur sechs Sterne erkennen kann und den siebten erst mit dem Fernrohr.

Die Venus wurde in der Antike weithin als Stier dargestellt. Und tatsächlich: sie hat "Hörner". Auch sie aber sind nicht mit bloßem Auge erkennbar, sondern erst mit dem Fernrohr.

Wird die Venus, von der Erde aus gesehen, nur zu einem Drittel von der Sonne angestrahlt, dann ragen der untere und der obere Rand noch etwas über die helle Fläche hinaus. Durch das Teleskop sieht es dann so aus, als sei sie gehörnt...

Die logische Frage lautet mithin: Standen also zumindest einigen Wissenschaftlern vor Jahrtausenden Fernrohre zur Verfügung?

Der Wissenschaftshistoriker Werner Papke befaßte sich eingehend mit dem uralten babylonischen Gilgamesch-Epos, mit dem Ergebnis, daß das vermeintliche "Märchen" ein viertausend Jahre altes Astronomiebuch darstelle, "von unglaublicher Präzision, eingekleidet in mythologische Sprache". Inzwischen wird die Venus kartographiert – dank der NASA-Sonde *Magellan* ist das möglich – und dabei auch uraltes Wissen dieser Art mitberücksichtigt, das bisher als "unglaubhaft" abgetan wurde. Ein anschauliches Beispiel dafür, daß Wissenschaft nur dann ihrem Anspruch in ihrer Gesamtheit gerecht wird, wenn auch Phänomene, die zunächst scheinbar jeder Logik trotzen, nicht von vornherein ignoriert und abgetan werden. Man muß sich nicht künstlich in eine rundum schlagende Wissenschaftsfeindlichkeit hineinsteigern. Aber andererseits ist auch in der seriösen Wissenschaft selbst unbestritten, daß es zumindest Grenzbereiche gibt, in denen die faktenorientierte Wissenschaft sich schwer tut. Bereits Giordano Bruno – 1600 in Rom als Ketzer verbrannt – hatte konstatiert:

"Der Mensch steht an der Grenze zwischen Ewigkeit und Zeitlichkeit, zwischen Verstandeswelt und Sinnenwelt, überall an den Wesen beider Welten teilnehmend."

Die im vorliegenden Buch zusammengetragenen Fälle, man mag sie rätselhaft nennen, kuriose Phänomene, Mystifikationen, Grenzfälle oder wie immer, muten zuweilen phantastisch im Wortsinne an, und scheinen oft unserer heutigen wissenschaftlichen Selbsterfahrung zu trotzen. Aber es gibt gute Gründe dafür, daß, wenn die Wissenschaft sich auch der sogenannten Phänomene annimmt, dies kein Rückschritt in vorwissenschaftliche Denkweisen ist, sondern ganz im Gegenteil der Weiterentwicklung unseres Weltbildes dient. Wir haben ja an sich schon längst erkannt, daß das Bild der Welt tatsächlich viel facettenreicher ist, als die antipodisch-eingleisigen Denkweisen

der Anfänge des "wissenschaftlichen Zeitalters" im vorigen Jahrhundert es machten – damals natürlich durchaus in verständlicher Reaktion auf die bis dahin unwissenschaftlichen, empirischen und von Mystifizierungen überkrusteten Denkweisen, und insofern legitim. Mittlerweile aber ist es an der Zeit für eine Zusammenschau, eben die Synthese des wissenschaftlichen Faktendenkens und des großen Überlieferungswissens, dessen Tatsachenkern auf den Grund zu gehen ist.

Mancher der hier beschriebenen Fälle, von Hesekiels "Himmelsfahrzeug" über Blutwunder und Stigmatisierungen bis zum Fall Fatima, scheint auf den ersten Blick nicht so ganz in den herrschenden Blick der Wirklichkeit zu passen. Es mag auch weiterhin Zweifel und Raum für andere Erklärungen bleiben; das ist nicht das Entscheidende; hier sollen Fälle einfach dargestellt – oder auch zur Diskussion gestellt –, nicht aber unbedingt, und schon gar nicht mit Gewalt, in einer bestimmten Weise erklärt werden. Doch zunächst einmal stehen auch diese Fälle hier einfach als Beispiele für die nicht unbekannte Tatsache, daß "die Wissenschaft" (sofern man diesen generellen Plural einmal gebrauchen will), sich oft genug irrte und korrigieren mußte: nämlich das, was heute als selbstverständliche Tatsache anerkannt wird, zunächst oft und lange und von manchen der zu ihrer Zeit hervorragendsten Vertretern der "offiziellen" Wissenschaft abgetan und lächerlich gemacht wurde. Noch im 18. Jahrhundert wollte die wissenschaftliche Welt in ihrer Mehrheit nichts von Meteoriten wissen. Vierzig Mitglieder der Académie Française leugneten damals schlicht die Existenz der steinernen Besucher aus dem All auf der Erde und wollten sie per Unterschrift und Siegel partout ein für allemal ins Reich der Fabel verbannen, "weil das Fallen von Steinen vom Himmel physikalisch unmöglich ist". Nun muß man auf den bekannten Kuriositäten dieser Art aus der Welt der Wissenschaft nicht übermäßig herumreiten. "Die" Wissenschaft gibt es sowenig wie "die" vereinigten Bösewichter der Welt und auch Wissenschaft wird "nur" von Menschen gemacht, die obendrein kein Einheitsblock sind. Die Polemik wird da leicht allzu billig. Immerhin zu notieren aber sind Fälle wie der erwähnte Hinweis auf bestimmte vorherrschende allgemeine Denkweisen zu bestimmten Zeiten oder auch an bestimmten Orten. Der Fall mit den Meteoriten ist allenfalls deshalb erwähnenswert, weil es sich so traf, daß bald danach, 1797, unweit Benares in Indien ein Meteoritenschauer niederging. Doch auch damit wußte "die Wissenschaft" zunächst noch nichts Rechtes anzufangen. Berthollet, ein recht berühmter Chemiker der Zeit, wußte die Berichte aus Benares nur, leicht hilflos, so zu kommentieren:

"Diese Legenden lassen sich weder durch die Physik noch überhaupt durch Rationales erklären."

1803 schließlich, als mindestens 3000 Meteorsteine auf die Normandie niedergeprasselt waren und ein Vertreter der Académie Française vor Ort recherchiert und sich von der realen Existenz von Meteoriten überzeugt hatte, rang sich die bis heute als "ehrwürdig" geltende Institution zu der Erklärung durch, daß Himmelssteine tatsächlich auf die Erde fallen könnten.

Ein Wissenschaftspublizist aus Moskau, Wladimir Mesenzew, kommentierte diesen Fall so:

"Eine lehrreiche Geschichte. Wir täten wirklich gut daran, vieles, was noch heute von manchen Leuten für mystisch und übernatürlich gehalten wird, nicht gleich in Bausch und Bogen als unmöglich zu verdammen. Die Natur – unsere Erde und das Universum – birgt noch viele Geheimnisse, und sie zu enträtseln, ist die ureigenste Sache der Forschung. Erst wenn das geschieht, wird von vielem heute noch Unerklärlichen der Schleier der Mystik und des Aberglaubens fallen."

Dies ist in der Tat so. Der Zivilisationsforscher Werner Hoch merkte einmal an:

"Irgendwann erkannten sich die Menschen als intellektuelle Wesen und begannen zu lernen. Was aber seit jener Zeit aus ihrem Bewußtsein wieder verschwand, ist beinahe unglaublich."

Die folgenden 26 Fälle rätselhafter, ungeklärter, seltsamer Begebnisse dienen nicht zuletzt dazu, sie eben dieser erwähnten Vergeßlichkeit zu entreißen und sie, buchstäblich, in Frage zu stellen. Sie in dieser Form zusammenzuschnüren, mag zuweilen überraschen. Aber letztlich verbindet ein gemeinsamer Nenner sie doch: die Frage, was denn nun tatsächlich dahintersteckt...

Die Raumschiffe des Propheten Hesekiel

Der biblische Bericht des Propheten Hesekiel (Ezechiel) vom Auftun des Himmels und einem seltsamen Himmelsgefährt eröffnet die Frage: Hat der Prophet in Wirklichkeit ein Raumschiff gesehen? Denkbar ist es: ein NASA-Ingenieur baute es nach. Oder war es ein steuerbarer Heißluftballon? Das glaubt ein deutscher Ingenieur.

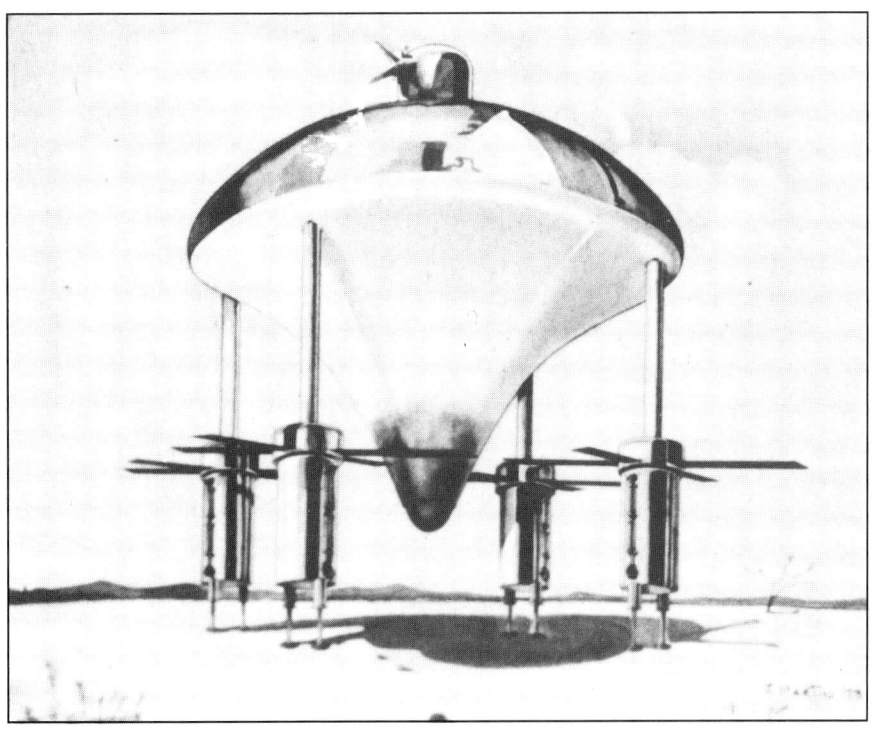

Sah so Hesekiels "Raumschiff" aus? Der frühere NASA-Ingenieur Josef Blumrich hat es nach dessen biblischen Angaben so nachkonstruiert

Ist der biblische Prophet Ezechiel (Luther nennt ihn Hesekiel) wirklich in einem Raumschiff geflogen?

Der NASA-Ingenieur Josef Blumrich ist davon überzeugt. Sollen auch wir davon überzeugt sein? Ein NASA-Ingenieur kann sicher nicht von vornherein ein "Spinner" sein!

Die Lage und die Fakten: In der Bibel, in den prophetischen Büchern, bei den drei "großen" Propheten, beschreibt der Prophet Ezechiel/Hesekiel insgesamt vier Begegnungen mit einem geheimnisvollen Fluggerät. Seine Angaben sind durchaus präzise genug, daß sich Jahreszahlen errechnen lassen: 593, zweimal 592, sowie 572 v. Chr.

Diese Begegnungen mit einer Flugmaschine (im 6. vorchristlichen Jahrhundert!) war für ihn so beeindruckend, daß er sein erstes Erlebnis an den Beginn seines Buches stellt:

Am fünften Tage des vierten Monats im 30. Jahre, als ich unter den Verbannten am Fluß Kebar war, da tat sich der Himmel auf. (Hesekiel 1,1)

Es folgen Passagen, die unverständlich und nebulös bleiben, solange man einfach irgendwelche Vorstellungen oder beabsichtigte Schreckensbilder in ihnen sieht, die aber plötzlich einen ganz anderen Sinn bekommen (oder jedenfalls ermöglichen!), wenn man sie mit bestimmten Denkvorgaben versieht; nämlich erstens mit der Hypothese, daß dergleichen nicht einfach aus den Fingern gesogen und frei erfundene Phantasie ist, sondern Niederschrift irgendeines Vorgangs oder eines Erlebnisses, in seiner tatsächlichen Bedeutung mangels entsprechenden Wissens- und Entwicklungsstandes nur nicht rational, sondern auch mystisch-religiös verstanden; und zweitens mit der Denkannahme, es könnte ein Raumschiff aus dem All gewesen sein.

Und ich sah, und siehe, es kam ein ungestümer Wind von Mitternacht her mit einer großen Wolke voll Feuer, das allenthalben umher glänzte; und mitten in dem Feuer war es lichthell. Und darin war es gestaltet wie vier Tiere, und dieselben waren anzusehen wie Menschen. Ein jegliches hatte vier Angesichter und vier Flügel. Und ihre Beine standen gerade und ihre Füße waren gleich wie Rinderfüße und glänzten wie

helles, glattes Erz. Und sie hatten Menschenhände unter ihren Flügeln an ihren vier Seiten; denn sie hatten alle vier ihre Angesichter und ihre Flügel. Und je einer der Flügel rührte an den andern; und wenn sie gingen, mußten sie nicht herumlenken, sondern wo sie hin gingen, gingen sie stracks vor sich...
(Hesekiel 1, 4-9)

Und eben dieser Text erschloß sich mit den genannten Denkvorgaben dem Raketenfachmann Blumrich klar und deutlich.

Was aber bringt einen NASA-Ingenieur dazu, in einem Bibeltext die Beschreibung eines Raumfahrzeugs zu vermuten?

Blumrich war über 14 Jahre lang bei der NASA, zuletzt als Chef der Abteilung Konstruktionsprojektion. Seine Antwort auf die gestellte Frage lautet: Protest bringt ihn dazu.

Die Sache war so. Er, der Raketenfachmann und nüchterne Wissenschaftler, hielt es für ganz und gar unmöglich, daß Hesekiel zu seiner Zeit, eben im 6. vorchristlichen Jahrhundert, Raumschiffe gesehen haben und sogar in einem mitgeflogen sein konnte. Eben dies aber hatte der einschlägig bekannte Bestsellerautor Erich von Däniken behauptet; der hatte Hesekiel technisch gedeutet. Und Blumrich nahm sich vor, diesen "baren Unsinn" zu widerlegen.

Und wurde freilich dabei vom Saulus zum Paulus ...

Blumrich beschäftigte sich eingehend mit dem Hesekiel-Text, mit der Überzeugung und dem Ziel, diese Raumschiff-Spekulationen ad absurdum zu führen. Freilich: "Bei der sorgfältigen Lektüre geriet meine Sicherheit ins Wanken." Und er sah allmählich immer mehr Anhaltspunkte dafür, daß Hesekiels Text dann einen logischen Sinn ergibt, wenn man von der Annahme ausgeht, daß, was er da sah, in der Tat Raumschiffe gewesen seien.

Selbstverständlich (und diese Einschränkung gilt im Grunde auch für die meisten der anderen, noch folgenden rätselhaften Fälle dieses Buches!) bleibt für jeden Zweifler nach wie vor die Möglichkeit offen, auch weiterhin anderen Deutungen zu folgen. Man kann sich der Meinung anschließen, in der in unserer Zeit so modern gewordenen Beschäftigung mit den

Theorien über Raumfahrt und frühe Besucher aus dem All auf der Erde (wie naturwissenschaftlich bezweifelbar das nach wie vor ist) paßten Schilderungen wie die Hesekiels einfach nur schön in diese Denkgebäude und Gedankenprojektionen, ohne daß es deswegen schon die unwiderlegbare Beweisführung sein müsse. Das eine ist so wenig beweisbar wie das andere, widerlegbar schon eher.

Aber wie auch immer, folgen wir auf jeden Fall einmal den Überlegungen des anfänglichen Skeptikers Blumrich, der natürlich seinerseits auch Mystifikationen anheimgefallen sein mag; die Tatsache, NASA-Ingenieur gewesen zu sein, allein schließt dergleichen ja nicht aus. Immerhin, als Denkgebäude ist es jedenfalls erst einmal interessant.

"Wenn man ihn sozusagen als Reporter ansieht", meinte Blumrich also, "verfügte dieser Hesekiel über eine erstaunliche Beobachtungsgabe." Und dieser sei es zu verdanken, daß er, Blumrich, daraus "als Ingenieur ein Fluggerät nachrechnen und rekonstruieren konnte". Fazit: Das Ergebnis sei nicht nur technisch möglich, sondern auch in jeder Hinsicht sinnvoll und wohldurchdacht: "In dem Hesekiel-Text sind Details und Vorgänge beschrieben, die sich mit den technischen Resultaten ohne Widerspruch decken."

Wie könnte nun dieses Raumschiff, das Hesekiel, tatsächlich oder angeblich, in der Bibel beschrieben hat, ausgesehen haben?

So: "Der Hauptkörper des Raumschiffes ähnelt in der Form einem Kinderkreisel. An der Spitze der Unterseite befindet sich der mutmaßliche Raketenantrieb. Vier hubschrauberartige Aggregate sind so angebracht, daß sie nach oben geklappt werden können."

Ist so etwas überhaupt denkbar?

Der Raketenfachmann Blumrich glaubt, es habe sich bei diesem Raumschiff um eine Art Zubringerfähre gehandelt, die benützt wurde, um von einem Raumschiff in einer Erdumlaufbahn zur Erde zu gelangen: "Auf weiten Teilen der Flugstrecke blieben die Hubschrauberaggregate hochgeklappt. Der Raketenmotor diente als Antrieb. Erst relativ kurz vor der Landung wurde der Raketenmotor abgeschaltet, und die Hubschrauberaggregate klappten nach unten und begannen zu arbeiten."

Er hat dieses mutmaßliche (vermeintliche, angebliche, mögliche) Raumschiff als Modell bis ins Detail nachkonstruiert. Seiner Meinung nach betrugen der Durchmesser des Hauptkörpers 18 m, die Stärke der Rotoren 70 000 PS und ihr Durchmesser ebenfalls 18 m wie der Hauptkörper selbst. Das Konstruktionsgewicht errechnete er mit 63 300 kg, den spezifischen Impuls mit 2080 Sekunden. Treibstoffmenge für den Rückflug: 36 700 kg.

Der Clou der Geschichte ist, daß Blumrich auf das von Hesekiel beschriebene nachkonstruierte Rad tatsächlich ein Patent bekam. Auch diese Tatsache ist natürlich noch kein unwiderleglicher Beweis für das Hesekiel-Raumschiff (schon, weil selbstverständlich offen bleibt, wieviel von dieser Rekonstruktion tatsächlich nur denkprojiziertes Eigenfachwissen Blumrichs ist!), aber doch auf seine Art erst einmal verblüffend; als "Gag"; oder, wer's so glauben will, eben als Möglichkeits-Beweis...

Als ich die Tiere so sah, siehe, da stand ein Rad auf der Erde bei den vier Tieren und war anzusehen wie vier Räder. Und die Räder waren wie ein Türkis und waren alle vier eins wie das andere, und sie waren anzusehen, als wäre ein Rad im anderen. Wenn sie gehen sollten, konnten sie nach allen ihren vier Seiten gehen und mußten sich nicht herumlenken, wenn sie gingen. Ihre Felgen und Höhe waren schrecklich; und ihre Felgen waren voller Augen um und um an allen vier Rädern. Und wenn die Tiere gingen, so gingen die Räder auch neben ihnen; und wenn die Tiere sich von der Erde emporhoben, so hoben sich die Räder auch empor. Wo der Geist sie hin trieb, da gingen sie hin, und die Räder hoben sich neben ihnen empor; denn es war der Geist der Tiere in den Rädern. (Hesekiel 1,15-20)

Diese mehrmalige Erwähnung bei Hesekiel von "je ein Rad im andern Rad" bedeutet nach Blumrichs Interpretation (und technischer Konstruktion) ein in verschiedene Segmente unterteiltes Rad, wobei jedes Segment ein kleines rollenförmiges Rad ist. Weil jeweils nur ein Radsegment den Boden berührt, kann es sich in alle Richtungen drehen und bewegen, ohne daß es "wenden" oder "herumlenken" muß.

Blumrichs Fazit schließlich: Ja, es war ein Raumschiff. Im 6. vorchristlichen Jahrhundert besuchten Außerirdische die Erde. Ihr Mutterraumschiff wurde in einer Umlaufbahn der Erde geparkt, und von dieser Basisstation aus unternahmen die Außerirdischen mit Kleinraumschiffen, sozusagen "Fähren", ihre Ausflüge/Erkundungsflüge zur Erdoberfläche. Und eben ein solches Raumschiff, ist nun auch Blumrich überzeugt, sah Hesekiel.

Zu diesem Thema läßt sich noch zusätzlich wenn schon nicht glauben, so jedenfalls spekulieren. In der altjüdischen Mythologie gibt es auch einen gewissen Hiram.

Als Hiram just so über die Erde dahinschwebte, wobei er sich dem Rest der Menschen überlegen wähnte, sah er plötzlich Hesekiel neben sich. Furchtsam und doch erstaunt fragte Hiram den Propheten, wie er denn in jene Höhen aufgestiegen sei. Die Antwort war: Gott hat mich hierhergebracht, und Er bat mich, dich zu fragen, warum du denn so stolz bist.

Hiram ist, so lautet die Antwort, deshalb so stolz, weil er eben fliegen könne.

Logische Frage, wieder unter der Voraussetzung, man legt als Denkvorgabe zugrunde, daß es nicht einfach Märchen oder Phantasie ist (aber selbst die Märchen, weiß die philologische Forschung ebenfalls längst, haben oft ihren Tatsachenkern und sind sozusagen kleine Mythen!), sondern irgendeinen realen Kern hat: Konnten Hesekiel und Hiram denn fliegen (und wenn ja, wie und wieso)? Oder sind auch diese Textstellen vielleicht Erinnerungen an frühe Raumfahrt? Noch einmal also: Sollte es im 6. vorchristlichen Jahrhundert Raumschiffe gegeben haben, die die Erde besuchten? Aus dem All, von fremden Planetensystemen kommend? Lassen wir hier wieder die Diskussion einmal beiseite, die seinerzeit sehr ausgiebig von Wissenschaftlern geführt wurde, als die ersten Bücher Dänikens Bestselleraufsehen erregten: daß manches ganz gut zu passen scheint, wenn man es denn darauf anlegt – allerdings auch jeweils ganz andere Deutungsmöglichkeiten ebenso logisch sind –, ansonsten aber eben einige ganz entscheidende Umstände naturwissenschaftlicher Tatsachen dergleichen vereinfachter Sichtweise entgegenstehen.

Also, diese Debatte einmal beiseitegelassen: was ist denkbar, was möglich, was unmöglich? Blumrich jedenfalls glaubt heute an die Möglichkeit früher Besuche aus dem All auf der Erde. (Er ist mittlerweile pensioniert.) Auch ihm ist freilich das besagte Problem der unermeßlichen Entfernungen im Weltraum und der dadurch erforderlichen Jahrtausende währenden Reisezeiten geläufig, und er weiß keine Erklärung dafür, wie also die Außerirdischen dieses Raum-Zeit-Problem buchstäblich überbrückt und gelöst haben könnten.

"Aber irgendwie muß es ihnen möglich gewesen sein, diesen Planeten Erde zu besuchen, denn Hesekiel hat ihre Raumschiffe gesehen, das steht für mich fest: nichts anderes als Raumschiffe hat er gesehen. Und wenn er sie sehen konnte, müssen sie logischerweise dagewesen, also auf irgendeine Weise hergekommen sein." Soweit, so logisch.

Müssen wir mithin "endgültig" überlegene, außerirdische Weltraumtechnik als Lösung für das Rätsel des fliegenden Hesekiel und des gleichfalls durch die Lüfte schwebenden Hiram ansehen?

Nicht unbedingt, meint ein pensionierter Ingenieur und Inhaber zahlreicher technischer Patente aus Bad Neustadt. Dr.-Ing. Wolfgang Volkrodt trug seinerseits ein Kapitel zu der rätselhaften Angelegenheit Hesekiel bei, indem auch er den besagten Prophetentext auseinandernahm und bedachte. Auch er kam zu einer denkbaren technischen Rätsellösung. Auch er glaubt in dem Text Flugtechnik zu erkennen, nur eben ganz anders als Blumrich. Für ihn beschreibt Hesekiel kein Zubringer-Raumschiff, sondern ein Luftschiff nach dem Prinzip des Heißluftballons – mit anderen Worten, zweitausend Jahre vor den Brüdern Montgolfier. Wobei Hesekiels Vehikel auch noch mit einem zusätzlichen Propellerantrieb versehen und damit steuerbar gewesen sei, so daß es nicht nur, dem Wind hilflos ausgeliefert, dahintrieb. Und was der Prophet als Cherube oder eben Flügel beschreibe, seien nichts anderes gewesen als Schwingflügel zur gezielten Steuerung. Auf diese Weise sei Segeln vor dem Wind ebenso möglich gewesen wie gezielter Flug. Und mit so einem Luftgefährt seien immerhin auch tausend Kilometer in 24 Stunden zurücklegbar gewesen.

Also, nichts mit Außerirdischen, nichts mit Raumschiff. Aber trotzdem auch ein technischer Wissensstand, der der Zeit bei weitem nicht entspricht. Wer also, wo und wie?

Vier Propeller soll Hesekiels Heißluftballon gehabt haben. Und die Motoren, sagt Volkrodt, waren letztlich nichts anderes als Dampfmotoren. "Der erzeugte Dampf drückt auf drehbar gelagerte Kolben und schwenkt dabei die daran befestigten Arme aus."

Kritischer Punkt dieser Hypothese: von diesen Propellermotoren ist bei Hesekiel kein Wort erwähnt, auch kein kryptisches und entsprechend deutungsfähiges.

Andererseits findet der Techniker außerhalb der Bibel Bestätigung für seine Annahme. In der altperuanischen Tempelanlage von Chavin de Huantar wurde eine geheimnisvolle Stele gefunden. Sie ist aus Diorit gearbeitet, 175 Zentimeter hoch, 73 Zentimeter breit und 17 Zentimeter dick. Sie ist mit einem geheimnisvollen Muster verziert – oder, neutraler ausgedrückt: versehen.

Dr. Volkrodt ist überzeugt, daß diese Zeichnung nichts anderes darstellt als einen Motor, wie er ideal geeignet wäre, Propeller für Heißluftballons zu steuern und gezielt zu lenken. Die Stele von Chavin de Huantar ist schwer zu datieren. In Archäologenkreisen schätzt man ihre Entstehung zwischen 800 und 500 v. Chr. Nun gut. Aber ist es nicht sehr kühn, anzunehmen, daß es da eine Verbindung gibt zwischen Hesekiel aus Israel und dem Tempel im fernen Peru, 6. vorchristliches Jahrhundert? Sagen wir vorsichtig so: Unmöglich ist gar nichts. Im Ernst: Eine solche Verbindung ist tatsächlich denkbar. Hesekiel beschreibt, wie er mit einem "Himmelswagen" auf einen sehr hohen Berg gebracht wird, der ihm unbekannt ist. Und wie es der Zufall so will, liegt Chavin de Huantar auf einem sehr hohen Berg (der Hesekiel in der Tat

natürlich völlig unbekannt gewesen sein muß). Am Fuße des Tempels sah er so etwas wie eine Stadt. Däniken meint: Jerusalem war es jedenfalls nicht. Aber bei Chavin de Huantar, siehe da, gab es einst eine ausgedehnte Ansiedlung. Weitere Übereinstimmungen hat Däniken ebenfalls beschrieben: Bei Hesekiel steht etwas von einem dreistufigen Tempel, dessen Hauptfront nebst Haupttor nach Osten gerichtet war; der Vorhof hatte drei Tore nach Norden, Süden und Osten, der innere Hof war quadratisch mit einer Seitenlänge von rund 50 Meter. Hesekiel beschreibt weiter vier Treppen, die in die vier Himmelsrichtungen weisen, und die Tempelwände, sagt er, sind mit beflügelten Wesen geziert. An der Südwand des Tempels ist eine Wasserquelle. Eine ganze Menge ziemlich präziser Angaben also, und zwar über einen Tempel. So will ihn Hesekiel gesehen haben. Und dies alles ist nun völlig identisch mit dem Tempel von Chavin de Huantar.

Zufall? Denkbar, aber wenig wahrscheinlich. Allein nach der Wahrscheinlichkeitsrechnung potenziert sich mit jedem zusätzlichen Detail die Unwahrscheinlichkeit einer reinen Zufallsübereinstimmung. Dabei sind damit noch gar nicht alle Übereinstimmungen erschöpft. Das Wasser, das vom Tempel ausfließt, strebt nach Osten. Das tut der kleine Fluß Mosna in Chavin de Huantar ebenfalls. Der Mosna fließt bis zum Städtchen Huycaybamba und vereinigt sich dort mit dem Rio Maranon, der seinerseits zunächst nach Norden fließt, dann aber Tausende Kilometer ostwärts ins Amazonasbecken – und von dort in den Atlantik.

Laut Hesekiel wimmelt es in jenem Fluß, in den das Wasser vom Tempel fließt, von allerlei Getier, und an seinen Ufern befindet sich üppige Vegetation. Auch diese Beschreibung paßt ganz genau auf Chavin de Huantar, den Rio Maranon und den Amazonas, nicht aber auf irgendeinen Fluß in Israel und darum herum.

Sollte also, wie Erich von Däniken nach langen Recherchen über Hunderte von Tempel meint, Hesekiel nach Peru geflogen worden sein – in einem "Himmelsschiff", welcher Art auch immer? Sollte er tatsächlich den Tempel von Chavin de Huantar beschrieben haben und nicht etwa einen in Israel?

Immer vorausgesetzt, es liegen keine Mystifikationen vor, dann sind die Ähnlichkeiten und Übereinstimmungen in diesem Fall gelinde gesagt verblüffend und verlangen irgendeine Deutung. Hesekiel in Südamerika, auf Schnelltrip? Unmöglich? Oder doch nicht?

Zwei ihrer Ausbildung und langen Tätigkeit nach nüchtern-sachliche Techniker glauben in Hesekiels Bibeltexten die Beschreibung eines Luftschiffs zu erkennen. Mit dem einen wie dem anderen – mit Blumrichs Raumschiff wie mit Volkradts steuerbarem Heißluftballon – wäre es ohne weiteres denkbar und möglich, Südamerika zu erreichen.

Also: Wurde nun Hesekiel nach Südamerika geflogen? Wenn ja, von wem (und warum)?

Blumrich glaubt, von Außerirdischen. Volkroth bleibt näher an "Wahrscheinlicherem": Er denkt an Vertreter einer frühen, aber weit fortgeschrittenen Zivilisation immerhin hier auf unserer Erde. Seine Theorie hat den Vorzug, das leidige "Herkunfts"-Problem der Außerirdischen (Raum-Zeit) gar nicht erst lösen, aber die Last, das andere erklären zu müssen, wer und wo denn diese frühe technische Hochzivilisation gewesen sein soll.

Das mal im Sinn zu behalten, bleibt zunächst der weitere Wahrscheinlichkeitspunkt für Volkrodt, daß es im Tempel von Chavin de Huantar eben tatsächlich diese uralte Stele gibt – sie wird übrigens die Raimondi-Stele genannt –, die mehr als nur eine "kuriose" Zeichnung zeigt.

Die Frage ist, was stellen diese Zeichnungen tatsächlich dar? Die präzise technische Konstruktionsskizze eines Motors, just von der Art, wie er besonders nützlich für Heißluftballons wäre? Oder wäre eine solche Deutung, wie so manche andere, die reine Spekulation; eine Spekulation, die, wenn schon – mit oder ohne Gewalt und "Denkvorgabe" – in dieser Weise interpretierbar wäre, so jedenfalls aber mit ebenso großer Berechtigung auch ganz anders – mit anderen Worten, nicht beweiskräftig?

Es ist zumindest vielleicht nicht ganz nebensächlich und irrelevant, daß zwei Techniker aus dem gleichen biblischen Bericht zwei zwar verschiedene, aber immerhin beide eine rein hochtechnische Konstruktion herauslesen. Ist es ein reiner Zufall, daß man mit einem solchen biblischen Text derartige Gedankenspiele veranstalten kann?

Oder war Hesekiel eben doch einfach nur ohne alle modern-mystifizierenden Überhöhungen ein ganz normales Kind seiner Zeit, ein Prophet, der persönliche, Traum- oder Gedankenvisionen "ganz allgemeiner" Art hatte, von denen sich eben zufällig eine in einer ganz speziellen modernen Denkversion interpretieren läßt – mit einiger moderner Phantasie?

Das wäre letztlich kaum weniger glaubhaft oder unglaubhaft, je nach persönlicher Ansicht, wie die Zukunftsvisionen von Sehern zu allen Zeiten bis hin zu Nostradamus und seinen Nachfahren, die ebenfalls so kryptisch formuliert sind, daß man nach Belieben hineininterpretieren kann, was einem gerade in den Kram paßt, oder sie auch schlicht für göttliche Eingebungen halten kann.

Auf Hesekiel bezogen: Schrieb er seherisch Zukunftsvisionen nieder, die er selbst gar nicht verstand, aus seiner Zeit und deren Wissen heraus gar nicht verstehen konnte? Und ist er also gar nicht wirklich nach Südamerika geflogen und hat gar nicht wirklich ein Raumschiff kommen sehen?

Wenn das die Annahme/der Glaube ist, tut sich gleich wieder das nächste Problem auf, welches das Problem mit allen "Sehern" und ihren Visionen ist: Wenn es möglich ist, zukünftige Ereignisse vorherzusehen, dann muß man logischerweise die Vorbestimmtheit der ganzen Weltgeschichte annehmen (den sozusagen fertig abgedrehten, im Archiv liegenden, beliebig oft vorführbaren Weltfilm); es sei denn, man macht die Kurve in die Relativität von Zeit und Raum und deren Denkgebäude...

Was ist phantastischer, was glaubhafter?
Was ist Wahrheit?

Der Turmbau zu Babel

Die biblische Geschichte vom Turmbau zu Babel, einer der gewaltigsten Mythen der Menschheit, beruht auf Tatsachen. Die Reste des Turms wurden 1913 im Zweistromland gefunden. Doch wie war das mit dem Scheitern und der "Sprachverwirrung"? Was ist heute gesicherte Erkenntnis?

Eine außerordentliche Faszination übte der Turmbau zu Babel auf die Künstler aus. Lucas van Valckenborgh, Turmbau zu Babel, 1568; Bayerische Staatsgemäldesammlungen München

Es hatte aber alle Welt einerlei Zunge und Sprache. Da sie nun zogen gen Morgen, fanden sie ein ebenes Land im Lande Sinear, und wohnten daselbst. Und sie sprachen untereinander: Wohlauf, laßt uns Ziegel streichen und brennen! Und nahmen Ziegel zu Stein und Erdharz zu Kalk und sprachen: Wohlauf, laßt uns eine Stadt und einen Turm bauen, des Spitze bis an den Himmel reiche, daß wir uns einen Namen machen! Denn wir werden sonst zerstreut in alle Länder. (Mose I,11,1-4)

So ist in der Bibel eines der gewaltigsten Bauvorhaben der Antike beschrieben: Der Turmbau zu Babel, samt seiner angehängten Katastrophe der Nichtfertigstellung infolge – oder auch nur zusammen mit – der eingetretenen Sprachverwirrung. Eine Geschichte von märchenhafter Mythosgewalt. Aber im Kern ein Bericht über Tatsachen.

Den Tatsachen nachzugehen, war in diesem Falle verhältnismäßig leicht. Die Ortsangabe ist eindeutig:

Da sie nun zogen gen Morgen, fanden sie ... im Lande Sinear...

Das Land Sinear im Osten ist im Sprachgebrauch der Bibel das Zweistromland zwischen Euphrat und Tigris, also Mesopotamien; das damalige Land Sumer im heutigen Irak.

Die geschichtlichen Sumerer waren Nomaden, kamen aus dem Osten und besiedelten Mesopotamien um 3500 v. Chr. In der fruchtbaren Tiefebene zwischen den beiden Flüssen gründeten sie die bis heute ältesten bekannten Stadtsiedlungen: Ur, Uruk und Lagasch. Im 18. vorchristlichen Jahrhundert entstand dann auch Babylon, das sich rasch zum Zentrum des gesamten Staatswesens Babylonien entwickelte. Die Frage ist, wann der legendäre Turmbau von Babel, also Babylon, begonnen haben mochte. Am Ende bereits in der Urzeit, um 3500 v. Chr.? Die biblische Schilderung von der Herstellung der Ziegel hat ihren Grund. So fruchtbar das Land war, so ergiebig Felder und saftige Wiesen die Voraussetzung für eine wohlhabende Landwirtschaft abgaben, Baumaterial war gleichwohl knapp. Weder war genügend natürlicher Stein vorhanden noch Holz, von Metallen nicht zu reden. Also wurde Lehmbrei angerührt, in

Rahmen gefüllt, glattgestrichen und an der Sonne getrocknet: Ziegel. Den Mörtel und Isoliermaterial zugleich gab Teer ab ("Erdharz", auch als Erdpech bezeichnet).

Der Anlaß, das Motiv für dieses ganz ungewöhnliche Bauvorhaben ist so, wie er in der biblischen Geschichte geschildert wird, nicht auf Anhieb einleuchtend. Man kann Mutmaßungen anstellen: Wollten die Sumerer ihr Nomadenleben beenden und aufgeben. Hatten sie also das mühsame Herumziehen satt und verspürten den Drang, sich niederzulassen, eine "Heimat" zu gewinnen (und sollte der Turm das Zentrum dieser Heimat werden)? Oder war es, viel praktisch-realistischer, einfach die Entdeckung, daß die fruchtbare Gegend genügend Weideland und Nahrung bot, um die Ernährung am Ort selbst auf Dauer zu gewährleisten? Oder ist der Schritt vom Nomadenleben zum seßhaften Dasein ganz einfach ein allgemeines Stadium zivilisatorischer Entwicklung? Für letzteres jedenfalls gibt es Beispiele genug in der Geschichte. Wie auch immer: Das Projekt Turmbau entstand also und wurde in Angriff genommen; soviel steht fest.

Bis hierher gibt es zunächst nur den biblischen Bericht.

Folgt man der Bibel im übrigen weiter, dann fuhr Gott hernieder und zerstörte das hoffärtige Bauwerk.

Da fuhr der Herr hernieder, daß er sähe die Stadt und den Turm, die die Menschenkinder bauten. Und der Herr sprach: "Siehe, es ist einerlei Volk und einerlei Sprache unter ihnen allen, und haben das angefangen zu tun; sie werden nicht ablassen von allem, was sie sich vorgenommen haben zu tun. Wohlauf, lasset uns herniederfahren und ihre Sprache daselbst verwirren, daß keiner des anderen Sprache verstehe!" Also zerstreute sie der Herr von dort in alle Länder, daß sie mußten aufhören die Stadt zu bauen. Daher heißt ihr Name Babel, daß der Herr daselbst verwirrt hatte aller Länder Sprache und sie zerstreut von dort in alle Länder.

Aus dem an sich sehr kargen summarischen Text ist vieles gedeutet worden: ein Sinnbild für das ewige Himmelwärtsstreben des Menschen, für seinen Urdrang zu bauen und zu schaffen,

Paul Bril, 1554-1626, Turmbau zu Babel; Bayerische Staatsgemäldesammlungen München

und nicht zuletzt das Gleichnis für die Entstehung der Sprachenvielfalt.

Doch das sind, für hier und diesmal, Marginalien. Hier sollen allein Tatsachen zählen, also die Frage: Mythos oder Realität? Wie bei fast allen Mythen ist auch hier ein wahrer, historischer Tatsachenkern zu vermuten.

Begonnen wurde der Turmbau wohl schon Jahrtausende v. Chr. Und vermutlich wurde er auch mehrmals zerstört. Die Frage ist, ob der biblische Text die Erinnerung an die diversen Zerstörungen wiedergibt. Jedenfalls soll der Turm im 6. vorchristlichen Jahrhundert vollendet worden sein – um 570, von Nebukadnezar. Aber so ganz sicher ist das nicht. Tatsächlich historisch etwas präziser und nachprüfbarer wird der Turmbau im 5. Jahrhundert v. Chr.

Im Jahre 450 v. Chr. besucht der Geschichtsschreiber Herodot Babylon und beschreibt den Turm:

In der Mitte des Heiligtums erhebt sich ein gemauerter Turm, je ein Stadion*) lang und breit. Auf diesem Turm steht ein zweiter, kleiner, auf ihm ein dritter, und so fort. Insgesamt stehen acht Türme übereinander. Zu allen diesen Türmen führen Außentreppen. Ist man bis zur Hälfte hinaufgestiegen, kann man sich auf Bänken ausruhen. Oben auf dem Turm steht ein großer Tempel. In ihm befindet sich ein breites Lager mit Kissen und einem goldenen Tisch.

*) altgriech. Längeneinheit unterschiedlicher Größe; meist zwischen 179 m und 213 m, in hellenistischer Zeit zum Teil auch kürzer (149 m).

Im Gegensatz zum biblischen Bericht legt Herodot damit eine präzise Schilderung vor. Allerdings ergaben archäologische Ausgrabungen 1913 Abweichungen. Die untere Stufe des Turms wurde dabei mit rund 90 m im Quadrat gemessen, was also bedeutet, Herodot machte die Basis etwa um die Hälfte bis doppelt so groß, wie sie wirklich war. Nun, er hat vielleicht nur nach Augenmaß geschätzt; falls er nicht eine reine Fiktion wiedergab. Allerdings, er behauptet sehr entschieden (Historien I, 181), den Turm mit eigenen Augen gesehen zu haben. Das aber wiederum scheint nicht so ganz möglich zu sein. Er war 450 v. Chr. in Babylon, aber schon 32 Jahre zuvor, nämlich 482 v. Chr. hat Xerxes, der Perserkönig, den Turm zerstören lassen. Er kann also bestenfalls noch die Ruinenreste gesehen haben...

Immerhin, sowohl für den biblischen Bericht wie für den von Herodot fand sich noch eine andere Bestätigung. In Uruk gibt es eine Keilschrifttafel. Deren Entzifferung ergab, daß der Text den Turm zu Babel beschreibt, sogar mit korrekten Maßen: der Turm sei quadratisch mit einer Grundfläche von 90 m; und dies entspricht nun exakt den Feststellungen der Ausgrabungen von 1913.

Diese langwierigen Ausgrabungen haben im übrigen noch weiteres zutage gefördert, nämlich, daß der Kern des allerersten Turms – gleichzeitig der der untersten Stufe des letzten – 60 m im Quadrat maß. Als Material für diesen massiven Kern dienten Lehmziegel. Umkleidet war dieser Kern mit einer 15 m dicken Mauer aus Brennziegeln. Und ganz am Anfang, das geht aus einem Tonzylinder hervor, der direkt am Turm selbst gefunden wurde, maß die erste, unterste Stufe nur 15 m im Quadrat und wurde später auf 33,60 m vergrößert.

(Dies legt mithin den Schluß nahe, daß der Turmbau von Babel kein "Einmalbau" war – aus einem Wurf sozusagen –, sondern daß er viele Male gebaut wurde, jedesmal etwas größer als der vorige und jedesmal um den vorigen herum, der den Kern des nächsten abgab.)

Auf der ersten Stufe wurde die zweite errichtet, mit verringerten Grundflächenmaßen, so daß dabei außen ein Umgang von 6 m Breite entstand. Die zweite Stufe – das läßt sich der Uruktafel entnehmen – war 18,30 m hoch; und das ergibt somit eine Gesamthöhe der beiden unteren Stufen von 51,90 m. Und damit waren bereits an die drei Fünftel der späteren Gesamthöhe erreicht. Die folgenden Stufen waren nämlich nur noch jeweils 3 m hoch.

Den krönenden Abschluß des Turms oben bildete ein Tempel. Er war dem Marduk geweiht und erhob sich in zwei Stockwerken insgesamt 15,25 m hoch. Zusammen mit den Plattformen für die einzelnen Turmstufen war der Turm am Ende insgesamt 90 m hoch. Und damit war er für seine Zeit bereits wahrhaftig ein Gigant ohnegleichen, wie es kein zweites Bauwerk auf der Welt gab.

Dabei waren an sich Turmbauten in Mesopotamien keineswegs eine Seltenheit. Schon der Turm von Ur war zuvor als Wunderbau bestaunt und gerühmt worden. Seine Treppe, hieß es, führe "schier in den Himmel hinein". Gegen den Riesen von Babylon freilich war er dann mit seinen insgesamt 24 m Höhe nur noch ein bescheidener Zwerg. Wenn seine Treppe schon "schier in den Himmel" führte, wie mag da den Zeitgenossen erst die des babylonischen Turms erschienen sein? Diese führte 36 Grad steil zur zweiten Stufe hinauf. Die Bibel enthält übrigens eine Textstelle, die sich mit ziemlicher Wahrscheinlichkeit genau auf diese Steiltreppe bezieht, wenn auch in ganz anderem Zusammenhang – es ist die Sache mit Jakobs Himmelsleiter:

Da träumte ihm, eine Leiter sei auf die Erde gestellt, die mit ihrer Spitze an den Himmel rührte, und die Engel Gottes steigen daran auf und nieder.
(Mose I, 28, 12)

Auch der babylonische Turm sollte ja "bis an den Himmel" reichen. Die Steiltreppe war allein dem Gott Marduk vorbehalten, der auf ihr seinem Tempel oben zustreben konnte. Menschen war die Benützung dieser Freitreppe nicht erlaubt. Ihnen war als Sterblichen nur gestattet, auf einer um den Bau herumführenden Wendeltreppe zum Tempel hinaufzugehen.

Wurde unter diesen Umständen die Steiltreppe dann eigentlich jemals benutzt? Herodot wußte zu berichten, im Tempel auf der Spitze des Turms oben sei ein goldenes Bett gestanden, vorbehalten allein Gott Marduk, der sich darin mit auserwählten Sterblichen gepaart habe.

Ja nun. Ganz so wird es sicher nicht gewesen sein, aber es ist denkbar, daß die Priester des Gottes Marduk, quasi stellvertretend...

Man fand eine Tonscherbe mit einer Inschrift Nebukadnezars: "Den hochragenden Wohnsitz für Marduk, meinen Herrn, auf der Spitze oben stelle ich ihn wieder her."

So verhältnismäßig klar und eindeutig die Zahlen und unser Rekonstruktionswissen über den Turm von Babel heute sind – sein Aussehen im 5. Jahrhundert v. Chr. unterliegt kaum noch einem Zweifel –, so zahlreich haben sich gleichwohl seit Jahrhunderten die Fragen angehäuft. Beispielsweise die folgenden vier.

Erste Frage: Wie sah das Turmfundament aus? Wir wissen heute exakt, wo der Turm einst stand. Eine riesige Baugrube markiert die Stelle.

Doch was sie birgt, weiß niemand. Grundwasser nämlich macht das Fundament unerreichbar. Wie aber war es dann möglich, die Grube für den Sockel auszuheben und den Grundstein zu legen, trotz des rasch eindringenden Grundwassers? Teer als Mörtel diente auf jeden Fall auch dazu, Fundament und Turm voneinander zu trennen – als Isolierschicht, so wie man das heute auch noch macht.

Zweite Frage: Welche Farbe oder Farben hatte der Turm?

Es gibt da nur Vermutungen auf der Grundlage anderer historischer Texte und Erkenntnisse. Die einzelnen Stufen könnten verschiedenfarbig gestrichen gewesen sein, vielleicht nach astrologischen Gesichtspunkten. Oder der ganze Turm könnte in nur drei Farben gehalten gewesen sein: die beiden unteren Stufen braun, die oberen weiß – mit Gipsverputz –, der Tempel ganz oben blau.

Dritte Frage: Warum ließ Xerxes den Turm

Hans Graf, Turmbau zu Babel; Bayerische Staatsgemäldesammlungen München

zerstören? Aus Zorn und Rache ob seiner Niederlagen 480 und 479 v. Chr.? Eine zufällige oder Nebenbei-Zerstörung kommt sowieso nicht in Betracht. Die Zerstörung muß nämlich mit gewaltigem Aufwand betrieben worden sein. Später wollte Alexander d. Gr. den Turm neu erstehen lassen. Seine Baufachleute stellten freilich schon bei der ersten Besichtigung fest: Ganz unmöglich, den Turm zu restaurieren. Die schlimm zugerichtete Ruine konnte nur noch abgetragen werden. Wenn überhaupt an einen neuen Turm zu denken war, dann mußte es schon ein von Grund auf völliger Neubau sein. Vierte Frage: Alexander d. Gr. hatte den Turm zum Zentrum und Wahrzeichen der Hauptstadt seines Weltreichs machen wollen. Wie schon erwähnt, war der Turm in den ganzen Jahrtausenden zuvor mit Sicherheit viele Male zerstört und neu – und jeweils größer – wieder aufgebaut worden. Der Plan, ihn auch jetzt neuerlich erstehen zu lassen, war also insofern überhaupt nichts Ungewöhnliches. Alexander starb 323 v. Chr. und mit ihm der Plan eines neuen Turms von Babel. Wieso nahm sich fortan niemals mehr jemand des Turms an? War die Zerstörung durch Xerxes so radikal gewesen, daß sich jedes Neubauprojekt ausschloß? Auf diese Frage gibt es keine einleuchtende oder irgendwie begründete Antwort.

Ein Wunder – im Sinne der Redensart – schlechthin aber ist, wieso eigentlich der Turm zu Babel niemals zu den Sieben Weltwundern der Antike gezählt wurde.

Antipatros von Sidon etwa benannte im 2. vorchristlichen Jahrhundert zwar die Mauern von Babylon als eines der Weltwunder – neben dem Zeus von Olympia, dem Koloß von Rhodos, den Hängenden Gärten der Semiramis (ebenfalls zu Babylon!), den ägyptischen Pyramiden und dem Mausoleum (nämlich dem Grabmal des Königs Mausolos) in Halikarnassos –, aber nicht den Turm von Babel. Und es ist kein rechter Grund dafür zu sehen.

Auch der Historiker Diodor (1. Jahrhundert v. Chr.) und der berühmte Geograph Strabon (um Christi Geburt) erwähnen den Turm nirgends auch nur mit einem Wort, desgleichen nicht römische Schriftsteller sowie Cassiodor, der Kanzler Theoderichs d. Gr. Und dabei überragte der Turm beispielsweise den Koloß von Rhodos weit. Dieser, zwischen 32 und 36 m hoch, war nur knapp ein Drittel so groß.

Selbst mit heutigen Vergleichen bleibt der Turm imposant: 90 m hoch, sagten wir. Die Freiheitsstatue im Hafen von New York ist 41 m hoch, die Bavaria in München, seinerzeit nach der Antike die erste "Kolossalstatue" der Welt, mißt ganze 18 m, das Hermannsdenkmal im Teutoburger Wald 16,50 m.

Daß es den Turm von Babel wirklich gab, darf als ohne Zweifel nachgewiesen angesehen werden. Und ebenso unzweifelhaft ist, daß er das größte und beeindruckendste Bauwerk der damaligen Zeit und Welt war. Wieso also wurde er nicht zur Kenntnis genommen? Eine Erklärung hat der Fachautor Manfred Barthel versucht: Es habe eben damals so viele ähnliche Türme gegeben. Sehr überzeugend ist das jedoch nicht. Sicher, es gab, wie gesagt, im damaligen Mesopotamien tatsächlich zahlreiche Türme. Aber keiner dürfte doch auch nur annähernd an diesen herangereicht haben; jedenfalls gibt es für dergleichen nicht ein einziges Zeugnis irgendwelcher Art. Davon abgesehen allerdings geben auch diese anderen Türme im Zweistromland von damals ihre Rätsel auf: Warum wurden sie gebaut? Vielleicht als Zufluchtsstätten bei Fluten und Überschwemmungen? Als "künstliche Berge", errichtet von einstigen Nomaden, die zuvor ihre Götter auf Bergen verehrt hatten, weil sie hier in der Ebene keine natürlichen Berge vorfanden? Oder aber versuchten die Menschen wirklich, wie es die Bibel sagt, dem Himmel näherzukommen, indem sie sich Türme schufen?

Und da drängt sich dann eine moderne Parallele mit einer atavistischen Deutung auf: Dann sind also unsere heutigen Raketen, die Menschen auf den Mond brachten und künstliche Satelliten in die Tiefen des Weltalls, im Grunde nichts anderes als Evolutions-Erinnerungen des mythischen Himmelsdrangs, mit anderen Worten, unsere modernen Türme von Babylon...? Darüber darf spekuliert werden.

Die Reisen des Pytheas von Massilia

Lange vor den Wikingern und noch länger vor Kolumbus entdeckt ein Grieche das "Nordland" mit Eisbergen und dem zugefrorenen Meer. Was hat er da gesehen: Island, Norwegen, Spitzbergen, Grönland, die Arktis? Eine ungeheure Seefahrer- leistung für seine Zeit – wenn es wahr ist...

Entdeckte Pytheas das "Nordland"? Altes Seefahrer-Steinrelief

Ausgemergelt kam er in den griechischen Heimathafen zurück, der Seereisende, Entdecker und Abenteurer Pytheas von Massilia. Massilia war das heutige Marseille in Südfrankreich. Damals war die Region eine griechische Kolonie. Wir schreiben das Jahr 330 v. Chr.

Zunächst bestaunte und bewunderte man ihn. Man lobte seinen Heldenmut und begeisterte sich an den Wagnissen, denen er sich unterzogen hatte.

Doch nur sehr kurz.

Denn was er erzählte, war im Sinne des Wortes unglaublich. Es ließ sich nicht glauben. Es konnte gar nicht wahr sein. Es widersprach allem, was man wußte. Die Wissenschaft war schließlich schon weit fortgeschritten, und ihre Erkenntnisse waren wohlfundiert und bewiesen. So einfach widerlegen konnte man sie nicht.

Pytheas wollte nach Norden gereist sein und ein Land entdeckt haben, das es gar nicht geben konnte.

Das Urteil war schnell gefällt: das Land war erfunden, Pytheas ein Maulheld. Seine Berichte, nur anfangs bestaunt, ernteten fortan lediglich Hohn und Spott.

Und genau das ist auch der Grund, warum seine Berichte nur bruchstückhaft erhalten geblieben sind. Kein ernsthafter Gelehrter damals wollte sich mit erfundenem Unfug wie diesem abgeben. Ihn aufschreiben schon gar nicht.

Die Insel im Norden ist dicht besiedelt. Sie hat ein außerordentlich kaltes Klima.

Sollte Pytheas von Massilia die britischen Inseln entdeckt haben?

Über die Bevölkerung jener Insel schrieb er:

Sie ist außerordentlich gastfrei und dazu freundlich. Die Menschen sind einfach in ihren Gewohnheiten und weit entfernt von der (sonstigen) Schurkerei und Verschlagenheit ... der Menschen. Ihre Nahrung ist bescheiden und unterscheidet sich sehr von dem Luxus, der aus dem Reichtum stammt. Sie trinken keinen Wein, sondern ein Getränk, das sie aus Gerste brauen und curmi nennen.

Ein Volk, das keinen Wein (wie die Griechen) trinkt, sondern ein Gerstengebräu (Bier)?

Noch ein Hinweis läßt auf England schließen. In jenem Volke gebe es zahlreiche Könige und Fürsten, die zumeist friedlich miteinander auskämen. Also tatsächlich England mit seinen vielen "Königen", die ja im Grunde kaum mehr waren als Stammeshäuptlinge oder Clanälteste? Und direkt England, oder eine der nördlicheren Inseln, die Orkneys etwa oder die Shetlands?

Dagegen spricht, daß Hinweise auf die Tiere dieser Gegenden fehlen.

Und mehr als seltsam muten die Erwähnungen gigantischer Eisfelder an. Es seien ihm, behauptete Pytheas, Eisklumpen begegnet, größer als sein Schiff.

Eisberge also. Damit scheiden die britischen Inseln schon einmal aus. Eisberge derartiger Ausmaße jedenfalls kommen weder im Bereich der Orkney- noch der Shetland-Inseln vor, heute nicht und damals auch nicht, nach allem, was bekannt ist.

Das hieße also, Pytheas sei, absichtlich oder unabsichtlich, gleich wie, erheblich weiter nach Norden vorgedrungen.

Wie weit aber und wo? Bis Norwegen? Spitzbergen? Bis Island? Grönland? Es bleibt offen.

Noch jahrhundertelang tat man die Reiseberichte des Pytheas als unglaubwürdig ab, als Phantastereien, als Hirngespinste eines Aufschneiders, als dummdreiste Zumutung.

Der berühmte Strabon (er lebte um die Zeitenwende und war 63 v. Chr. geboren), eine Autorität und Kapazität seiner Zeit als Geograph, beschäftigte sich gerade mit einem einzigen Argument zu diesem Thema.

In ihren alten Mythen und Legenden kannten die Griechen auch ein wundersames Land weit im Norden. Von der Existenz dieses Nordlandes war man zwar überzeugt, stellte es sich aber ohne nähere Präzisierung einfach "ganz ungeheuer weit im Norden" vor, eher mystisch als real und jedenfalls für einen Sterblichen letztlich unerreichbar. Pytheas aber hatte mit seinen Berichten das Un-glaubliche behauptet: daß das sagenhafte Nordland so unerreichbar gar nicht sei. Er selbst habe es ja gesehen.

Es war eine absolut – und wieder im Wortsinne – un-mögliche Behauptung. Es widersprach dem gesamten Weltbild und dem Weltverständnis und es widersprach jeglichem Kenntnisstand und noch wichtiger: jeglicher "Überzeugung". Die Behauptung war darüber hinaus so wahnwitzig, daß ihr Urheber nur ein Schwindler und Betrüger sein konnte, allergünstigstenfalls eben ein Prahler.

Die Sache war umso kritischer, als Pytheas in seinen Angaben über das Nordland auch mehr als karg blieb. Er sei eben immer weiter nach Norden gefahren und dann auf gewaltige Eisklumpen gestoßen.

Da war – und blieb – schon einmal ein gewichtiger Einwand. Waren es tatsächlich Eisklumpen, Eisberge? Oder nur Treibeis? Oder überhaupt ganz etwas anderes, nämlich Quallenschwärme?

Nur, ist es wirklich glaubhaft, daß der Mann Quallen für Eisklumpen gehalten haben sollte? Nicht wirklich.

Schon deshalb, weil er weiter berichtet, auch dann noch sei er immer weiter auf nördlichem Kurs gesegelt – bis in jene Gegenden, wo das Meer vollkommen zugefroren gewesen sei.

Ein zugefrorenes Meer. Wo mag er also gewesen sein?

Und, fuhr er fort, eine Tagesreise weiter nördlich von diesem gefrorenen Meer befinde sich dann das sagenumwobene Nordland, das die Mythen so "weit weit im fernen Norden" vermuteten, irgendwo am äußeren Rande der Welt, die damals bekanntlich als eine Scheibe begriffen wurde.

Was ist die logische Schlußfolgerung aus diesem Bericht? Daß Pytheas das ewige Eis erreicht hatte; also die Arktis?

Es klingt sehr unwahrscheinlich für die Zeit.

Aber was sonst sollte in Frage kommen?

Gibt es andere Umstände und Anhaltspunkte, die die Annahme stützen könnten?

Die Dauer seiner Reise ist nicht exakt ermittelbar. Wissenschaftler gehen davon aus, daß sie etwa sechs Jahre gedauert haben müsse.

Konnte Pytheas in dieser Zeit bis zum ewigen Eis vorgestoßen sein? Oder kam er nur gerade bis zur Küste Norwegens (obwohl auch das für die Zeit schon eine gewaltige Expeditionsleistung gewesen wäre)?

Einige Male jedenfalls mußte er seine Reise unterbrechen, das steht fest. Er ging mehrmals an Land – und zwar, darüber herrscht eigentlich kein Zweifel mehr und Einigkeit – in England, nämlich dem Land der Biertrinker.

Es ist schon betrüblich, daß seine Aufzeichnungen zum größten Teil verloren und verschollen sind. Man kann deshalb nur mit Ergänzungen und Wahrscheinlichkeitsvermutungen versuchen, seine Reiseroute nachzuziehen.

So erscheint naheliegend und wahrscheinlich, daß er England umsegelte und dabei des öfteren Station machte, um Landerkundungen vorzunehmen. Dabei beobachtete er dann die bäuerliche Bevölkerung bei der Landwirtschaft, beim Umgang mit Vieh und bei der Ernte. Und der nahm durchaus mit Staunen und Anerkennung wahr, wie diese einfachen Leute in jener entlegenen Gegend am Rande der bekannten Welt es mit primitiven Mitteln schafften, der Erde Metall abzugewinnen. Er beschreibt nämlich deutlich, wie im Bergbau Zinn gewonnen wurde. Dies könnte sich auf die bekannten und später so berühmten Zinnbergwerke an der Westküste in Cornwall – dem äußersten südwestlichen Ende Englands – beziehen. Die Aufregung, die sein Erscheinen damals bei diesen frühen Bergleuten hervorgerufen haben muß, ist heute kaum noch nachzuvollziehen.

Für diese Menschen muß das ungefähr so gewesen sein, als nähmen wir den Besuch von Außerirdischen an. Aus dem Nichts war unvermutet ein Fremdling aufgetaucht, einer von einem unbekannten, fernen, völlig fremden Volk, unheimlich und furchterregend wie alles Fremde, Unbekannte und nicht Erklärbare.

Ein Spion vielleicht?

Er beherrschte die Landessprache nicht, zeigte sich allerdings neugierig und freundlich und nicht feindlich oder kriegerisch. Er war stets wißbegierig, kroch selbst in die Bergwerksschächte und schien keine Schwierigkeiten zu haben, zu begreifen, was da vorging.

Er kostete bereitwillig von dem curmi, das man ihm reichte, also dem Bier (oder jedenfalls einem bierähnlichen Ur-Getränk).

Und alles prägte er sich sorgfältig ein.

Nur, um zu erleben, daß man ihn bei seiner Rückkehr alsbald verlachte und als Lügner und Betrüger hinstellte.

Pytheas brach zu keiner Seereise mehr auf. Er scheint den Rest des Lebens damit zugebracht zu haben, von seinen Erlebnissen zu erzählen. Aber wie gesagt, er scheiterte mit seinem Bemühen, ernst genommen zu werden und Glauben mit seinen Reiseberichten zu finden.

Und so ist das Rätsel bis auf diesen Tag ungelöst geblieben. Was ist die Wahrheit? Hat er schwadroniert oder wirklich das ferne Thule erreicht, das sich bekanntlich im heutigen Grönland befunden hat (haben soll)? Der Sohn des Kolumbus hat nach dem Tod seines Vaters gesagt, dieser habe die Prophezeiung des Seneca erfüllt, daß ein großer Navigator Ultima Thule, das letzte, fernste Land, das Ende der Welt, erreichen/entdecken werde.

Die Frage ist, ob nicht Pytheas es schon mehr als tausend Jahre vor Kolumbus entdeckt hat, und ein halbes Jahrtausend vor den Wikingern. Wenn das stimmte, wovon er erzählte, dann muß der Grieche ein sehr kühner Seefahrer und seiner Zeit wahrhaftig um Jahrhunderte voraus gewesen sein. Wenn er sich freilich alles aus den Fingern gesogen haben sollte, ja dann... Doch auch dann bleibt noch die verblüffende Tatsache, wie viele Details er "erfunden" hätte, die erst von späterem Wissen bestätigt wurden; oder die zumindest auf späteres Wissen paßten. Es bleibt ein Rätsel.

Wohin verschwand der Koloß von Rhodos?

Eines der Sieben Weltwunder: Die Riesenfigur in der Hafeneinfahrt von Rhodos, ein Dankgeschenk für den Sonnengott, der es regnen ließ. Wie sah der Koloß wirklich aus, und wo befinden sich die Reste der eingestürzten Figur?

Dies ist die verbreitetste Darstellung des Kolosses von Rhodos – ein Kupferstich von Johann Bernhard Fischer von Erlach von 1721

Hic Rhodos, hic salta!
Das ist ein altbekanntes Zitat. "Hier ist Rhodos, hier springe!" Aber es hat nichts mit dem Koloß von Rhodos zu tun.(Es kommt in Äsops Fabel "Der Prahler" vor. Dort rühmt sich einer, daß er einst in Rhodos einen ganz gewaltigen Sprung getan habe und beruft sich auf Zeugen, die es mit angesehen hätten. Aber ein Zuhörer antwortet ihm: "Freund, wenn es wahr ist, dann brauchst du keine Zeugen: hier ist Rhodos und jetzt springe!" Das gilt bis heute als Gleichnis für: Hier ist deine Aufgabe – und jetzt löse sie, ohne Wenn und Aber!)

Der Koloß von Rhodos aber, eines der Sieben Weltwunder der Antike, ist bis heute auch ein großes Rätsel der Weltgeschichte geblieben. Chares von Lindos, ein Schüler des Bildhauers Lysippos, schuf laut Überlieferung das gigantische Standbild aus Bronze. Er benötigte dazu fast zwanzig Jahre, exakt von 299-280 v. Chr. Aber sehr viel mehr ist nicht sicher bezeugt. Es gibt eine Menge ungelöster Fragen.

Die Legende behauptet, die Bewohner der Insel Rhodos wollten mit der Statue dem Sonnengott Helios ein Denkmal setzen.

Ein erster Plan sah ein 20 m hohes Standbild vor. Chares erstellte einen Kostenvoranschlag, der seinen Auftraggebern günstig erschienen sein muß. Denn als sie die zu erwartenden Kosten erfuhren, gaben sie ihm einen neuen Auftrag.

"Viel größer, Meister, soll das Bildnis werden, Helios zum Ruhme!"

Wie groß der Koloß daraufhin dann tatsächlich ausfiel, darüber streiten sich die Gelehrten heute noch. Allenfalls die Größenordnung läßt sich eingrenzen: 32 m oder 36 m. Für beide Zahlen lassen sich Belege anführen.

Eine Erklärung für die Unstimmigkeiten ist die Meßmethode. Die einen rechneten den Sockel mit, die anderen nicht. Dabei ist allerdings auch völlig ungeklärt, ob das Standbild überhaupt auf einem Sockel stand.

Der zweite Streitpunkt ist die Frage, wie der Koloß denn nun eigentlich konkret ausgesehen habe. Darstellungen von ihm gibt es genug, aber alle sind mehr oder minder phantasievolle Vorstellungen späterer Künstler.

Gewisse Anhaltspunkte deuten darauf hin, die Statue sei mit gespreizten Beinen am Hafeneingang gestanden, so daß alle einfahrenden Schiffe unter ihr hindurch mußten; mit anderen Worten, die Figur sei auf diese Weise sogar das eigentliche Hafentor gewesen – so, wie es sehr viel später Fischer von Erlach in seiner bekanntesten Darstellung dieses Weltwunders angenommen hat (s. Abb. S. 29). Andere Interpretationen gehen von der Annahme aus, das Riesenstandbild sei auf einer Anhöhe oder sogar einem Berg aufgestellt gewesen, die eine Hand erhoben und in ihr ein gigantischer Kessel mit Feueröl für Leuchtfeuer. Oder war das mögliche Feuer eher zeremoniellen und festlichen Anlässen vorbehalten – eine Art olympische Flamme? Das alles ist strittig und unbewiesen.

Mit einiger Sicherheit läßt sich lediglich ableiten und schließen: Der Koloß von Rhodos, wie immer er exakt ausgesehen haben mag, sollte beeindrucken und Freund wie Feind von der Macht der Leute von Rhodos überzeugen: eine Imponiergeste.

Rhodos war schon lange vor dem 3. vorchristlichen Jahrhundert ein blühendes Handelszentrum gewesen. Alle Schiffe aus Ägina, Chalkis, Korinth oder Zypern mußten hier anlegen, um sich neu zu verproviantieren und die Wasservorräte zu erneuern. Rhodos knüpfte aber auch selbst Handelsbeziehungen, zum Beispiel mit Ägypten.

Ägypten ...
Es ist vermutet worden, daß möglicherweise die Gigantomanie der gewaltigen ägyptischen Pyramiden die Leute von Rhodos dazu verleitete, sich ebenfalls etwas Kolossales zuzulegen. Mag sein oder auch nicht, es muß dahingestellt bleiben, weil es nicht belegbar ist.

Im 5. Jahrhundert v. Chr. versuchten die in Kleinasien liegenden, zu Griechenland gehörenden Städte, sich von der bedrückenden Herrschaft der Perser zu befreien. Es kam zu Aufständen, Rhodos aber hielt sich zurück. Allerdings nützte derlei Diplomatie gar nichts. Die Perser hatten den Aufruhr satt und gingen gegen die griechischen Städte vor, und 490 v. Chr. auch gegen Rhodos. Die Bewohner der

Inselstadt Lindos leisteten tapferen Widerstand. Lindos war in die Knie zu zwingen. Man begann also eine Belagerung. Die Verbissenheit, mit der die Perser angriffen, ließ allerdings bald nach. Die Verluste waren zu hoch. Doch man wußte immer noch die Zeit auf der eigenen Seite. Lindos wurde eben einfach ausgehungert! Vor allem auch der Wassermangel sollte die Verteidiger zur Aufgabe zwingen. Der Feldherr der Perser, Datis, bereitete sich schon auf die Übergabe der Stadt vor, als sich unerwartet in kürzester Zeit pechschwarze Wolken über Lindos zusammenzogen und ein gewaltiger Sturm losbrach. Der Himmel verfinsterte sich, es goß in Strömen. Lindos war gerettet. Selbstverständlich kam in jener Zeit für Freund wie Feind nur ein himmlisches Wunder als Erklärung in Frage. Für die Stadt Lindos war klar, daß Athena Lindia rettend eingegriffen hatte.

Und der Perserfeldherr sah auch keine andere Erklärung als diese. Und wer eine so mächtige Göttin auf seiner Seite hatte, mit dem stellte man sich besser gut. Datis bot also der Göttin Athena aufwendige Opfer an und hob die Belagerung auf. Perser und Rhodos schlossen einen Vertrag. Jetzt zeigte die Insel sich neuerlich diplomatisch, löste sich aus dem Verband der griechischen Städte und verbündete sich mit den mächtigen Persern – wenn schon nicht aus purer Liebe, so möglicherweise doch wohl aus der realistischen Überlegung, ein zweites Mal könne man nicht ohne weiteres ein gleiches Errettungs-Wunder erwarten.

70 Jahre später wurde im Jahre 408 v. Chr. dann die Stadt Rhodos gegründet.

Sie lag an der Nordspitze der Insel und bekam eine demokratische Verfassung. Es gab eine Volksversammlung und einen halbjährlich wechselnden Rat.

So fortschrittlich die Staatsgeschäfte von Rhodos nun auch organisiert sein mochten, so große Probleme hatten Stadt und Insel mit der Weltpolitik.

307 v. Chr. soll Rhodos den makedonischen Feldherrn Antigonos, genannt der Einäugige, gegen Ägypten unterstützen. Das ist nicht so einfach: Krieg führen gegen einen bedeutenden, sogar den wichtigsten Handelspartner? Rhodos weigert sich und wird daraufhin zur Strafe vom Sohn des Einäugigen, Demetrios, angegriffen. Dabei kommt eine Kriegsmaschine zum Einsatz, die an Gigantomanie dem späteren Koloß von Rhodos in nichts nachsteht.

Was das Heer, was die Flotte nicht geschafft hat – die größte Kriegsmaschine soll es bewerkstelligen! Rhodos ist umzingelt und eingekesselt, die Stadt verteidigt sich standhaft, doch vor ihren Toren entsteht nun eine wahrhaft gigantische Maschine. Ein riesiger, fahrbarer Turm wird gebaut. Er mißt an der Basis 22 m und ist 30 m hoch. Im Inneren liegen neun Stockwerke übereinander, rundum gibt es Schießscharten mit Katapulten.

Langsam wird dieses Monstrum gegen das Stadttor und die Mauer vorgeschoben. Ein Meer von Brandpfeilen der Verteidiger soll es in Brand stecken.

Doch darauf ist man im Turm vorbereitet. Die Außenhaut besteht aus Korbgeflecht mit daran befestigten nassen Tierhäuten, die ständig mit Wasser begossen werden. Im zweiten Stock des Turms befindet sich ausschließlich für diesen Zweck ein Wassertank. In den unteren Stockwerken sind die Rammböcke.

Im und um den Turm sind nicht weniger als 3400 Soldaten, und sie durchbrechen mit ihm die Stadtmauer.

Doch dann begeht Demetrios einen fatalen und geradezu unverzeihlichen Fehler. Nachdem mit der Bresche in der Stadtmauer der entscheidende Durchbruch erzielt ist, wird die eigentliche Eroberung der Stadt für den nächsten Tag aufgehoben.

Inzwischen aber haben die Verteidiger von Rhodos der Belagerungsmaschine eine Falle gegraben. In sie stürzt das Monstrum und bleibt manövrierunfähig liegen, mitten in der Stadtmauer. Das Loch, das es in diese gerissen hat, verschließt es nun selbst wieder. Demetrios hat praktisch verloren; jedenfalls kann er nicht mehr gewinnen und schlägt der Einfachheit halber einen Freundschaftsvertrag vor.

Rhodos akzeptiert; mit gutem Grund und nüchterner Überlegung. Der erste Angriff ist zwar abgewehrt, aber um die eigenen Streitkräfte steht es schlecht, und der Gegner wäre wohl in der Lage, in absehbarer Zeit einen neuen Angriffsturm zu bauen. Wenn er dann erneut die Stadtmauer durchbricht und dieses Mal ohne Zögern und Aufenthalt, ohne bis zum nächsten Tag zu warten, weiter angreift, ist es um die Stadt geschehen, da gibt es keinen Zweifel.

Und angesichts dieser Lage bietet Demetrios dennoch Frieden an, noch dazu einen überaus günstigen. Demetrios muß wohl einfach deprimiert oder kriegsmüde gewesen sein.

Ganz Rhodos ist überzeugt, daß angesichts so viel Glücks nur der Sonnengott persönlich ihnen geholfen haben kann. Er ist der Schutzpatron von Stadt und Insel. Damals hat er die Stadt mit dem Regen vor dem Verdursten bewahrt. Jetzt fügt er es, daß der haushoch überlegene Gegner dem Verlierer einen Freundschaftsvertrag wie einem Gleichberechtigten anbietet... Das verlangt Dank.

Der Dank soll ein Denkmal sein. Eine Bronzestatue, riesengroß. Nur, wer soll sie bezahlen? Das Standbild, das ist beschlossen, soll an Größe der Kampfmaschine des Demetrios etwa gleichkommen, also an die 40 m hoch werden.

Die Bürger tun, was sie bis heute überall tun: sie denken an die horrenden Kosten. Da kommt den Kaufleuten eine geniale Idee. Man verkauft die gewaltige Maschine des Demetrios. Dafür erhält man 7800 kg Silber, genug, um den Koloß von Rhodos zu fertigen.

Man kann sich sogar leisten, den besten Bildhauer des Landes damit zu beauftragen, nämlich Chares, der weithin bekannt ist als Schüler des berühmten Lysippos.

Chares ist wie die meisten Künstler kein Rechner, und die Kosten interessieren ihn nicht. In seinem Falle rechnet er allerdings zu knapp. Sein erster Kostenvoranschlag für eine 20 m hohe Statue fällt so niedrig aus, daß prompt der neue Auftrag erteilt wird: doppelt so groß.

Chares ist schnell – zu schnell – bei der Hand. Doppelte Höhe, doppelte Kosten. Tatsächlich aber müßte er seine Kostenrechnung verachtfachen. Denn der Materialaufwand wird nun achtmal so groß wie ursprünglich geplant.

Mit einem Wort: Der großartige Auftrag treibt den Künstler, statt ihm ein Vermögen einzubringen, in den totalen Ruin.

Und so scheint es, daß man einige kleinere Unvollkommenheiten in Kauf nehmen mußte. Es gibt Überlieferungen, die behaupten, die Fußpartie des Kolosses sei mit gewaltigen Felsbrocken beschwert worden, um ein Umkippen, etwa bei Sturm, zu verhindern.

Für die technische Herstellung wurde ein eigenes Gußverfahren entwickelt. Um den Koloß wurden Erdrampen aufgehäuft und die Figur stückweise erstellt. Danach entfernte man die Rampen wieder.

Lange stand er dann freilich nicht, der Koloß von Rhodos. 280 v. Chr. war er fertiggestellt worden. Fünfzig Jahre danach brachte ihn ein Erdbeben, das zwischen 227 und 224 zu datieren ist, zum Einsturz. Er brach oberhalb der Knie ab und stürzte in sich zusammen.

Die Meinungen nach dieser Katastrophe, ob man den Koloß restaurieren solle, waren geteilt, nicht zuletzt wieder wegen der Kosten. Wenn fremdes Geld dafür aufzutreiben war... Vielleicht war Ptolemäus III. von Ägypten bereit, die Finanzierung zu übernehmen? Doch der würde natürlich mit Sicherheit politische Zugeständnisse dafür erwarten, und vor solchen hatten die Kaufleute von Rhodos Angst.

Man einigte sich schließlich auf die Befragung des berühmten Orakels von Delphi.

Dessen Auskunft lautete: *"Was gut ruht, soll man nicht von der Stelle bewegen."*

Und diesen Rat befolgte man. Das heißt, man ließ die Trümmer des eingestürzten Standbilds einfach liegen.

Angeblich neun Jahrhunderte lang.

Erst Kalif Othman, der die Insel Rhodos im Jahre 653 n. Chr. eroberte, soll den alten Schrott dann einem Juden verkauft haben. Neunhundert Kamele, heißt es, seien erforderlich gewesen, die Reste des einst stolzen Riesen nach Syrien zu transportieren. Dort verliert sich dann die Spur des Kolosses von Rhodos in der Handelsmetropole Edessa.

Die rätselhaften Riesenfiguren in Peru

Was bedeuten die Riesenfiguren und Linien auf der Hochebene von Nazca? Raumschiffstartbahnen vor zweitausend Jahren? "Himmelfahrtsort" der Könige mit Heißluftballons? Erdkräftelinien als Teil eines weltweiten "Liniensystems"?

Startbahnen der "Außerirdischen" oder astronomische Sternen-Linien? (Foto: Erich von Däniken)

Seit Jahrzehnten wird nun schon in aller Welt an den rätselhaften Riesenfiguren im Boden der Hochebene von Nazca in Peru herumgeforscht und -gerätselt: Wie sind diese überdimensionalen, überhaupt nur aus der Luft erkenn- und überschaubaren Menschen- und Tierfigurenumrisse zustande gekommen, und was bedeuten sie? Alle möglichen Erklärungen wurden bereits abgegeben, nüchterne und phantastische, sachliche und spekulative...

Eine Vermutung liegt im Trend der heute immer wieder diskutierten Möglichkeit außerirdischer Besucher in der Frühzeit unserer Geschichte. Etwa so:

Die Triebwerke des außerirdischen Landefahrzeugs heulen auf. Langsam setzt sich der Gigant in Bewegung, rollt über die Ebene dahin, beschleunigt und hebt ab. Sekunden später ist der Raumgleiter aus dem Gesichtsfeld der Menschen verschwunden. Zurück bleiben im Erdboden eingebrannte Spuren.

"Wann werden sie wiederkommen?" fragt einer zaghaft. "Sie haben uns so reich beschenkt!"

Aber der Stammespriester zuckt auch nur die Achseln. Und die "Götter" bleiben fürderhin aus.

"Sie kommen nicht wieder, weil wir ihre Bahnen nicht sauber halten", meint einer.

Ob es wirklich daran liegt?

Nur noch schwach sind auf der Ebene die Spuren zu sehen, die das Fahrzeug der Götter hinterließ. Eifrig macht man sich ans Werk und fegt die Spuren frei. Leider aber kommen sie auch nach dieser Fleißarbeit nicht wieder, die fliegenden Götter. Daraufhin beginnen die Menschen nun mit Eifer, Hingabe und Hoffnung neue Bahnen anzulegen, die sie in den Boden scharren. Sie entwerfen mit Präzision Bilder, zum Beispiel von Tieren, zeichnen sie in den Boden, gigantisch in ihren Ausmaßen, damit sie auch schon von weit oben, wo die Götter ja herkommen, zu erkennen sind; Einladungen gewissermaßen: "Kommt wieder!"

Ob dies die zutreffende Erklärung ist oder reine Science-fiction, ist so sehr Spekulation wie die meisten anderen Erklärungen. Man muß also bestenfalls nach der wahrscheinlichsten und glaubwürdigsten suchen, nach der erklärbarsten, einleuchtendsten Version; am besten einer, für die es vielleicht auch Belege gibt.

Was aber ist Tatsache, was sind Belege? Wenn man will, kann man die breiten Bahnen von Nazca durchaus für Landebahnen für eine Art Spaceshuttle halten. Es sei denn, der Gedanke an eine Raumfähre im 2. Jahrhundert v. Chr. ist einem zu phantastisch.

Daß diese Bahnen – oder Linien, oder was immer sie nun sind – in dieser Zeit, nämlich vor 2200 Jahren, entstanden, angelegt worden sind, ist nachweisbar. Auch die ältesten Tierzeichnungen dort stammen schon aus dieser Zeit. Dergleichen läßt sich mit heutigen Mitteln zweifelsfrei durch Bodenproben und -messungen feststellen. Also: besuchten damals dort in Südamerika Außerirdische die Erde?

Eben darüber tobt der Streit unter denen, die sich des Themas forschend und untersuchend annehmen.

Der Amerikaner Bill Spohrer beispielsweise sagt kategorisch: *"Keine Spur."* Seine Erklärung geht in eine ganz andere Richtung:

"Man weiß aus den uralten Überlieferungen, daß die Nazcahäuptlinge jener Zeit nach ihrem Tod 'in den Himmel' geschickt wurden."

Dies könnte man sich etwa so vorstellen:

In prunkvolle Kleider gehüllt, nähert sich der Oberpriester der Nazcakultur dem toten Regenten. Für seine letzte Reise ins Jenseits geschmückt, liegt der Tote auf einer Art Kahn, der Himmelsbarke.

Die Gehilfen des Priesters entfachen ein Feuer. Die Flamme lodert in einer Schale über dem Leichnam auf und erzeugt heiße Luft, die einen Heißluftballon bläht. An diesem hängt die Himmelsbarke. Noch ist sie an Pfählen verankert.

Dann werden die Schnüre gekappt, und der Tote fährt buchstäblich in den Himmel auf, der Sonne entgegen.

In respektvollem Abstand werfen sich die Untertanen in den Staub und rufen voll Erstaunen, Ehrfurcht und auch Angst: "Er ist zur Sonne aufgefahren!"...

Spohrers These hat durchaus etwas für sich – wenn man sich einmal über den Zweifel hinwegsetzt, daß zu jener Zeit bereits Heißluftballons bekannt gewesen sein sollen, fast zweitausend Jahre vor den Brüdern Montgolfier (wie schon vorne im Kapitel über Hesekiel!). Aber es gibt in der Tat Darstellungen auf Keramik aus der Nazcazeit, die so etwas wie im Winde flatternde Ballons zeigen. (Und im übrigen waren ja auch die Brüder Montgolfier allenfalls die Wiedererfinder/europäischen Erfinder des Heißluftballons; es ist längst bekannt, daß das Prinzip auch schon den alten Chinesen vor Jahrtausenden bekannt war; also warum soll es nicht auch nach Südamerika gelangt oder dort unabhängig um dieselbe Frühzeit schon entwickelt worden sein?) Ein uralter Bericht aus der Inkazeit läßt ebenfalls jedenfalls die Möglichkeit offen, ihn als Flug eines Heißluftballons zu deuten. Einem mutigen jungen Mann, heißt es da, gelang es während einer kriegerischen Auseinandersetzung, die feindlichen Truppen aus großer Höhe auszukundschaften. Er könnte in einem Heißluftballon aufgestiegen sein. Möglich allerdings auch, daß er nur einen vom Wind allein gehobenen und getriebenen besonders großen Flugdrachen benützte.

Ein weiteres Indiz, an dem sich die Spekulationen in Nazca entzünden und festfressen, ist die Tatsache, daß sich an den Enden mehrerer dieser Linien/Bahnen feuergeschwärzte Steine nachweisen lassen. Spuren von Heißluftballons? Oder wovon sonst?

Noch heute findet man in Gräbern in der Gegend Reste feinster Gewebe aus der Inkazeit, die sich sehr wohl als geeignet für die Haut von Heißluftballons erweisen.

Spohrer machte 1975 die Probe aufs Exempel. Er ließ einen Heißluftballon aus Materialien herstellen, die zur Zeit der Nazcakultur erwiesenermaßen bekannt waren.

Nun spricht aber auch einiges gegen die Vermutung, daß Nazca lediglich der Startplatz für Heißluftballons gewesen sein soll, mit denen tote Herrscher buchstäblich in den Himmel geschickt wurden.

Natürlich wird es sehr majestätisch ausgesehen haben, wenn es so war. Ein aufgebahrter Toter hervorragenden Standes schwebt unter einer Hülle, unter der Feuer brennt, in den Himmel empor. Aber nach eher kürzerer als längerer Zeit war das Feuer in der Schale ausgebrannt, die Heißluft kühlte wieder ab, und der Ballon stürzte auf die Erde zurück samt dem toten König. Irgendwo in der Umgebung müßten also dessen sterbliche Überreste ebenso wie die des Himmelsgefährts wieder aufgefunden worden sein, am Boden zerschellt, ein ganz und gar nicht mehr würdevoller Anblick, ein recht prosaisches und ernüchterndes Ende der feierlichen vermeintlichen Himmelfahrt... kurzum, besonders lange könnte sich ein solcher Kult sicherlich nicht gehalten haben, ehe er in seiner Banalität erkannt und damit entmystifiziert worden wäre.

Läßt sich, wenn man trotzdem der Heißluftballonversion treu bleiben will, weil sie eine gewisse Wahrscheinlichkeit zu haben scheint, anderes denken, was diese Begleiterscheinungen vermied?

Konnte man etwa, aus Erfahrung oder durch Abwarten günstiger Winde, davon ausgehen, daß der Ballon immer mindestens so weit trieb, daß er erst über unzugänglichem Gelände oder über Bergschluchten abstürzte, die unerreichbar waren? Oder war der Ballonflug überhaupt ein technisches Spektakel, das die Priesterschaft für das Volk veranstaltete? Begleitete also womöglich ein in die Künste des Ballonfliegens eingeweihter Priester den toten Regenten auf dessen letzter Fahrt und brachte den Ballon an sicherem Ort wieder zu Boden?

Tatsächlich ließ Spohrer 1975 nach seinen Versuchen wissen, ein aus Materialien der Inkazeit gefertigter Ballon sei erstens flugfähig und könne zweitens sogar zwei Personen tragen. Das würde die letztere Vermutung stützen. Was er diskret verschwieg, war allerdings die Tatsche, daß sein Testballon nur mit Hilfe eines modernen Nachbrenners flog. Und was immer den alten Inkas an Technik schon zur Verfügung gestanden haben mochte, es gab ganz bestimmt nichts, was einem modernen Nachbrenner vergleichbar wäre.

Nein, nein: Spohrer hat nicht recht, sagte deshalb (und nicht nur deshalb!) Maria Reiche. Sie war ja längst international berühmt und ihr Name infolge ihrer jahrzehntelangen Beschäftigung mit den Figuren der Inbegriff der Expertin für Nazca überhaupt. Sie hatte selbst Bücher darüber geschrieben und sehr dezidierte Ansichten. Über vierzig Jahre lang forschte die aus Deutschland stammende Mathematikerin an Ort und Stelle und hatte es zu ihrer Lebensaufgabe gemacht, die Geheimnisse von Nazca zu ergründen. Maria Reiche gelangte zu einer "sachlichen" Erklärung: *Die Bilder und Bahnen von Nazca sind astronomische Markierungen."*

Aber auch Maria Reiches Ansichten überzeugten keineswegs alle. Als sie im hohen Alter bereits zu erblinden begann, machte sich der amerikanische Professor Gerald S. Hawkins an die Nachprüfung ihrer Theorie, mit dem Ergebnis, daß er sie als eindeutig widerlegt erklärte. Hawkins ist Professor für Astronomie in Boston und am Harvard College Oberservatory tätig, ist also nicht irgendwer. Obendrein erbrachte er den Nachweis, daß das urzeitliche Steindenkmal von Stonehenge in England, dessen Sinn und Bedeutung bis dahin absolut ungeklärt war, nichts anderes darstelle als eine jahrtausendealte astronomische Anlage, ein Observatorium in Stein.

Hawkins also ging von Maria Reiches Vermutung/Überzeugung/Beweis aus, daß die Bilder und Linien von Nazca eine ähnliche Funktion wie Stonehenge oder auch andere vergleichbare alte Anlagen aus vorgeschichtlicher Zeit (wie z.B. auch die berühmten Stein-Alignements von Carnac in der Bretagne) hätten. Dazu gab er einem Computer die wichtigsten Sternkonstellationen vergangener Jahrtausende ein und ließ ihn damit die Linien und Bilder von der peruanischen Hochebene vergleichen.

"Das Ergebnis", verkündete er danach, *"ist niederschmetternd."* Die eine oder andere Linie ließe sich zwar zur Not so deuten, als sei damit ein Stern angepeilt worden. Doch beweisbar sei damit gar nichts.

Bei der Vielzahl der Sterne und Linien war selbstverständlich, daß es eine Reihe von Zufallstreffern geben mußte. *"Mehr als solche Zufallstreffer, wie sie nach dem mathematischen Gesetz der Wahrscheinlichkeit zu erwarten sind, kam nicht heraus, vor allem nicht der Hauch einer sinnvollen Systematik."*

Der englische Autor Alfred Watkins vertritt eine weitere Theorie als Erklärung für die peruanischen Figuren: *"Die Lösung des Rätsels Nazca ist weitaus geheimnisvoller als bislang angenommen."* Nämlich so: Dem Planeten Erde, meint Watkins, wohnen "geheimnisvolle Kräfte" inne, die bis heute eigentlich noch unerforscht sind. "Diese Kräfte treten manchmal an der Erdoberfläche zutage. Und in vorgeschichtlicher Zeit sind sie mehrmals markiert worden."

Was die Natur dieser geheimnisvollen Erdkräfte angeht, beschreiben sie Watkins und der Schriftsteller John Mitchell in dem Buch "Die vergessene Kraft der Erde" folgendermaßen: Die geheimnisvollen Erdkräfte treten besonders in der Nähe geologischer Verwerfungen auf, also in Gebieten, in denen unterirdisch verschiedene Erdschichten arbeiten, sich übereinander schieben, sich aneinander reiben und wetzen. An solchen Stellen entsteht starker Druck, der sich auf quarzhaltiges Gestein auswirkt und in ihm damit optische Lichterscheinungen erzeugt. Verwerfungen solcher Art gibt es nun in reichlichem Maße im Gebiet von Nazca.

Auch im Raum von St. Florian in Alabama in den USA treten sie auf, und von dort gibt es einen Augenzeugenbericht darüber, nämlich von einem amerikanischen Oberstleutnant aus Huntsville/Alabama namens Thomas E. Bearden. Er beobachtete die kuriosen Erscheinungen an den Staatsstraßen 13 und 17, sieben Meilen nördlich der Stadt Florence.

Und auch aus der Gegend von Stonehenge in England sind seltsame Leuchterscheinungen bekannt – durch dieselben Ursachen. Und logischerweise gilt auch für Leuchterscheinungen über der Ebene von Nazca, die gelegentlich beobachtet worden sind, dasselbe. In England gibt es noch weitere Phänomene dieser Art, nicht nur in Stonehenge; und zwar entlang bestimmter "geheimnisvoller Linien". Ein Unterschied allerdings besteht zwischen England und Nazca. Die Linien/Bahnen in Nazca sind noch heute, über zweitausend Jahre nach ihrer Herstellung, sichtbar und erhalten. Selbst Satellitenaufnahmen aus 920 km Höhe über Nazca lassen sie noch erkennen. In England sind sie dagegen weitgehend verschwunden, von der

Von Däniken bis Maria Reich stellten Rätsel-Forscher Theorien über die Linien und Bahnen von Nazca auf. (Foto: Erich von Däniken)

Zivilisation überdeckt oder ausradiert. Einige wenige allerdings sind noch übrig oder erkennbar, am besten vom Flugzeug aus. Da gibt es beispielsweise die in der Umgebung von Newmarket. Im Volksmund heißt sie Teufelsgraben, Devil's Pitch. Zahllose andere sind im Lauf der Jahrhunderte verschwunden. Dennoch lassen sich viele rekonstruieren, allein, weil es in England noch eine Fülle vorgeschichtlicher Denkmäler und steinerner Monumente aller Art gibt. Und alle diese vorgeschichtlichen Kultstätten sind nur aus heutiger Sicht scheinbar willkürlich in der besiedelten Gegend verstreut. Tatsächlich stehen sie alle auf "Linien". Wenn man sie nachzeichnet, ergibt sich ein seltsames Gesamtbild. Und das Verblüffende daran ist, daß es dem auf der Hochebene von Nazca in Peru ähnlich ist.

Der Schluß liegt nahe, daß die Altvorderen Kenntnisse der "Linien", also der "geheimnisvollen Kräfte der Erde", hatten, die uns inzwischen längst wieder abhanden gekommen sind, und die Stellen, wo sie "Wirksam wurden", besonders markierten. Und das wären dann eben in England die Linien gewesen, auf denen Megalithen, Menhire, Dolmen und Steinformationen aufgestellt und angelegt wurden, und in Peru in Nazca die heute noch sichtbaren Scharrlinien und Zeichnungen. Diese müssen im übrigen offensichtlich über die Jahrhunderte hinweg gepflegt worden sein, sonst könnten sie kaum bis in unsere Zeit hinein so gut erhalten geblieben sein.

Auch in der gebirgigen Landschaft von Bolivien gibt es an manchen Stellen ähnliche Linienzeichnungen. Sie verbinden heilige Stätten der Aymara-Indianer. Und in Nordamerika hat man ähnliches entdeckt. Noch zu Beginn des 19. Jahrhunderts war der amerikanische Mittelwesten übersät mit Erdbauten, gigantischen künstlichen Hügeln. Daß wir über diese Kuriositäten heute noch Bescheid wissen, ist der damaligen Forschungsarbeit und den Aufzeichnungen des Ethnologen William Pidgeon zu verdanken. Er brach 1840 von Galena in Illinois an der Grenze zu Wisconsin am Oberlauf des Mississippi in einem Segelboot eigener Konstruktion zu einer 1500 km langen Fahrt den Mississippi hinab auf, erforschte dabei vorgeschichtliche Zeugnisse und stellte kritische Untersuchungen und Vergleiche an.

Er fand zu seiner eigenen Überraschung heraus, daß 76 Erdbauten und 449 Erdhügel miteinander insofern in Verbindung standen, als sie alle auf Linien lagen. Der Großteil dieser künstlichen Erdhügel ist heute längst verschwunden, auch die Linien sind praktisch nicht mehr auffindbar.

Zeugnisse also aus vier weit auseinanderliegenden Ländern, die genau die gleichen Merkmale aufweisen.

Da drängt sich die Vermutung geradezu auf, daß es auch in anderen Gegenden überall auf der Erde ähnliche "Linien" geben muß – oder jedenfalls könnte. Und das wiederum legt nahe, daß man Nazca, dessen Rätsel oder Geheimnis bis heute nicht zweifelsfrei geklärt ist, wohl nicht isoliert und für sich sehen darf. Vielleicht gibt es sogar ein Liniensystem, das die einzelnen Liniengebiete miteinander verbindet? Es ist behauptet worden, daß das Rätsel Nazca deshalb noch nicht gelöst ist, weil bislang niemand die richtigen Fragen zu stellen imstande war...

Wie aber lauten diese richtigen Fragen?

Der älteste Computer?

Ein Schwammtaucherschiff in Seenot stößt auf ein 2000 Jahre altes Schiffswrack mit Bronze- und Marmorstatuen. Der interessanteste Fund: ein komplizierter Rechner mit 40 Zahnrädern von modernster Präzision.

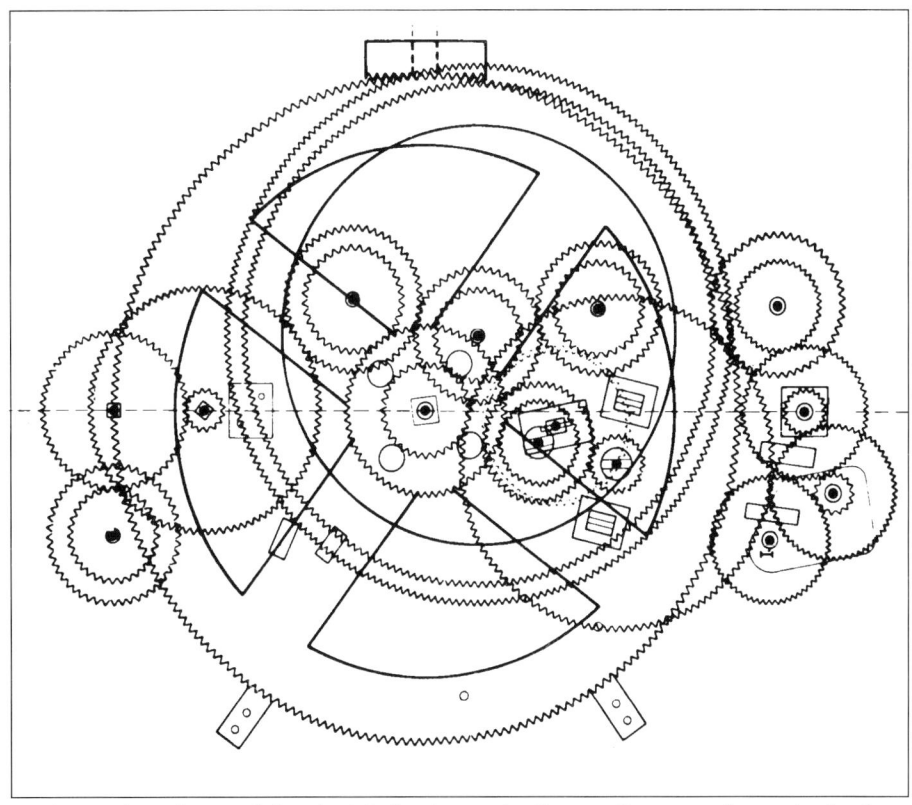

Zeichnerische Rekonstruktion des Mechanismus des "ersten Computers" von Antikythera

Wir haben unsere Zeit das Computer-Zeitalter genannt. In jedem Buch über Datenprozessoren und automatische/elektronische Rechner werden die ersten Computer um die Jahrhundertmitte datiert, die frühen Vorfahren im 18. und zu Beginn des 19. Jahrhunderts.

Alles nicht falsch. Aber wenn man es darauf anlegt, kann man den ältesten "Computer" auch schon auf das 1. vorchristliche Jahrhundert datieren: ein mechanischer Rechner mit einem komplizierten Räderwerk, über 2000 Jahre alt... Taucher fanden ihn in einem Schiffswrack.

Zwischen Kreta und der wesentlich kleineren Insel Kythera in der Ägäis liegt, oftmals sehr sturmgepeitscht, das Inselchen Antikythera, also Vor-Kythera. Auf eben dieses kleine Eiland hielt im Jahre 1900 um die Osterzeit der Kapitän eines Schwammtaucherbootes, Demetrios Condos, zu. Ein entsetzlicher Sturm ist zu dieser Zeit dort überliefert.

Die Besatzung des Bootes kämpft verzweifelt gegen Unwetter und Wellen an. "Warum versuchen wir unser Glück nicht mit dem Rettungsboot?" Die Männer wollen den alten Kahn absaufen lassen und halten das Rettungsboot für wendiger.

Doch Condos hält davon nichts und erklärt es für Unsinn. "Nur mit dem Schiff selbst können wir versuchen, den gefährlichen Gewässern vor Kreta zu entkommen. Im Rettungsboot sind wir alle verloren." Und ihre einzige Chance, sagt er, sei Antikythera.

Die Matrosen klammern sich an die Zuversicht ihres Kapitäns, sie arbeiten besessen und mit letzter Kraft. Antikythera ist ihre letzte Hoffnung. Antikythera – nordwestlich vor Kreta – bricht die schlimmsten Sturmwellen. An ihren Gestaden ist man vor Sturm geschützt. Jeder Mann gibt sein Letztes. Und sie erreichen Antikythera tatsächlich. Das Schwammtaucherschiff ist zwar arg beschädigt, aber sie kommen an. Hinter den Riffen vor dem Eiland ist die Gewalt des Sturms gebrochen und vorüber, wenn erst einmal die Nordspitze umsegelt ist.

In den ersten zwei Tagen nach ihrer Ankunft ist die Mannschaft an Land erst einmal damit beschäftigt, die Schäden am Schiff auszubessern.

Danach aber bricht Langeweile aus. Die Männer werden aggressiv. Sie müssen tatenlos zusehen, wie der Sturm immer noch weiter wütet und das Verlassen der Insel unmöglich macht. Und das bedeutet vor allem Verdienstausfall, weil die Tauchgründe, in denen sie Schwämme zu ernten pflegen, jetzt unerreichbar sind. Das schlägt sich den Männern aufs Gemüt. Der Sturm ist schon nicht mehr so wichtig, sie drängen auf Aufbruch: "Das Schiff ist repariert, wagen wir die Heimkehr!"

Der Kapitän sieht wohl eine Meuterei heraufziehen, wenn er seine Leute weiter zur Untätigkeit verdammt, und entschließt sich zum Kompromiß. Er läßt tauchen.

Ein erfahrener Taucher seiner Mannschaft, ein gewisser Elias Stadiatis, soll der erste sein, der in die unbekannten Gewässer hinabtaucht. Ob es sich überhaupt lohnt, nach Schwämmen zu tauchen, wissen sie alle nicht. Noch niemals haben sie es an dieser Inselküste versucht.

Stadiatis schlüpft in den Taucheranzug, befestigt die schweren Bleigewichte an seinem Gürtel und an den Beinen. Er hängt an der Rettungsleine, die sich wie der Luftschlauch zehn, zwanzig, fünfundzwanzig, dreißig... vierzig Meter abrollt, ehe sie anhält, als der Taucher offenbar am Grund angekommen ist. Alle warten.

Dann plötzlich geschieht etwas Unerwartetes. Als sei Leben in die Leine gekommen, peitscht sie hin und her. An Bord große herrscht Aufregung. Was ist los? Irgendetwas muß passiert sein.

Die Rettungsleine wird hastig eingeholt. Sind etwa Haie hier? Das wäre in diesen Gewässern ungewöhnlich. Aber ausschließen kann man es nicht. Und sei es nur ein verirrter Einzelgänger. Der Taucher wird an Bord gezerrt. Er ist unverletzt, aber er steht sichtlich unter einem Schock. Er zittert am ganzen Leib und redet wirr durcheinander. Panische Angst ist in seinen Augen. Er deutet nach unten und ist völlig außer sich. Nur einzelne Brocken sind für die Umstehenden zunächst verständlich: "Geister", "nackte Frauen", "Pferde"...

Niemand weiß sich einen Reim auf das Gestammel zu machen. Aber Seeleute sind von jeher

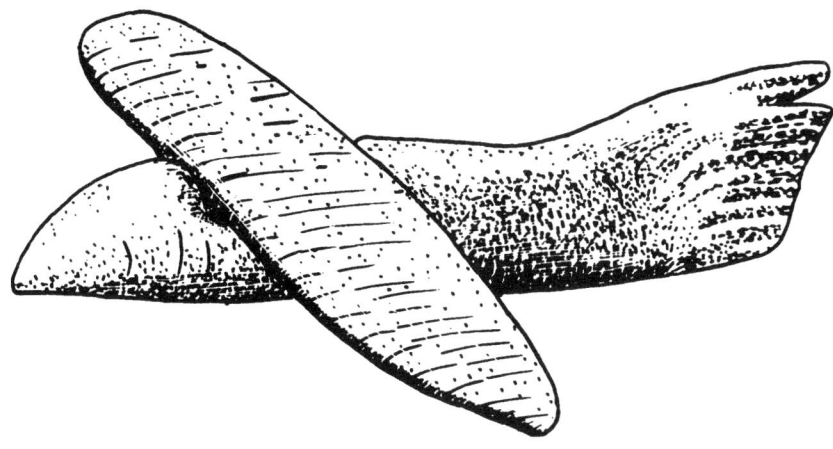

Seitenansicht des Flugzeugmodells aus einer Grabkammer bei der Stufenpyramide von Sakkara

abergläubisch und phantasiebegabt und malen sich sogleich schlimme Geschichten aus.

"Wir sind dem Sturm entkommen, aber jetzt fallen wir doch noch dem Meer anheim! Ihm ist nicht zu entkommen!"

Keiner mehr ist bereit, in die Tiefe zu tauchen. Alle erwarten sie nun dort unten nur noch einen grausigen Reigen aus gespenstischen Pferden, unheimlichen Meeresweibern und furchterregenden Geistern.

Bis schließlich der Kapitän entscheidet, selbst nachzuforschen.

Er tut es nicht nur, weil ihn selbst die Neugier gepackt hat. Er weiß vor allem, er muß dem Spuk ein Ende bereiten, um seine Mannschaft wieder zur Räson zu bringen. Er kennt ihre Mentalität. Solange nicht geklärt ist, was Elias gesehen hat, rührt keiner der Männer einen Finger. Sie sind wie gelähmt, und an eine Heimreise wäre nicht zu denken, selbst wenn sich der Sturm gelegt hat.

Die Szenerie, die Kapitän Condos am Grunde des küstennahen Meeres erwartet, mutet ihn in der Tat gespenstisch an. Nur noch vages Licht dringt bis in diese Tiefe. Und tatsächlich: da sind Schatten. Nackte Frauen, Pferde ... Doch es sind keine Gespenster, die dies vorgaukeln, sondern das Wrack eines Schiffes.

Eines Schiffes, das, wie später festgestellt wird, um 80 v. Chr. gesunken ist.

An Deck befinden sich Statuen. Sie erscheinen im flirrenden Halbdunkel der Tiefe durchaus gespenstisch und unheimlich. Als Kapitän Condos dies oben berichtet, breitet sich Erleichterung aus. Und nun ist die Mannschaft sogleich begierig, die Ladung des Schiffes zu heben. Freilich, es fehlt an der dazu nötigen Ausrüstung.

Nach der Heimkehr betreibt Kapitän Condos die Organisation einer Hebungsexpedition. Nach einem halben Jahr, Ende November, kann er mit seiner Besatzung und seinem Boot an die Fundstelle des Wracks zurückkehren. Condos hat die Unterstützung durch die griechische Regierung gewonnen. Gleichwohl kommen die Bergungsarbeiten nur sehr mühsam voran. Das liegt vor allem an der ständig sehr rauhen See; und außerdem ist die Tauchtechnik noch sehr primitiv. Unterwasserarbeiten sind noch sehr schwierig. Es kommt auch zu Unfällen. Ein Mann stirbt, zwei müssen schwer verletzt geborgen werden. Man bricht das Unternehmen ab, nimmt

41

es erst später wieder auf. Was an Schätzen vom Meeresgrund aus dem Wrack geborgen wird, wandert ins Nationalmuseum nach Athen. Dort sind die Archäologen naturgemäß vor allem von den Statuen aus Bronze und Marmor begeistert.

Den eigentlichen Hauptfund aber nehmen sie kaum zur Kenntnis. Wie könnten sie auch. Man sieht immer nur, was man sucht und was man sehen will. Das andere fällt gar nicht auf. Archäologen sind auf Kunstdenkmäler fixiert, nicht auf Technik. Und eben diese ist die eigentliche Sensation der Funde aus diesem Wrack des 1. vorchristlichen Jahrhunderts.

Es dauert schließlich noch über ein Jahr, bis am 17. Mai 1902 einer der führenden Archäologen Griechenlands, Spiridon Stais, bemerkt, daß einer der Klumpen des Fundes, verbackenes, rostiges Zeug, alles andere als uninteressant ist. Stais ist über alle Maßen verwundert, als er versteckt zwischen den vom Rost zerfressenen, steinverklumpten Bronzeteilen Zahnräder zu erkennen glaubt.

Er traut seinen Augen nicht und untersucht gründlicher. Zahnräder?

Im 1. Jahrhundert v. Chr.? Das kann doch wohl nicht sein! Er betrachtet den Klumpen noch intensiver. Aber er unternimmt vorerst nichts. Er ist Fachmann genug, um zu wissen, daß voreiliges Zerbrechen des Klumpens etwas unwiederbringlich zerstören kann. Doch es scheint auch immer klarer zu werden, daß es sich bei der rostigen Masse offensichtlich um einen komplizierten Mechanismus handelt...

Der geheimnisvolle Klumpen wandert vorläufig erst einmal in einem Schuhkarton in die Rumpelkammer des Museums. Auch Stais findet über seinen anderen Aufgaben keine Zeit und Gelegenheit mehr, sich weiter um das seltsame Fundstück zu kümmern. Es gerät in Vergessenheit, und so vergehen noch einmal fast 60 Jahre, bis ein anderer Wissenschaftler 1958 über den Klumpen stolpert und ihn sich genauer vornimmt. Es ist der Engländer Derek de Solla Price, heute Professor für Wissenschaftsgeschichte an der Universität Yale in Amerika. Schon der Klumpen selbst, aus dem Teile von

Zahnrädern hervorstehen, läßt ihn euphorisch werden. "Der Gegenstand ist einzigartig", stellt er öffentlich fest. "Es existiert nichts Vergleichbares. Es gibt auch keinerlei Hinweis in irgendwelchen antiken Texten, weder in streng sachlich-wissenschaftlichen noch in literarischen. Im Gegenteil, bei allem, was wir über Wissenschaft und Technologie des hellenistischen Zeitalters wissen, hätte es zu dieser Zeit Derartiges überhaupt nicht geben können und dürfen."

Und doch hatte er den Gegenbeweis vor sich, einen uralten Mechanismus!

De Solla Price ging mit chirurgischen Instrumenten zu Werke und löste vorsichtig winzige Partikel von Staub und Rost. Und je länger er daran arbeitete, desto phantastischer erschien ihm der Fund. Er fand es schlicht "unglaublich", wie präzise die einzelnen Zahnräder gearbeitet waren. Es ließen sich Abweichungen von allenfalls Zehntelmillimetern messen, so selbst für moderne technische Maßstäbe exakt waren die Zahnräder gefertigt.

Die Entdeckung wirft bis heute noch Fragen über Fragen auf; die erste und wichtigste: Welche Hochkultur vor über zweitausend Jahren konnte ein technisch so meisterhaft gearbeitetes Räderwerk hervorbringen? Bereits da war Price ratlos: "Vergleichbare Zahnräder gibt es erst in europäischen Uhren um 1575" – mit anderen Worten, 1700 Jahre nach der zweifelsfreien Entstehung des Mechanismus von Antikythera.

Die zweite entscheidende Frage: Was stellt das Räderwerk dar?

Auch de Solla Price riskierte es zunächst nicht, den Mechanismus aus dem verbackenen Klumpen herauszulösen. Und noch einmal verschwand deshalb das rätselhafte Fundstück im Magazin des Athener Nationalmuseums. 1961 aber kam de Solla Price zurück und machte sich abermals ans Werk.

Er läßt Röntgenaufnahmen anfertigen – und das bisher schon verwunderte Staunen wird noch größer. Mindestens vierzig Zahnräder gehörten zu dem Gerät, läßt sich feststellen. Offensichtlich handelt es sich um eine bereits recht komplizierte Rechenmaschine. Mit anderen Worten, modern gesagt: um einen frühen –

mechanischen–Computer! Er scheint über neun verstellbare Skalen verfügt zu haben. Auf der Grundplatte waren drei Achsen befestigt – mit erstaunlicher Genauigkeit.

Die dritte entscheidende Frage: Wozu diente dieses Instrument, dieses Gerät, diese Maschine, dieser "Computer" – den man damit in bestimmter Weise durchaus den ersten der Welt nennen könnte?

Klar und eindeutig ist, daß der Mechanismus auch astronomische Funktionen erfüllte, wie beispielsweise, die Positionen des Mondes und anderer Gestirne festzulegen. Aber nur dies? Oder diente er auch anderen Zwecken?

Da ist bis auf diesen Tag auch de Solla Price ratlos: "Der ganze Mechanismus ist ein Rätsel. Die Röntgenaufnahmen" – die übrigens mit den hochmodernen Geräten der Griechischen Atomenergiebehörde angefertigt wurden – "lassen ein überaus kompliziertes Getriebe erkennen. Das ganz und gar Rätselhafte daran ist, daß nach allen unseren bisherigen Kenntnissen von der Antike die alten Griechen überhaupt kein Interesse an experimenteller Wissenschaft hatten. Um so sonderbarer also, daß sie dann ein solches Gerät bauten." (Falls sie es also waren und nicht andere...)

Kurz, etwas Derartiges paßt einfach nicht in das überkommene und schon seit Jahrhunderten der Archäologie geläufige Bild von der griechischen Antike.

Der Yale-Professor rechnet deshalb auch die Maschine von Antikythera zu den bedeutendsten grundlegenden Konstruktionen aller Zeiten, wiewohl auch er noch nach letzten Erklärungen sucht. Um drastisch zu verdeutlichen, wie dieser rätselhafte Fund alle Maßstäbe der Erkenntnis sprengt, bemühte er einen Vergleich: "Die Existenz dieses Rechners aus dem 1. vorchristlichen Jahrhundert entspricht etwa derselben Wahrscheinlichkeit, als hätte man im Grab des Tutenchamun Flugzeugmodelle als Grabbeigabe gefunden."

Aber vielleicht ist nicht einmal dieser Vergleich so ganz abwegig. Zwar fand sich kein Flugzeugmodell im Grabe des Pharao Tutenchamun im Tal der Könige bei Theben. Doch in Sakkara bei den alten Stufenpyramiden in der Nähe von Kairo – den Vorfahren der berühmten großen Pyramiden von Gizeh – fand sich in einer Grabgruft etwas, das einem Flugzeugmodell verblüffend ähnlich ist, Jahrtausende alt, mit einer Spannweite von 18 cm und "aerodynamisch wohldurchdacht", nach einem Expertenurteil.

Vorderansicht des in Sakkara gefundenen Flugzeugmodells

Dieser Experte ist Dr. Arthur Poyslee vom Aeronautical Institute New York. Er sah in den bislang als "Zierat" bezeichneten Gegenständen in der Tat eher frühe Miniflugzeuge: "Die Annahme, daß es sich dabei um Fisch- oder Vogeldarstellungen handle, ist bei näherer Betrachtung sehr unwahrscheinlich; schon deshalb, weil man sich Vögel mit derart präzisen Tragflächen und senkrecht hochgestellten Heckflossen nicht recht vorstellen kann..."

Doch diese Abschweifung zu tatsächlichen oder vermutlichen, vermeintlichen oder spekulativen oder auch authentischen Fluggerätmodellen aus der Antike sei an dieser Stelle hier nur nebenbei erwähnt (obwohl man von diesen inzwischen mehrere kennt!) ...

Der Rechner aus dem 1. Jh. v. Chr. hingegen – der, wie gesagt, "erste Computer der Welt", wenn man so will, – ist ein Fund, der nach wie vor ein ungelöstes Rätsel darstellt.

Wer steckte Rom wirklich in Brand?

Noch heute ist umstritten, ob Nero selbst Rom in Brand gesteckt hat. Offiziell wurden zu damaliger Zeit die Christen dafür verantwortlich gemacht – sie waren "die üblichen Verdächtigen". Wer aber hat im Jahre 64 n. Chr. tatsächlich Rom angezündet, und warum?

Rekonstruktion der Kolossalstatue Neros

Ich beschäftige mich in diesem Kapitel mit einem Problem, das immer wieder die Geschichtsschreiber leidenschaftlich bewegt, und den Anlaß zu zahlreichen Diskussionen gegeben hat, um am Ende immer wieder ungelöst zu bleiben.

So beginnt einer der vielen modernen Nero-Biographen, der französische Autor Gérard Walter, sein Kapitel über den Brand von Rom.

Nach neunzehn Jahrhunderten habe ich nun als Biograph Neros eine Frage zu behandeln, die eine beherrschende Stellung in der Geschichte seines Lebens einnimmt und welche die Zeitgenossen, die an dem Ereignis teilnahmen, selbst nicht haben lösen können. Nachdem ich alle Dokumente, die dafür und dagegen sprechen, berücksichtigt habe, bin ich zu der Gewißheit gelangt, daß es beim gegenwärtigen Stand unserer Kenntnisse unmöglich ist, sich vorbehaltlos über diesen Gegenstand auszusprechen. Ich werde mich also darauf beschränken, dem Leser eine Zusammenstellung der Quellen zu dieser Sache zu unterbreiten, so wie sie uns überliefert sind, und mir lediglich einige kurze Bemerkungen erlauben, die sich mir infolge der Unklarheiten und Widersprüche aufgedrängt haben, die da und dort aufgetaucht sind. Der Leser mag daraus machen, was er für gut findet.

Diese Biographie ist 1955 erschienen. Und in der Tat bleibt letztlich und auch bis heute nur Spekulation oder "Ansichtssache", was denn nun wirklich die Wahrheit sei. Allerdings sind keineswegs alle Nero-Biographen so zweiflerisch. Es ist sogar ganz erstaunlich, wie sehr die Urteile und Wertungen und selbst die Schilderungen von Details auseinandergehen, wenn man sich auch nur eine exemplarische Handvoll verschiedener neuer Nero-Biographien vornimmt. Der Italiener Carlo Maria Franzero und der englische Autor B. H. Warmington haben in ihren jeweiligen Nero-Biographien (von 1954 bzw. 1969) und damit automatisch auch den Schilderungen des Brandes von Rom jeder auf seine Weise eine andere Sachdarstellung als Walter gegeben. Diese drei Autoren sind jedoch exemplarisch, weshalb wir uns hier auf sie als Quellen beschränken können. (Sie stützen sich ihrerseits alle drei durchaus auf alle vorhandenen Primärquellen, und kommen dennoch zu verschiedenen Ansichten und Wertungen.)

Der Brand dauerte sechs Tage und sieben Nächte. Nichts hatte den Flammen Einhalt gebieten können, denn so elementar war ihre nach restloser Zerstörung gierende Wildheit, daß auch dem Beherztesten der Mut gesunken war. Bald glich auch die zweite, dritte und fünfte (Stadt-)Region einem ungeheuren Scheiterhaufen, in dem die Bevölkerung, meist erregbare Orientalen, die Isis- und Serapistempel samt allen menschlichen Wohnhöhlen verschwinden sah. Das Geschrei der Kinder, die schrillen Angstrufe der Frauen, das kopflose Durcheinander derer, die das Weite suchten, und derer, die helfen wollten, bildeten ein Chaos, in dem jeder dem anderen im Wege war. Häuser, die in Wolken aufstiebender Funken zusammenkrachten, die schrillen Todesschreie der darunter Begrabenen, stickiger Rauch, den der dazwischenfahrende Wind in dichten, würgenden Qualm verwandelte, die Plünderungen und Diebereien – all das machte aus dem Ganzen ein Inferno des Schreckens und eine unbeschreibliche Tragödie...

Diese Schilderung ist natürlich schon mehr als reine Faktenfeststellung, denn in ihr steckt eine Menge Nachdichtung und Vorstellungsschilderung.

Der dritte Autor:

Das sensationellste Ereignis in Neros Regierungszeit war der große Brand von Rom im Jahre 64 n. Chr., und seine behauptete Verantwortung dafür stellt einen bedeutsamen Bestandteil der Legende Neros bei den späteren Generationen dar. Das Feuer brach in der Nacht zum 18. Juli in dem Teil des Circus Maximus aus, der dem Palatin und dem Esquilin und damit auch Neros eigenem, gerade erst erbauten Palast am nächsten lag...

Nero, das ist unbestritten, befand sich zu der Zeit im etwa vierzig Kilometer entfernten Seebad Antium (das übrigens auch sein Geburtsort war) und "schlief zweifellos" (so "zweifellos" mag das gleichwohl auch nicht sein, wenn man seine sonstige Lebensweise in Betracht zieht; immerhin, er hielt sich in Antium "nur" zur Badekur auf!), als am 19. Juli zwischen 1 und 2 Uhr nachts der erste Bote aus Rom mit der Mitteilung eintraf, der Circus Maximus stehe in Flammen und das Feuer werde in Kürze den kaiserlichen Palast erreichen.

Bereits hier weichen die Berichte der Biographen – wenn auch nur in Nuancen – voneinander ab: weder sind sie sich einig, ob dieser Bote der erste war, oder nicht schon zuvor am Tage des 18. erste Boten mit allgemeinen Brandmeldungen gekommen seien, noch darüber, was Nero dann gemacht habe; ob er "sofort" nach Rom zurückkehrte ...

"..und der Kaiser warf sich aufs Pferd und sprengte mit verhängten Zügeln davon..."

(auch so eine blumige Schilderung, die mehr Romanstil als Tatsachenbericht ist), oder ob er erst noch allerlei erledigt, weitere Boten abgewartet und dann, nicht etwa "mit verhängten Zügeln fortgesprengt", sondern sozusagen in geordnetem Aufbruch, wenn auch durchaus eilig, nach Rom zurückgekehrt sei...

"Der Kaiser weilte in seiner Villa in Antium, als ihm ein Kurier mit höchst dringender Botschaft gemeldet wurde; er stürzte dem Kaiser vor die Füße, mit den atemlos hervorgestoßenen Worten: 'Rom brennt!' Jemand bemerkte nachlässig: 'Wieder einmal? Na und? Kann die Feuerwehr nicht löschen?' Aber der Kurier schwenkte in heller Verzweiflung die Hand: 'Die ganze Stadt steht in Flammen!'"

Noch einmal: Bei dieser sehr verbreiteten Art des Biographieschreibens, die doch viel Romanstil enthält und sich so geriert, als seien die Biographen aus der Zeit 19 Jahrhunderte danach bei dem Ereignis dabei gewesen, während sie doch allenfalls summarische Quellen-Berichte ausschmückten, verwundert es nicht, wenn man zuweilen die erstaunlichsten Unterschiede feststellt – und im übrigen einfach mißtrauisch wird: "Wenn ich einen Roman über Nero lese, dann rechne ich von vornherein mit einer gewissen ausschmückenden Phantasie des Autors, von dem niemand wirklich exakte Schilderung der historischen Ereignisse verlangt; wenn ich aber eine ausdrücklich historische Biographie zur Hand nehme, möchte ich wirklich nur die eindeutig belegten /belegbaren Fakten erfahren, nicht aber die ausschmückenden Phantasien des Biographen, der sowenig dabei war wie ich..."

Die Schwierigkeit dabei ist natürlich, daß auch "strenge" /historische Biographien einfach nicht ganz ohne das nach-erzählende, nach-empfin-

dende Element auskommen; was aber andererseits, wie man an diesen Beispielen sieht, sehr leicht und schnell zu Diskrepanzen – auch sachlicher Art – führt. Soviel dazu. Natürlich ist es belanglos, ob der Kurier nun "in heller Verzweiflung die Hand schwenkte" oder sich sonstwie verhielt, und ob jemand "nachlässig" oder sonstwie bemerkte: "Wieder einmal, na und?" oder nicht. Aber wie oben schon angedeutet, wenn dieser Biographiestil sich auch in der reinen Tatsachenfeststellung eine gewisse dichterische Freiheit erlaubt, ist es kein Wunder, daß auch die gewichtigeren und wirklich ausschlaggebenden Einzelheiten ziemlich unterschiedlich geschildert werden.

Nun kann man natürlich sofort einwenden, daß man sich dann, wenn einem diese Methode der biographischen Darstellung nicht gefällt, einfach auf die originalen Quellen zurückziehen könne /müsse, also auf die Berichte und Quellen der Zeitgenossen oder unmittelbaren Nachfahren, kurz, jener Historiker oder Augenzeugen aller Art, auf deren Berichte und Überlieferungen auch die Biographen sich allesamt stützen; kurz, dann müsse man sich eben an die Primärliteratur halten statt an die Sekundär- und Tertiärliteratur.

Wenn es nur so einfach wäre. Die Primärquellen im Falle Nero und Brand von Rom sind Tacitus, Seneca, Plinius d. Ä. und eine Anzahl mehr oder minder authentischer Augenzeugenprotokolle. Erstens war Tacitus schon kein direkter Zeitgenosse mehr, sondern Nachfahre der nächsten Generation, und zweitens differieren ja auch bereits die Primärquellen in ihren Aussagen, Tatsachenangaben, -schilderungen und -wertungen...

Kurzum, es bleibt nur, sich auf die sozusagen synoptisch festgestellten Tatsachen zu beschränken und darum herum die differierenden zu gruppieren, um es dann, wie der Autor Walter sich ausdrückt, jedem selbst zu überlassen, daraus zu schließen, was er will. Weil nämlich völlig über jeden Zweifel erhabene Tatsachen einfach nicht feststellbar sind; heute schon gar nicht; und nicht einmal damals.

Hier mag man sich zum Vergleich an ein sehr

drastisches Beispiel aus unserer Zeit erinnern: nämlich an den amerikanischen Präsidentenmord in Dallas 1964. Wir alle, sofern der heute bereits etwas älteren Generation zugehörig, haben das Attentat auf Kennedy quasi als Augenzeugen per Fernsehen miterlebt. Es ist ein noch zeitgenössisches Ereignis. Aber bis heute ist unklar geblieben und heftiger denn je umstritten, was wirklich geschehen ist und wieviel von der offiziellen Darstellung richtig, falsch oder Verheimlichung ist. Und in vieler Hinsicht gilt dies auch für Nero und den Brand Roms. Die Primärquellen unterscheiden sich schon in diesem und jenem Detail und in dieser und jener Darstellung oder Vermutung, gar nicht erst zu reden von den Wertungen. So ist beispielsweise schon unter diesen Primärquellen höchst umstritten, ob und wenn überhaupt wo jene Episode stattgefunden hat, daß Nero sich angesichts der Flammen Roms mit seiner Leier hingestellt und, berauscht von der Faszination des Feuers, den Untergang Trojas, sprich Roms, besungen habe: eine "Ungeheuerlichkeit, die fast alles sagt".

Sagen würde, vielleicht; wenn sie authentisch wäre...

Unbestrittene Tatsachen sind, daß Nero nicht in Rom war, als der Brand ausbrach; daß er ziemlich rasch zurückkehrte und sich sehr nachdrücklich und eifrig an den Löscharbeiten und dem Katastrophendienst beteiligte; und daß er danach sofort ein Wiederaufbauprogramm in Gang setzte.

Tatsache ist auch, daß er sowohl von Bürgern wie später von Gegnern und allerlei Rednern als "Brandstifter Roms" bezichtigt wurde, freilich ohne jeglichen Beweis, einfach aus Verzweiflung oder allgemeiner Gegnerschaft.

Übrigens ist an dieser Stelle die Klarstellung nötig, daß das übliche Klischeebild von Nero als eines (nur) perversen, brutalen, grausamen und wahrscheinlich am Ende sogar wahnsinnigen Kaisers in dieser Schwarz-Weiß-Manier auch nicht stimmt. Er war ein Verschwender, er war brutal, grausam und extrem, aber nicht sehr viel mehr als zeitüblich. Er war auch zutiefst davon überzeugt, eher Künstler als Politiker und Staats-

mann zu sein. Und als "Künstler", nämlich Barde/Sänger, war er auch keineswegs so indiskutabel, wie ihn vor allem das moderne Kino oft machte: eine absolut lächerliche Nichtskönnerfigur. Er mag kein überragender Sänger, und ein Teil des Beifalls, den er bekam, mag liebedienerisch gewesen sein, weil er nun einmal auch der absolute Herrscher war, aber ansonsten war er zumindest "normaler Durchschnitt" in seinem dichterischen/sängerischen Können und nicht etwa eine reine Witzfigur. Nach eigentlich allen Berichten war er auch während und nach dem Brand Roms ein durchaus seriöser, aktiver, umsichtiger und tatkräftiger Herrscher. Dies nur nebenbei. Daß in den folgenden letzten vier Jahren seines Lebens noch eine gesteigerte Verschwendungssucht und Exzentrizität auftrat, steht auf einem anderen Blatt.

Auf einem anderen Blatt stehen auch seine Untaten, von der Ermordung seiner Mutter bis zum betrunkenen Tottreten seiner schwangeren Frau Poppäa. Bei diesen Exzessen muß man ihm aber gleichwohl, so abscheulich das nach unseren heutigen Rechtsbegriffen klingen mag, einen Zeit- und Herrscherbonus einräumen. Die meisten anderen römischen Kaiser haben auch allerlei auf dem einschlägigen Kerbholz. Caligula z.B., kurz vor ihm, hat ihn ganz gewiß in dieser Hinsicht weit übertroffen. Das Gotteskaisertum und die Zeit von damals hatten andere Maßstäbe, und insofern kann man Nero seine politischen und privaten Morde und die Grausamkeiten bei den Zirkusspielen und den Christenverfolgungen grundsätzlich nicht übel nehmen als anderen Herrschern jener Zeit deren Taten. Doch auch dies nur als Einschub.

Es ist nun argumentiert worden: Natürlich muß Nero den Brand Roms nicht eigenhändig gelegt haben, also ist seine Abwesenheit keine Entlastung, sondern womöglich nur ein inszeniertes Alibi. Es ist argumentiert worden: Nero hatte bekanntlich großartige Neubaupläne für Rom, dazu brauchte er den Großbrand. Es ist argumentiert worden: Seine ganze Hilfsaktivität während des Wütens des Brandes war auch nur Alibimanöver.

Dies alles könnte wohl zutreffen, jedoch gibt es

gegen jedes einzelne dieser Argumente auch sehr stichhaltige und überzeugende Gegenargumente. Eines davon ist beispielsweise, daß er, hätte er den Brand selbst gelegt (oder jedenfalls veranlaßt), sicher nicht ausdrücklich so vorgegangen wäre, daß sein eigener Palast eines der ersten Brandopfer wurde. Und selbst wenn man annähme, dies sei Teil des Alibi-Plans gewesen oder sein gerade erst fertiggestellter Palast habe ihm aus irgendwelchen Gründen nicht mehr behagt oder gefallen, und sein Niederbrennen habe er deshalb zumindest in Kauf genommen, nicht zuletzt auch wieder aus Alibigründen, so ist kaum anzunehmen, daß er dann nicht wenigstens zuvor seine ganzen darin lagernden Schätze ausgeräumt hätte; dafür, daß dies geschehen sei, gibt es keinerlei Anhaltspunkte. Und die ihm so sehr angekreidete Episode mit dem Gesang hat aller Wahrscheinlichkeit nach tatsächlich überhaupt nicht stattgefunden, sondern hat ihren Kern und Anlaß allein in einer Bemerkung Neros, man könne angesichts dieses Infernos versucht sein, davor das Klagelied des auf ähnliche Weise untergegangenen Troja zu singen...

Die ganze Sache mit dem Brand Roms ist ohnehin (wenn darüber auch nicht völlige Einigkeit unter den Biographen und schon den Primärquellen besteht) etwas stark aufgebauscht worden. Es war tatsächlich ein großer Brand. Aber keineswegs brannte "ganz Rom" nieder. Es gab ganze Stadtteile, die unversehrt blieben. (Auch da wieder sind sich die Quellen überhaupt nicht einig. Es reicht von "von 14 Stadtteilen blieben nur vier unversehrt" bis "im Grunde brannte nur der Innenstadtbereich mit seinen vorwiegenden Elendsvierteln nieder, flächenmäßig der weitaus größere Teil des Stadtgebiets blieb unbehelligt".) Und keineswegs war dies der einzige, erste oder überhaupt größte Brand der Stadt. Vorher und nachher gab es eigentlich ständig mehr oder minder große Brände, vor allem in den slumartigen Armenvierteln. Es gab sogar bis zu diesem Brand eine langjährige Tradition des verwaltungsmäßig angeordneten regelmäßigen Niederbrennens verschuldeter Häuser oder verseuchter Slumgebiete. Nero hätte also,

vor allem wegen seiner so vieldiskutierten Neubaupläne, durchaus nicht heimlich und konspirativ den Großbrand Roms inszenieren müssen, sondern hätte ohne weiteres ganz legal durch Teilbrände – Brandrodungen quasi – den nötigen Platz dafür schaffen können. Immer vorausgesetzt, es sei nicht die Tat eines nicht mehr logisch und rational Denkenden und Handelnden, sondern eines bereits Irren und von jeder Realität Abgehobenen gewesen; doch auch dafür gibt es außer demagogischen Behauptungen keinerlei stichhaltigen Beweis.

Es ist richtig, daß Nero nach dem Brand ein "gewaltiges Wiederaufbauprogramm" in Gang setzte. Aber es beschränkte sich de facto auf eine Anzahl öffentlicher Bauten und Paläste und die Wiederherstellung des Circus Maximus (der im übrigen schon nach sechs Monaten wieder bespielbar war, also keineswegs "völlig zerstört" gewesen sein konnte, schon weil er ja zum größten Teil ein Steinbau war; abgebrannt waren hauptsächlich die oberen Holzgalerien), doch weder war es ein wirklich gesamtstädtisches Programm, noch war das Geld dafür da, noch die Konzeption, noch die Ausdauer. Bis zum nächsten großen Brand zwanzig Jahre später (fast alle 20 oder 30 Jahre gab es Großbrände in Rom, vor und nach Nero, insofern wurde dieser in seiner historischen Bedeutung – eben Neros und seiner angeblichen Verantwortung dafür wegen – weit überschätzt und überinterpretiert) blieben die Armen- und Slumviertel wie eh und je bestehen.

Damit bleibt noch das andere, wirklich entsetzliche, damit verbundene Ereignis: die erste große Christenverfolgung als Strafaktion. Und im übrigen die Frage nach den wirklichen Brandstiftern.

Nach allem, was wirklich beweisbar ist, kommt Nero als Brandstifter oder auch nur Veranlasser oder "Nutznießer" oder "Inkaufnehmer" also nicht in Frage. Es muß auch erwähnt werden, daß zu jener Zeit die "nichtamtlichen" Brände in Rom "immer schon" und "traditionell" zwei Ursachen hatten: reine Fahrlässigkeit vor allem in den elenden Wohngebieten der Armen (oder der unteren Schichten generell) und eine altbekannte Brandstiftungs-Bandenkriminalität aus Drohungs-, Rache-, Erpressungs- oder auch Verbrechensvertuschungsgründen. Der große Brand im Jahre 64 n. Chr. könnte natürlich ebenso wie schon viele andere aus Fahrlässigkeit entstanden sein. Allerdings scheint festzustehen (die Quellen sind sich da wieder einmal nicht einig), daß das Feuer an acht verschiedenen Stellen der Stadt fast gleichzeitig ausbrach. Dieser Hinweis auf eine sehr systematische Brandstiftung könnte natürlich eher wieder die These von Nero als Brandstifter nähren, weil Räuber- bzw. Brandstifterbanden kaum eine so umfassende Feueraktion im Sinn gehabt haben würden, jedenfalls aller Wahrscheinlichkeit nach nicht. Aber sicher ist das auch nicht. Es ist einer der unaufgeklärten Punkte. Bliebe also, da nach wie vor so gut wie alle Indizien gegen Neros direkte oder indirekte Täterschaft sprechen, noch die Möglichkeit/die Theorie einer Brandlegung als Teil einer politischen Verschwörung gegen ihn (wie sie ja vorher und nachher des öfteren tatsächlich gegen ihn stattfanden, so insbesondere gleich im nächsten Jahr nach dem Brand die sog. pisonische Verschwörung). Und dies bleibt schließlich, unter dem Strich, die sinnvollste Vermutung – aber eben leider auch eine völlig unbewiesene; weil es in dieser Richtung gar nicht erst Ermittlungen gab...

Die offizielle Erledigung des Falles: Bekanntlich schob man der seit längerem in Rom "virulenten" Sekte der Christen, die vor allem Zulauf und Ansehen gewonnen hatte, seit Petrus und Paulus sich in Rom aufhielten, die Schuld in die Schuhe, machte ihr einen Schauprozeß und richtete "viele" (oder "Hunderte": auch da wi-

dersprechen sich die Quellen oder sind ungenau!) auf die grausamste Weise hin. Man pfählte und kreuzigte sie, nähte sie in Säcke ein, übergoß sie mit Öl und verbrannte sie lebendigen Leibes – "auf Befehl Neros", lautet die eine Version, "nach unausweichlichem Urteil in einem Schauprozeß" die andere – was durchaus ein wenn vielleicht nicht qualitativer, aber quantitativer Unterschied wäre... Es war dies die erste von noch vielen (und noch grausameren) Christenverfolgungen und insofern von historischer Bedeutung, das ist eindeutig. Wobei wiederum, ohne daß man den geschichtsnotorischen Exzentriker und Wüstling Nero mit Gewalt weißwaschen müßte, zu sagen ist, daß es für ihn bei diesem Christen-Schauprozeß zweifellos viel mehr um einen politischen als um einen religiösen Schauprozeß ging; so wie ja auch die nachfolgenden Enthauptungen – die Märtyrertode – von Petrus und Paulus mehr politisch motiviert waren als religiös – von Neros Blickwinkel aus, wohlgemerkt. Und Schauprozesse und grausame Hinrichtungen waren ja nun weiß Gott keine Erfindungen Neros; das entsprach, so makaber es klingen mag, dem "allgemeinen Zeitgeschmack".

Also: Nero war es mit an Sicherheit grenzender Wahrscheinlichkeit nicht. Die Christen, die dafür büßen mußten, hatten überhaupt nichts damit zu tun, sondern waren lediglich die Sündenböcke. Möglicherweise brannte Rom im Jahre 64 n. Chr. durch einen versehentlich zu groß geratenen Brand, den Räuberbanden gelegt hatten, möglicherweise war der Brand Teil einer politischen Verschwörung gegen Nero; aber beides ist unbewiesen und bleibt unbeweisbar...

Wer baute die Mauer in Simbabwe?

Was bedeutet die verlassene Festung mitten im afrikanischen Busch? Kulturelles oder religiöses Zentrum einer längst vergangenen Zivilisation? König Salomons Goldminen? Wem dient das Gebäude ohne offensichtlichen Zweck?

Die Gesamtanlage und die "zyklopischen" Mauern von Simbabwe geben bis heute Rätsel auf: ein altes "Fort Knox" oder ein Tempelbezirk? (Foto: Erich von Däniken)

Es ist ein gigantischer Mauerwall. Er ist ohne jegliches Bindemittel gefügt, durchschnittlich zehn Meter hoch und viereinhalb Meter breit. 100 000 Tonnen Stein wurden aufgetürmt zu einem hundert Meter langen Wall. Warum, wozu?

Die folgende Beschreibung stammt aus einem neueren Buch über Forts und Festungen:

Groß-Simbabwe liegt etwa 250 km südlich von Harare (dem Salisbury der britischen Kolonialzeit im einstigen Südrhodesien) im südlichen Afrika und ist heute der "Great Zimbabwe Ruins National Park")

Diese Ruinen einer Ansammlung kleiner Häuser in einem Tal scheinen die Überreste einer ganzen afrikanischen Stadt zu sein. Auf einem 75 m hohen Granitfelsen im Osten befindet sich ein weiterer Komplex alter Wälle, deren Steinmauerwerk sich den natürlichen Felsformationen anpaßt und einfügt und sich so fast wie ein Teil der natürlichen Felslandschaft ausnimmt.

Die Lage läßt darauf schließen, daß dies einmal eine Festung war, obwohl sie mit ihrer so demonstrativ überhöhten Position und dem Blick zur aufgehenden Sonne auch religiöse Bedeutung gehabt haben könnte. Dem widerspricht eigentlich jedoch die Tatsache, daß die Position des elliptischen Bauwerks unten im Tal im Westen der Ruinenstadt schon ziemlich eindeutig eher ein Tempel oder Palast als eine Befestigungsanlage war; wenn auch hier der Grundriß und die Bauweise ebenfalls auf eine Verteidigungszitadelle hinweisen. Die umgebende Steinmauer aus Granitquadern ist 10,5 m hoch, 3-5 m dick und hat einen Durchmesser von fast 300 m. Zickzackanordnungen der Steine ganz oben auf den Resten der verfallenen Mauer scheinen jedoch eher dekorativer als militärischer Natur zu sein.

Der Haupteingang liegt im Norden und besteht aus zwei Zugängen. Der eine ist kurz und direkt, der andere verläuft in einer 30 m langen Passage parallel zur Hauptmauer. Ein Angreifer, der es bereits die Treppen hinauf und durch das Tor geschafft hatte, mußte sich dort dann entscheiden. Wandte er sich nach rechts, endete er in einer Sackgasse. Ging er geradeaus, kam er durch ein weiteres Tor, hinter dem ihn neulich die Wahl dreier Richtungen erwartete, alle drei gleichermaßen verwirrend und alle drei auf kompliziert angelegten Killing-grounds vor der qua-

dratisch angelegten Hauptbefestigung endend. Nach links führte der Weg dagegen zum Haupttor und durch einen engen Korridor, welcher seinerseits in einem Befestigungskomplex mit vielen Wegemöglichkeiten mündete. Dieses ganze Verwirrsystem ergänzte nur die anderen Mauerwälle, welche die ganze Anlage in Bezirke verschiedener Gestalt und Größe teilten.

Die Datenangaben der Fachleute über die Entstehungszeit variieren beträchtlich und reichen vom 10. bis zum 16. Jh.; dabei ist sogar auch eine Datierung schon um 600 herum möglich. Es gibt Enthusiasten, die selbst soweit gehen, die Anlage als den Ort der legendären Minen König Salomons zu erklären, oder, daß sie irgendwann einst von einer weit abgekommenen römischen Legion erbaut worden sei oder von den Nubiern, deren Reich im Sudan das antike Zentralafrika beherrschte. Tatsache ist, sie ist ein Werk der Schona, die bis heute dort leben. Ihr Land heißt heute auch, eben nach diesen zeitlosen Ruinen, Simbabwe (Zimbabwe).

Die gigantische Mauer umschließt also an die 2000 qm Land, das die "Königsresidenz" genannt wird. Der Ausdruck ist völlig willkürlich, weil die gesamten Ausgrabungen und Forschungen keinerlei Hinweise darauf ergaben, daß dieses an dieser Stelle völlig überraschende "Wunder in Stein" jemals so etwas wie eine Königsresidenz war. Was es tatsächlich gewesen sein könnte, ist in dem Zitat oben ebenfalls bereits angedeutet. Gleichwohl, so ganz restlos zu überzeugen vermag auch diese Deutung nicht, und letztlich hüten die Simbabwe-Ruinen auch heute noch ihr Geheimnis.

Gut: Eine Festung (siehe oben) oder doch eher ein Tempel? Aber wozu, für wen?

Gräberfunde gibt es keine. Schriftzeichen waren ebenfalls nicht zu entdecken. Auch nichts, was sonst den Archäologen Anhaltspunkte gibt: Statuen, Büsten, sonstige Kunstwerke, Reste von Werkzeugen und dergleichen. Nichts. Stumm und auskunftslos erhebt sich die ellipsenförmige Mauer. Auch deren Zweck ist nicht eindeutig feststellbar. Es formieren sich Mauerreste auch zu kleinen Kreisen oder Ellipsen, deren Sinn und Zweck nicht ersichtlich ist. Oder da läuft über eine ganze Strecke innen eine längere Mauer parallel zur äußeren mit einem oft nur ganz knappen Zwischenraum. Keine der beiden Mauern aber erlaubt einen Ausblick nach draußen. Es gibt im gesamten Mauerwerk nirgends Luken, geschweige größere fensterartige Öffnungen.

Dann ist da der zentrale Turm. Er erhebt sich zehn Meter hoch wuchtig auf einer Basis von sechs Metern Seitenbreite. Auch er hat keine Luken oder Fensteröffnungen. Und wozu auch. Denn er ist eigentlich kein Turm, sondern eine Säule, ein Pfeiler, nämlich innen ganz mit Steinen ausgefüllt; und zwar von seiner scheinbar nicht zu erschütternden Basis bis zum sich langsam verjüngenden oberen Ende hin. Ein Ausguck kann es auch nicht gewesen sein. Es führt keine Treppe nach oben.

Die englische Archäologin Gertrud C. Thompson brachte die Sache auf den Punkt mit der nur scheinbar banalen Feststellung: "Wenn ich das Rätsel des Turms löse, habe ich auch die Lösung des Rätsels von ganz Groß-Simbabwe."

Mühsame erste Ausgrabungen fanden 1929 statt, aber sie brachten kein rechtes Ergebnis. Der Turm hat keinen ersichtlichen oder erkennbaren Zweck. Ein scheinbar sinnloser Turm also? Bauten und bauliche Anlagen pflegen nun aber in aller Regel nicht "sinnlos" errichtet zu werden. Dafür ist allein der Aufwand, den sie erfordern, zu groß. Wer sollte auf die Idee kommen, tonnenweise Steine zusammenzuschleppen, um sie zu einem "gestalteten" Turm aufzuhäufen, der "sinnlos" ist? Daß eine solche Annahme jeglicher Logik und Lebenserfahrung widerspricht, liegt auf der Hand. Ohnehin läßt die bloße handwerkliche Perfektion des Bauwerks dergleichen Vermutung nicht annähernd zu. Ein Stein sitzt festgefügt und eingepaßt auf dem anderen, Reihe über Reihe, ohne Lehm oder sonstigen Mörtel, jeder Stein sorgsam behauen, stabil und unverrückbar allein durch seine Form und Setzung.

Man muß also Überlegungen der Vermutung und Wahrscheinlichkeit anstellen. Was ist denkbar? Wenn keine Residenz, wenn keine "Festung" – ist es dann vielleicht möglich, daß die Simbabwe-Anlage gar kein Gebäude darstellt, sondern ein ... Bild? Ein überdimensionales, plastisches Bildwerk? Eine astronomische Anlage, wie es sie andernorts aus vor- und frühgeschichtlichen Zeiten auch gibt?

Und eben diese Überlegungen scheinen wirklich einen Ausweg aus dem Rätsel der Bedeutung anzubieten. Der Turm in der Ruine und die ellipsenförmige Anlage legen diese Erklärung sogar recht nahe. Ein weiteres Indiz ist die Tatsache, daß weit weg, im Nordwesten Afrikas, im heutigen Mali, bei den Dogon-Negern eben diese Ellipsenform als heilig gilt. Die heilige Ellipse der Dogon hat eine verblüffende Ähnlichkeit mit der Simbabwe-Mauerellipse. Dazu braucht man nur den Grundriß von Simbabwe mit der Ellipsenform der Dogon zu vergleichen.

Und warum die Ellipse? Die Ethnologie hat eruiert, daß die afrikanischen Dogon-Neger vermutlich seit Jahrtausenden den Sirius B göttlich verehren. Das ist nicht der helle Sirius, den wir im Sternbild des Großen Hundes hell strahlen sehen. Sirius B umkreist vielmehr den hellen Sirius A – auf einer Ellipsenbahn.

Und das jahrtausendealte mystische Wissen der Dogon ist durch die moderne Astronomie bestätigt worden. Der Sirius A – ein kleiner Neutronenstern – wird alle 50 Jahre auf dieser Ellipsenbahn vom Sirius B umlaufen. Dabei ist Sirius B winzig, jedoch außergewöhnlich schwer. Mit durchschnittlichen heutigen Teleskopen ist er fast nicht auszumachen. Es bedurfte Mitte des vorigen Jahrhunderts der damals modernsten technischen Geräte, um ihn optisch deutlich zu erkennen. Erst mit den heutigen modernsten astronomischen Teleskopen sieht man ihn gut.

Und nun feiern die Dogon-Neger in Mali ein Siriusfest – und zwar genau alle fünfzig Jahre. Ihrer Tradition und mündlichen Überlieferung gemäß stammt ihr Wissen von einem Himmelsgott Nommo. Das mag dahingestellt bleiben, jedenfalls aber ist dieses Wissen astronomisch exakt und präzise. Natürlich stellt sich sogleich die Frage, wie ein einfaches – früher hätte man gesagt: primitives – afrikanisches Naturvolk zu so hochentwickeltem Wissen kommt? Etwa –

erste zwangsläufige Überlegung – von einer sehr frühen, vielleicht sogar schon vorgeschichtlichen Zivilisation, die bereits einen erstaunlichen astronomischen Wissensstand besaß und deren Kenntnisse sich dann nach ihrem Untergang und dem Rückfall ihrer Nachfolger in niedrige Entwicklungsstufen als Mythos absenkten und erhielten?

Und dabei sind noch gar nicht alle Details dieses mythischen Wissens überprüft. Nach der Dogon-Überlieferung gibt es noch andere Satelliten im Siriussystem. Planeten etwa? Wie auch immer, was auch immer, jedenfalls gehören zu den uralten Überlieferungen der Dogon auch Zeichnungen dieses Sirius-Systems.

Und hier schließt sich der Kreis wieder mit der Simbabwe-Anlage: Die Zeichnungen der Dogon decken sich in vielen Details mit dem Grundriß von Groß-Simbabwe.

Schlußfolgerung: Handelt es sich bei den Ruinen von Groß-Simbabwe also um ein astronomisches Bild des Siriussystems? Und Zusatzfrage: Werden überhaupt erst künftige Astronomen erkennen können, welches Wissen sich in der Anlage von Simbabwe manifestiert?

Zwar lehnt die gegenwärtige orthodoxe Wissenschaft dergleichen Vermutungen und Denkspiele als gänzlich abstrus und überinterpretiert ab. Andererseits aber gibt es weltweit keinen einzigen Wissenschaftler, der präzise und zweifelsfrei zu sagen vermöchte, was Groß-Simbabwe denn nun tatsächlich darstellt.

Das ist so verwunderlich aber auch wieder nicht. Die Anlage Groß-Simbabwe (so heißt sie seitdem offiziell) wurde überhaupt erst 1868 entdeckt. Ihr Entdecker war ein gewisser Adam Renders. Dieser Jäger und Abenteurer hatte sich damals verirrt und taumelte durch das dichte Gestrüpp des Buschs.

Er spürte seine Kräfte bereits schwinden, und es gelang ihm nur noch mit größter Kraftanstrengung, das Buschmesser zu heben. Immer müder wurden seine Bewegungen, immer kraftloser die Hand, die den Weg durch den Busch freischlug.

Und dann stand er plötzlich völlig unerwartet vor einem Bauwerk, atmete schon auf – und wurde grausam enttäuscht, als ihm klar wurde, daß er nicht etwa zu einer bewohnten Siedlung gefunden hatte, sondern sich in einer seit Jahrhunderten verlassenen Ruinenstadt oder -anlage befand.

Falls sie eben je bewohnt gewesen war.

Er konnte es kaum glauben: die Mauer sah noch so neu aus! Also mußten doch wohl irgendwo Menschen sein?

Doch er irrte vergebens um den ganzen Mauerwall herum und kroch schließlich durch ein Loch in das Innere der Anlage – ohne irgendeine Spur von Menschen oder Bewohntheit zu entdecken. Groß-Simbabwe war sichtlich schon seit Jahrhunderten von niemandem mehr betreten worden.

Er schleppte sich schließlich weiter und wurde gerettet.

Wenige Jahre nach seiner Entdeckung machte sich ein deutscher Geologe, Karl Mauch, auf, um in Afrika das legendäre Goldland des Alten Testaments zu finden.

Ihn leitete der alte Bibeltext über König Salomon:

Und Salomo baute auch Schiffe in Ezjon-Geber, das bei Elath liegt am Ufer des Schilfmeeres im Lande der Edomiter. Und Hiram sandte auf die Schiffe seine Leute, die gute Schiffsleute und auf dem Meere erfahren waren, zusammen mit den Leuten Salomos. Und sie kamen nach Ophir und holten 483 Zentner Gold und brachten's dem König Salomo. (Könige, 1, 9,26ff.)

Auch in alten Texten und Überlieferungen der Ägypter gab es immer wieder Hinweise auf Reisen nach Süden nilaufwärts bis in ferne Goldlande.

Rein zufällig begegneten sich nun Adam Renders, der Entdecker von Groß-Simbabwe, und der Goldland-Sucher Karl Mauch.

Mauch hatte sich sein eigenes Bild von einem Goldland zurechtgebastelt und sprach davon, daß ein solches ja wohl auch über eine massive Festung verfügt haben müsse: "Schließlich trieb man Handel mit dem Gold. Da mußten sich die Leute natürlich auch vor Dieben schützen. Irgendwo mußte das Gold auch aufbewahrt worden sein, und zwar so, daß es sicher war."

Renders, als er Mauch so überzeugt und mit solcher logisch begründeten Vorstellungskraft von seiner Entdeckung – auf deren Suche er erst war! – sprechen hörte, war beeindruckt und schlug ihm vor: "Dann besuchen wir doch einmal meine Mauerstadt!"

Er erklärte sich also bereit, Mauch hinzuführen. Und als Mauch vor der Anlage von Groß-Simbabwe stand, brach er in einen Jubelschrei aus: "Ja, das ist mein Goldland!"

Bestärkt wurde er in seiner Überzeugung noch, als er in einer Überlieferung auch noch den Hinweis auf die "große (oder hohe) Frau" entdeckte. Alles paßte wunderschön zusammen. Natürlich konnte damit nur, glaubte er, die berühmte Königin von Saba gemeint sein, von der auch bekannt ist, daß sie mit Salomon Handel trieb (oder jedenfalls getrieben haben soll)...

Aber ach, die Theorie war schön, doch sie hielt der Realität nicht stand. Schätze fand Mauch keine. Er verließ Afrika enttäuscht und desillusioniert, hatte aber gleichwohl nichts dagegen, sich in Deutschland als Entdecker der Ruinenanlage Groß-Simbabwe feiern zu lassen – wohl ein ganz klein wenig hochstaplerisch.

Die Salomon-Vermutung kann schon zeitlich nicht stimmen. Salomon lebte um 1000 v. Chr. Das "Goldland" – sofern es überhaupt jemals als solches existiert haben sollte – mußte demnach vor heute 3000 Jahren bestanden haben. So alt jedoch sind die Ruinen von Groß-Simbabwe nicht. Mit dem Bau wurde frühestens im 2. Jahrhundert n. Chr. begonnen, vermutlich sogar noch viel später.

Es ist dessen ungeachtet freilich durchaus möglich, daß Gold und Groß-Simbabwe zusam-

Groß-Simbabwe – Turm und Mauern (Foto: Erich von Däniken)

mengehören. Zwar betrieben die Bantu-Neger der Gegend niemals einen schwunghaften Goldhandel. Doch es ist auch nicht erwiesen, ob sie oder ihre Vorfahren als die Erbauer von Groß-Simbabwe anzusehen sind. Es ist im Gegenteil sogar höchst fraglich. Von den Bantu ist bekannt, daß sie von jeher immer nur Ziegelsteine aus Lehm brannten und niemals irgendwo Granitsteine für Bauwerke verwendeten. Sollten sie ausgerechnet in Groß-Simbabwe eine Ausnahme davon gemacht haben? Solche drastischen Abweichungen von allen Gewohnheiten und Normen kommen in der gesamten Vor- und Frühgeschichte einfach nicht vor; so etwas ist erfahrungsgemäß sehr unwahrscheinlich.

Allen möglichen Vermutungen sind also wieder einmal Tür und Tor geöffnet. Das Buchzitat oben stellt als "Tatsache" fest, die Anlage sei von den Schona gebaut worden, die bis heute dort leben.

Es gibt aber, wie nicht weiter verwunderlich, auch andere Meinungen. So ist z.B. der Archäologe J. P. Wendt der Meinung, daß Groß-Simbabwe von Arabern erbaut wurde, und zwar im direkten Zusammenhang mit dem Goldhandel. Und zur Stützung seiner Annahme verweist er u.a. darauf, daß die Kunst des Steinezuschlagens in den arabischen Ländern sehr verbreitet und hochentwickelt war und ist. Und daß es nachweisbar sei, daß die Araber in eben dem Gebiet dort in alter Zeit Gold abbauten.

Errichteten sie also Groß-Simbabwe als ihr damaliges Fort Knox, sozusagen als Hort ihrer Goldvorräte, die vielleicht dort immer nur zwischengelagert wurden, bis das nächste Schiff oder die nächste Karawane kam, die es abholten?

Zu Groß-Simbabwes Blütezeit sollen in der Tat jährlich tausende Tonnen Gold im Bergbau gewonnen worden sein. Sogar die heutigen Produktionszahlen seien, heißt es, kärglich dage-

gen. Wie zuverlässig und authentisch diese Behauptung ist, mag offen bleiben.

Fazit also: Ist Groß-Simbabwe eine Festung, ein Tempel, eine in Stein errichtete Erinnerung an eine frühe Religion, deren Inhalte sich um Sirius B drehten, oder aber eine alte gigantische Goldbank der Araber?

Welche Version man vorzieht, ist reine Geschmackssache; für und gegen jede gibt es Argumente. Gleichgültig, welche man akzeptiert oder wahrscheinlicher findet, es bleiben ungelöste Fragen, wie vor allem diese: Wieso wurde die Anlage so offenbar abrupt aufgegeben und verlassen? Die sonst meist in solchen Fällen zutreffenden Ursachen – Epidemien oder Naturkatastrophen – treffen hier nicht zu, nach allem, was sich erkennen und belegen läßt. Dafür müßten auch nach Jahrhunderten noch Spuren vorhanden sein. Aber es gibt keine.

Warum dann? Ging den Bewohnern das Feuerholz aus? Auch diese Hypothese ist gelegentlich aufgestellt worden. Doch sie ist eher abwegig und kaum haltbar. Ein Volk oder eine Volksgruppe schafft zahllose Tonnen schweren Steins aus oft großer Entfernung herbei, um eine festungsartige Anlage zu bauen, die Jahrhunderte überdauert. Wer zu einer solchen enormen Leistung fähig ist, der kann auch Holz aus größerer Entfernung herbeischaffen, das ja auch viel leichter zu transportieren ist als Granitstein.

Kurzum: Bis heute weiß niemand mit Sicherheit, warum Groß-Simbabwe erbaut wurde, welchem Sinn und Zweck die Anlage diente, und warum man sie – so um das 16./17. Jh. – sozusagen Knall auf Fall (selbst wenn sich das tatsächlich über einen längeren Zeitraum hin vollzog) wieder verließ und aufgab und vom Busch zuwachsen ließ. Weder Krieg noch Krankheit sind überzeugende Antworten.

Und damit bleibt eigentlich alles um dieses Groß-Simbabwe rätselhaft und unbekannt.

Bischof St. Denis und andere kopflose Gesellen

Der enthauptete Bischof von St. Denis, die grinsende Frau mit dem Kopf im Korb, Anne Boleyn, die kopflosen Reiter von Texas – sind das alles nur Phantasiefiguren? Wie läßt sich das Phänomen der kopflosen Gestalten erklären?

Der nach seiner Hinrichtung "kopflos wandelnde" Bischof St. Denis (Darstellung aus dem 19. Jh.)

Ungefähr so soll es sich abgespielt haben, im Jahre 272:

Schallend lacht der römische Henkersknecht.
"Nun, dann wird es ja wohl nichts mehr werden mit deiner Stadtgründung!" Und mit diesen Worten schlägt er St. Denis, dem Bischof von Paris, den Kopf ab. Die Hinrichtung ist vollstreckt, die ersten der Neugierigen wenden sich schon ab. Da geschieht das Unerhörte, Unglaubliche, Unheimliche: Es ist, als durchzuckt den kopflosen Leichnam neues Leben. Zuerst regen sich die Finger, dann die Füße. Ein Aufschrei geht durch die Menge, die Menschen fliehen entsetzt, allen voran der lästernde Scharfrichter. Und wie eine Marionette, gezogen von einem unsichtbaren Spieler an unsichtbaren Fäden, erhebt sich der kopflose Bischof St. Denis, ergreift seinen eigenen blutigen Kopf mit der Bischofsmütze, und geht davon...

Es ist die erste, aber beileibe nicht die letzte Geschichte von "kopflosen Gesellen", die sich vom Richtblock erheben und mit oder ohne ihren Kopf unter dem Arm davongehen. Eine der letzten wird von Klaus Störtebeker erzählt, dem Freibeuter und Seeräuber aus Hamburg. Nun kann man natürlich rasch zur Tagesordnung übergehen und diese Berichte ins Reich der Gruselfabel verweisen. Und zweifellos gehören sie da auch hin. Das einzige, das man sich dabei doch etwas näher ansehen kann, ist die Regelmäßigkeit dieser Berichte durch praktisch alle Zeiten und Länder. Die Geschichte vom kopflosen Spaziergänger hält sich mindestens so hartnäckig wie die vom Einhorn oder vom Urweltmonster von der Art des Ungeheuers von Loch Ness – von denen in späteren Kapiteln noch die Rede sein wird. Es scheint da eine Ur-Erinnerung wie offensichtlich von den Dinosauriern (in den Drachen- und Lindwurmlegenden) mit im Spiel zu sein, die irgendwie rationale Urgründe haben muß – so wie ja auch längst klar ist, daß selbst die Sagen und Märchen fast alle ihren historischen oder sonst wahren Ur-Kern haben. Also auch die kopflosen Gesellen?

Oder doch nicht?

Professor Hans Schindler Bellamy, Archäologe und Mythen-Experte aus Wien, kommentiert den obigen Bericht über den Tod des Bischofs St. Denis so: "Es gibt ein Dokument, welches diesen Vorgang aus dem Jahre 272 n. Chr. so beschreibt, präzise und exakt. Und so können wir uns bis heute diesen Vorfall lebhaft und plastisch vorstellen. Mit seinem blutigen Kopf unter dem Arm oder in den Händen läuft der tote Bischof von Paris an jenen Ort, der dann später nach ihm St. Denis genannt wird – heute ein bekannter Vorort der Hauptstadt, mit dieser Legende in seiner Stadtgeschichte. Wo er sein abgeschlagenes Haupt schließlich niederlegte, wurde dann eben doch noch eine Stadt gegründet, so wie er es tatsächlich beabsichtigt hatte." Nun ist natürlich die nächste und überhaupt erste Frage: Dokument, gut. Aber historisches Dokument, oder frommes Erbauungsdokument? Im modernen Verlagsslang gesagt: Faction oder Fiction?

Zunächst einmal: die Tatsache der Enthauptung ist authentisch. Nicht eindeutig geklärt ist, ob sie – vermutlich auf dem heutigen Montmartre – 272 stattfand oder erst 285 n. Chr. St. Denis wurde jedenfalls im Verlaufe der Christenverfolgungen enthauptet, und zwar zusammen mit dem Priester Rustikus und dem Diakon Eleutherius. Später ließ König Dagobert seine Reliquien in die Kirche der Benediktiner-Abtei St. Denis überführen, die damit zum größten Heiligtum Galliens und des späteren Frankreichs – Frankenreichs! – wurde und überdies zu einer Art Nationalmausoleum, als dort fast sämtliche Könige Frankreichs ihre Grabstätte fanden. Die Kirchenfahne von St. Denis erlangte unter dem Namen "Oriflamme" als Siegesfahne der französischen Könige Berühmtheit. Und ganz richtig: dargestellt auf ihr ist der Bischof mit dem abgeschlagenen Kopf in der Hand (woher sich auch dessen Patronat gegen Kopfweh ableitet, sinnigerweise!).

So weit, so gut. Heraldik, Legende, alte Sage, fromme Erbauungs- und Gläubigenstärkung... Nur eben, daß, wie gesagt, die Geschichte von St. Denis keinen Einzelfall darstellt, sondern ganze Kompanien kopfloser Gesellen nach sich zog. "Die Sache mit dem kopflosen Gang des heiligen Denis von Frankreich", merkt auch Professor Bellamy an, "ist beileibe kein einzigartiges Kuriosum. Nur ist die Erzählung von ihm und seiner Enthauptung die älteste bekannte. Wer sich mit diesem Thema historisch befassen will, muß bei ihm im 3. Jahrhundert anfangen."

Nun denn. Fast bis zu St. Denis zurück geht auch der Fall einer kopflosen Frau. Er soll sich in der englischen Grafschaft Lancashire abgespielt haben, wenn auch keine Namen überliefert sind, jedenfalls nicht aus der Zeit selbst. Später sind Namen dazu erfunden worden. Eine jüngere Fassung der Geschichte hört sich so an:

Ein Mann namens Gabriel Fisher machte sich vom "White Bull", einem verrufenen Wirtshaus, nach Hause auf den Weg. Begleitet wurde er von seinem Hund Trotty.

So betrunken der Mann war, er fand seinen Weg. Die Hecken, die ihn säumen, helfen ihm. Der Mond läßt freilich gespenstische Schatten in das Buschwerk fallen. Gabriel Fisher wankt leise vor sich hinsingend heimwärts, als sein Hund, besagter Trotty, plötzlich wie angewurzelt stehenbleibt, sich von seinem Herrn auch nicht beruhigen läßt und zähnefletschend knurrt. "Du wirst doch vor der Frau keine Angst haben", redet Fisher ihm zu. Gut, sicher, es ist schon fast Mitternacht, und was hat da eine Frau auf der Straße zu suchen? Seit wann saufen Weiber allein im Wirtshaus? Und er torkelt weiter. Jetzt kann er im Mondschein die Frau auch besser erkennen. Sie trägt ein langes Gewand, einen geflochtenen Korb am Arm und versteckt ihren Kopf irgendwie unter einem Tuch. Aber sie macht einen sehr ordentlichen Eindruck. Gabriel Fisher weiß deshalb nicht so recht, was er davon halten soll. Eine anständige Frau um diese Zeit nächtens allein auf der Straße? Und sein Hund, der knurrt und dessen Fell sich sträubt und der davonläuft...

Die Frau geht vor ihm her, in gleicher Richtung, beschleunigt nun den Schritt. Er hastet ihr nach, holt sie ein, spricht mit ihr. Die Frau antwortet nur zögernd, gibt nur knappe, ausweichende Antworten – bis sich ihre bis dahin angenehme, weiche Stimme plötzlich in ein häßliches Lachen verwandelt.

Und die Stimme kommt – aus dem Korb!

Fisher graut es und er bleibt vor Schreck stehen. Er wird fast augenblicks nüchtern, ist sich aber noch nicht sicher, ob er im Rauschdelirium ist oder wahr

sieht. Er bietet der Frau an, ihren Korb zu tragen. Als er ihn ergreift, kommt wieder das grelle Lachen aus dem Korb. Der Kopf der Frau liegt in ihm! Entsetzt schleudert er den Korb weg. Das Tuch, das ihn bedeckte, rutscht zur Seite, der Kopf rollt auf den Weg. Ein Mund mit weißen Totenkopfzähnen lacht, die Haube rutscht der Frau von der Schulter. Sie ist kopflos...

Die Angst verleiht dem Gabriel Fisher ungeahnte Kräfte. Er flieht, rennt, aber die Frau folgt ihm. Als er sich in panischem Schrecken nach ihr umdreht, bückt sich die Frau wie der Bischof von Paris, hebt ihren eigenen Kopf auf und schleudert ihn ihm hinterher. Er fällt in eine Pfütze und grinst und lacht wie zuvor, bösartig, unheimlich. Fisher flieht weiter und erst, als er über einen Bach springt, bleibt die kopflose Frau zurück. Sie kann den Bach nicht überwinden.

Da lächelt ein jeder. Das ist die klassische Grusel- und Gespenstergeschichte, wie sie im 19. Jh. so beliebt war... Und niemand wird natürlich ein wahres Rätsel in ihr erblicken oder sie für mehr als allenfalls eine Ausgeburt einer noch gespensterglaubigen Seele halten. Das einzig Bemerkenswerte an ihr, wie gesagt, ist, daß sie aus einer so frühen Zeit überliefert und "dokumentiert" ist.

Doch schließen wir, ehe wir kommentieren, erst die Berichte ab.

Klaus Störtebeker darf bei diesem Thema natürlich nicht fehlen.

Der historische Bericht auch über sein Ende ist legendenüberwuchert. Der edle Freibeuter und Schmuggler, der sich vor allem gegen die "hamburgischen Pfeffersäcke" wandte, ein hanseatischer Robin Hood, seit 1394 Chef der "Vitalienbrüder" zusammen mit seinem Kompagnon (oder Kumpan) Gödeke Michels, wurde schließlich 1401 von den Hamburgern bei Helgoland gestellt und gefangen, nachdem er sie lange zum Narren gehalten und ihnen in ihre Profittöpfe gespuckt hatte. Sie machten kurzen Prozeß mit ihm und überstellten ihn dem Scharfrichter.

Da äußerte der Klaus Störtebeker einen letzten Wunsch: "Es geht mir nicht um mein Leben", soll er gesagt haben, "aber das meiner Gesellen will ich schützen, wie ich kann, weil sie mir so lange so treu gedient haben. So will ich, wenn mir schon soll der Kopf abgeschlagen werden, danach noch einmal aufstehen und die Reihe meiner Gesellen abschreiten. Und schenket ihr denen, an denen ich so noch vorbeizugehen imstande, ehe ich endgültig hinfalle, das Leben." Und weil ohnehin niemand glauben mochte, daß dergleichen möglich sei, gewährte man ihm die Bitte.

Aber dann sei es so gekommen. Als der Scharfrichter dem Klaus Störtebeker seinen Kopf abgeschlagen hatte, sei er ohne denselben noch einmal aufgestanden und habe die Reihe seiner zusehenden Gesellen, die auf ihre eigene Hinrichtung warten mußten, abgeschritten, wie er es gesagt. Und so habe er noch elfen das Leben gerettet. Mehr aber seien's nicht mehr worden, weil eine Frau entsetzt habe gerufen: "Der Teufel selber wird noch vorbeikommen, das ist Hexerei!" Woraufhin der Scharfrichter herbeieilend dem Manne ohne Kopf ein Bein gestellet, so daß er endgültig darüber gefallen und tot zu Boden gepurzelt.

Ein tapfer Geschicht fürs einfältig Volk zu erhöhen seinen Glauben und seine Gruseligkeit...
Gut. Die nächste Geschichte.
Sie handelt von der unglückseligen Anne Boleyn. Sie war bekanntlich die zweite Frau des Blaubarts Heinrichs VIII. und die Mutter von Elizabeth I. Sie wurde um 1504 geboren und 1536 ließ ihr königlicher Gemahl sie einkerkern und köpfen, das ist bekannt. Wäre ein Wunder, wenn sich nicht auch ihrer die volkstümlich mitleidende Folklore angenommen und "beurkundete Zeugenschaft" abgelegt hätte:
Wir haben die seltsam erleuchtete Gestalt der Anne Boleyn gesehen. Die wie schwerelos dahingleitende Gestalt trug den abgeschlagenen Kopf unter dem Arm.
Was denn sonst. Und besonders oft "bis auf diesen Tag" soll das entsetzlich aussehende Wesen in der Nähe der Kapelle des Tower von London erscheinen, unweit ihres Gefängnisses also.

Wigbold, Gödeke
Michels und Klaus Störtebeker

*In prachtvollen Gewändern geht sie durch die Ring-
mauern des Gefängnisses.*

Angeblich besonders gern in mondlosen, eiskal-
ten Nächten. In England sind die Kopflosen
überhaupt endemisch wie die Schloßgespen-
ster. Auch der Lord Simon Lovat (ca. 1667-1747)
endete mit abgeschlagenem Kopf auf dem Scha-
fott. Während die arme, unglückselige Anne
Boleyn rein erfundene Beschuldigungen unter
das Beil brachten, hat man dem Lord, einem
trinkfesten schottischen Clan-Chef, immerhin
nachgewiesen, daß er nicht nur ein Mann war,
der wilde Zechgelage liebte, sondern sich wenig
um das scherte, was als das Gesetz galt, und sich
im übrigen gerne als König in London gesehen
hätte. Kurz, eine Verschwörung gegen die Monarchie von ihm wurde 1747 aufgedeckt, Lord
Simon noch im gleichen Jahr zum Tod verurteilt
und in London öffentlich hingerichtet.

Und was soll man sagen: wieder dieselbe Geschichte!

*Georg III. – derselbe, der durch seine politische Hals-
starrigkeit die amerikanischen Kolonien im Krieg verlor – packte das Grausen, als er in einem Gemälde den
geköpften Clan-Chef mit dem Kopf unter dem Arm
über einen Hausgiebel spazieren zu sehen glaubte!*

Der Maler William Hogarth hat deshalb nicht
gezögert, das unheimliche Bild "nach Augen-
zeugenberichten" in Öl zu malen. Titel des be-
weiskräftigen Dokuments: "Lord Lovats Geist
auf Pilgerschaft." Na also.

Damit noch lange nicht genug. Clan-Chef wie
Lovat war auch ein gewisser Ewen McLaine aus
Mull. Dieser wackere Mann war Zeit seines
Lebens ganz im Gegensatz zu Lovat seiner
Obrigkeit loyal und treu ergeben und starb
ehrenvoll, wie das damals noch hieß, auf dem
Schlachtfelde. Dennoch freilich soll er – soll! Als
gäbe es nicht schon genug Unglauben! – eben-
falls bis auf diesen Tag ohne Kopf auf dem
Mull'schen Besitz herumgeistern; wenn auch
(wie auch oben bei der Frau mit dem Kopf im
Korb) keiner so recht weiß oder zu erkennen
vermag, warum eigentlich. Und selbst aus dem
notorisch zumindest geister-ungläubigen (man
weiß das ja seit dem "Geist von Canterville"!)
Amerika wird nicht nur ein kopfloser Spukfall

berichtet, muß also stimmen: Nellie MacQuillie,
was schon mal ein guter alter britisch-schotti-
scher Name ist, marschiert ohne Kopf durch
ihre heimischen Gefilde in North Carolina –
"und das, obwohl ihr Tod ein friedlicher war".
Man denke.

Genug der Ironie. Aber natürlich hat diese Art
Rätsel weniger faktisch-kurios-naturwissen-
schaftliche oder allenfalls unerklärliche Ursachen, sondern höchstens psychologische und
solche des Garn-Weiterspinnens: dessen, was
man beim Theater "eine Szene ganz ausspielen"
nennt. Man wird nicht erwarten, daß dies hier
übermäßig ernsthaft abgehandelt wird. Gleichwohl ist nicht so ganz uninteressant, was der
erwähnte Professor Bellamy zu dem Thema
noch anzumerken hat:

"Die immer wieder auftauchenden Berichte über
kopflos Wandelnde, gleich ob Enthauptete, mehr
oder minder unerklärlich Herumgruselnde,
oder ganz ehrbare Leute, von denen man so
etwas sozusagen nicht gerade erwarten würde,
nehmen also nachweislich etwa ab dem dritten
Jahrhundert ihren Lauf durch die Zeiten; bis in
die unsere hinein. Als am ausführlichsten 'dokumentiert' gelten die angeblich kopflosen Geister in Texas, die dort um 1860 die Gegend
unsicher gemacht haben sollen. Ein ansonsten
als seriös geltender Schriftsteller namens Cap-
tain Mayne Reid hat den mysteriösen Fall recherchiert und in seinem Buch 'Die kopflosen
Reiter' beschrieben, erschienen 1869..."

Und er erläutert weiter sinngemäß, daß man
die Sache mit den kopflosen Menschen, die mit
ihrem eigenen Kopf unter dem Arm wandeln
(sie gehen selbstverständlich nicht einfach, Geister wandeln bekanntlich!) natürlich nicht ernsthaft als Tatsache betrachten muß – jedenfalls
nicht in dieser sozusagen ausgespielten Form.
"Aber die Entstehung solcher Geschichten läßt
sich schon nachvollziehen oder erklären." Man
kennt das Phänomen grundsätzlich bei ge-
schlachteten Tieren. Hühner, denen der Kopf
bereits abgehackt ist, flattern zuweilen noch
eine ganze Strecke weit davon. Auch von enthaupteten Schafen und Ziegen hat man dieses
Phänomen schon erlebt: sie springen und hüp-

fen noch herum. Volkstümlich wird das "die Lebensgeister" genannt, die noch eine Weile wach seien.

Dieser Effekt tritt nun aber nur bei abruptem Kopfabhacken ein, nicht jedoch etwa beim sogenannten Abstechen, dem das langsame Ausbluten folgt. Folglich läßt sich schließen (annehmen, vermuten), daß ähnliche Effekte bei enthaupteten Menschen ebenfalls denkbar sind und vorgekommen sein können, sei es als Reflex der "Lebensgeister", sei es – so wieder Professor Bellamy – "als eine Frage der Willensstärke", beide mit der gleichen Wirkung einer Nerven-"Nachreaktion", einer "Auslauf-Reaktion": "Im Rückgrat sind die Nerven und Nervenstränge, die teilweise Aufgaben des Hirns übernehmen können, zumindest zeitweise. Wenn vor der Exekution vom Delinquenten sozusagen gewisse Programmmierungen vorgenommen wurden wie 'aufstehen', oder 'weitergehen', dann ist zumindest denkbar / vorstellbar, daß der Organismus einem solchen Befehl auch nach der Enthauptung von den Rückgratnerven her noch eine Weile folgen kann, bis die noch gespeicherte Energie aufgebraucht ist."

Dies könnte die ganz sachlich-nüchterne Erklärung dafür sein, daß es gelegentlich vorgekommen sein mag, daß Enthauptete sich etwa kopflos noch eine Weile bewegten; aber sicherlich natürlich nicht in einem solchen Ausmaße, daß sie sich tatsächlich "normal" erheben und gehen könnten, wie es etwa dem Klaus Störtebeker angedichtet wird, gar nicht zu reden von dem Bischof St. Denis, der angeblich munter und zielstrebig kilometerweit ging, den eigenen Kopf vor sich hertragend. Daß dies, wenn nicht reine Erfindungen, Ausschmückungen sind, braucht man wirklich nicht weiter zu begründen.

Die eine oder andere Beobachtung von Reflexbewegungen schon Enthaupteter mag also der Wahrheitskern all der phantasievollen Verlängerungen der Geschichten von kopflosen Gesellen sein. Ein paar Nachreflexe – und der Rest ist freie Phantasie, so wie die Blindschleiche nach dem zehnten Weitererzählen eine hochgiftige Boa Constrictor geworden ist.

Ohnehin ließe sich selbst bei großzügigster Auslegung des Reflex-Phänomens wirklich keinerlei Denkbarkeit mehr dafür konstruieren, daß die Wandler, wieviel Reserve-Energie auch immer sie im Rückgrat oder sonst wo hätten speichern können, selbst Jahrhunderte später noch mit ihrem Kopf unter dem Arm herumlaufen, respektive erscheinen können.

Merkwürdige Steinverglasungen

Mauern, die nicht vermörtelt sind, sondern schmelzverglast – ein Werk der Druiden oder angreifender Feinde? Sieben Vermutungen, wie dieses Phänomen zu erklären sein könnte, und andere geheimnisvolle Steinverwandlungen.

Gesamtansicht der alten Anlage Tap O'Noth mit ihren merkwürdigen Steinverglasungen. Die Mauerlinie ist deutlich erkennbar

Die steinerne Umrandung auf dem Berg ist noch aus einigen Kilometern Entfernung erkennbar. Ohne daß man allzuviel Phantasie haben muß, läßt einen die Umrißform an die Arche Noah denken. So könnte, ist deshalb auch schon vermutet worden, der Berg ausgesehen haben, auf dem die biblische Arche landete. Und die bläulich-weißen Mauern sehen in der Tat dem Abdruck eines Schiffsrumpfs ähnlich... Nur hat natürlich das geheimnisvolle Bergbild schon deshalb nichts mit der Arche zu tun, weil diese bekanntlich am Berg Ararat in der heutigen Türkei gestrandet sein soll. Und wenn wirklich dort nicht, so kann man sie mit Sicherheit auf keinen Fall hier vermuten. Nämlich in Schottland.

Das geheimnisvolle Bergbild findet sich nämlich am Berg Tap O'Noth unweit des Dorfes Rhynie im Nordwesten Schottlands. Der ganze Berg ist 560 m hoch und das "Bild" stammt ebenso sicher, wie es nicht die Arche Noah sein könnte, auch gar nicht aus biblischer Zeit, sondern aus einem geschichtlich durchaus schon faßbaren Zeitraum, nämlich dem vierten Jahrhundert n. Chr. Mysteriös daran ist allenfalls, daß es den Druiden zugeschrieben wird.

Die Druiden (seit Asterix und Obelix auch in weitesten Bevölkerungskreisen wohlbekannt) waren bekanntlich die keltische Priesterklasse in Gallien und auf den Britischen Inseln. Zusammen mit den Barden und Vaten bildeten sie den das kulturelle Leben der keltischen Völker bestimmenden Gelehrtenstand. In erster Linie oblag ihnen die Pflege der Religion und des Opfers.

Daneben übten sie auch richterliche Funktionen aus und befaßten sich u.a. mit Medizin, Geographie, Astronomie und Traumdeutung. Auch den Freunden von Walt Disneys Zeichentrickfilmen ist der Zauberer Merlin wohlbekannt als Druide – der ein historisches oder jedenfalls sagenhistorisches Vorbild hatte.

Angeblich konnte dieser Merlin die Schwerkraft aufheben (das mag auf gewisse Magnettricks hindeuten) und war der Legende nach häufiger Gast an der berühmten Tafelrunde des Königs Artus. Doch dies nur nebenbei.

Was stellt das "Bild" auf dem Berg Tap O'Noth dar?

Ursprünglich betrugen die Ausmaße des steinernen Baus 28 x 45 m. Ein Zugang scheint zunächst nicht vorhanden gewesen zu sein. Erst später, als man längst nicht mehr wußte, welchem Zweck das Ganze diente, wurde einer eingefügt.

Mysteriös wird die Angelegenheit erst, wenn man sich die Maueruumrandung näher betrachtet. Stein auf Stein, ohne Mörtel oder sonstige Bindemittel, und dennoch fest verbunden – durch Verglasung. Schmelzverglasung. Der Archäologie-Professor Hans Schindler Bellamy vermutete folgendes: "Die Steine müssen einer sehr großen Hitze von weit über tausend Grad ausgesetzt worden sein, mindestens 1200 Grad. Erst bei derartigen Temperaturen schmilzt dieser Stein und die einzelnen Bauelemente werden miteinander verbacken. Meiner Meinung nach können da nur die Druiden am Werk gewesen sein."

Es ist ziemlich sicher, daß die Druiden in Schottland noch bis ins 6. Jh. hinein aktiv waren. Stellt also die Anlage von Tap O'Noth eines ihrer Werke, vielleicht sogar Meister-Werke dar?

Niemand kann mit Sicherheit sagen, wie dieser erstaunliche Effekt erzielt wurde. Es ist nicht einmal eindeutig geklärt, ob die Steinverglasungen überhaupt bewußt erzeugt wurden. Schon 1770 untersuchte ein gewisser James Anderson zehn Jahre lang derartige Bauwerke. Damals standen noch viel mehr. Seitdem wurden die meisten, als die Bevölkerung Steine für Häuser und Ställe benötigte, ausgehämmert und abgetragen.

Diesem James Anderson ist es zu verdanken, daß einige genauere Angaben über die Steinanlagen überliefert sind. Seine Recherchen lassen dabei einige der diversen Erklärungsversuche, die bis heute noch hin und wieder geäußert werden, als unzutreffend/unmöglich/falsch ausscheiden. Doch auch Anderson, der darüber 1777 und 1780 in der Zeitschrift "Archaeology" berichtete, fand keine positive Erklärung. Er vermochte allenfalls zu sagen , was nicht in Frage kam.

Erste Vermutung:

Die Steinverglasungen entstanden im 4. Jahrhundert als Folge eines Unfalls. Das ursprüngliche Aussehen: Die Mauern bildeten den äußeren Schutzwall einer kleinen Siedlung. Hinter der Steinverkleidung befand sich eine Holzwand. Diese Holzwand fing durch einen Unfall Feuer, brannte ab und die dabei entstehende Hitze bewirkte die Steinverglasungen.

Diese Vermutung wird von der Tatsache gestützt, daß bei den Schmelzverglasungen stets nur Steine an den Innenseiten der Wände betroffen sind, die Außenwände hingegen keinerlei Verglasungsspuren aufweisen. Ansonsten aber ist diese Unfall-These nicht übermäßig glaubwürdig. Es ist ziemlich ausgeschlossen, daß Hunderte ähnlicher steinerner "Stadtanlagen" alle auf die gleiche Weise durch Unfall-Feuersbrünste vernichtet worden sein sollen.

Zweite Vermutung:

Nicht Unfälle mit Feuersbrünsten sind die Ursache, sondern kriegerische Auseinandersetzungen. Angreifende Feinde steckten die Siedlungen in Brand, es kam zu Verglasungen.

Auch gegen diese Vermutung sprechen im Prinzip die gleichen Argumente wie bei der ersten. Im übrigen gibt es ein gewichtiges Gegenargument in Gestalt der Anlage von Knockferrel in Schottland. Dort sind zur Abwechslung Verglasungen nur an den Außenseiten der Mauer feststellbar. Die Brandschatzung der Ansiedlung innerhalb der Mauern scheidet also aus. Die These, die Angreifer hätten außen an den Mauern Holz aufgeschichtet und dieses in Brand gesteckt, ist wenig wahrscheinlich, selbst wenn man entgegen jeder Realität annehmen würde, die Bewohner innerhalb der Mauern hätten dies tatenlos über sich ergehen lassen. Denn dazu hätte es dann eines wahrhaft gigantischen Feuers bedurft, und zwar rings um die gesamte Mauer. Und dann wäre es schlicht unmöglich gewesen, daß ein solches Riesenfeuer nicht auf die inneren Bauten übergegriffen hätte.

Dritte Vermutung:

Die Steinverglasungen stammen schon aus prähistorischer Zeit: In grauer Vorzeit ließen Vulkanausbrüche die Steine miteinander verschmelzen. In geschichtlichen Zeiten trug man die verbackenen oder verschmolzenen Steine dann von den – mittlerweile erloschenen – Vulkanen ab und verwendete sie als Baumaterial.

Doch dies ist nicht einmal als These ernst zu nehmen. Denn wo sollten diese Vulkane sich befunden haben? Allein in Schottland gibt es heute noch an die sechzig Anlagen mit Steinverglasungen, aber weit und breit sind dort keine erloschenen Vulkane bekannt.

Vierte Vermutung:

Die Verschmelzung und Verglasung der Steine fand in gesondert gebauten Schmelzöfen statt. Gegen diese Annahme spricht, daß man nicht die geringste Spur solcher Öfen fand. Ganz abgesehen davon, daß bei den oft weitflächigen Schmelzverglasungen Öfen ganz gewaltigen Ausmaßes in Betrieb gewesen sein müßten; und dann könnten sie nicht wirklich spurlos verschwunden sein.

Fünfte Vermutung:

Die Druiden setzten die Hitze gezielt ein, um Stein-Schmelzverglasungen zu erreichen. Sie verfügten über diese spezielle Mauertechnik ohne Mörtel. Das geschah vermutlich so: Bei den Steinmauern, die errichtet wurden, setzte man nicht Stein auf Stein, sondern baute mit Hohlraum innen. Dieser wurde danach mit Holz und Steinschutt aufgefüllt und in Brand gesetzt. Die gewaltigen Schornsteine dafür waren die Wände selbst. Durch die Methode entstanden hohe Temperaturen und damit Schmelzverglasungen.

Aber auch hier ist wieder der entscheidendste Einwand, wieso dann die Verglasungen immer nur entweder an der Innen- oder aber Außenseite auftraten. Bei dieser Methode hätten sie innen und außen erfolgen müssen. Diese These stützt sich im übrigen auf Cäsars berühmte, seit Generationen jedem Gymnasiasten vertraute Schrift "De bello gallico", über den Krieg in Gallien, in der eine "murus gallicus" beschrieben ist, eine gallische Mauer, die aus Stein und Holz bestanden habe. Archäologische Ausgrabungen bei Abernethy in der Gegend von Perth und Dun

Lagaidh in der Umgebung von Ross bestätigen Cäsar sogar. Bei den dortigen Anlagen gab es offensichtlich Mauern aus Stein und Holz, aber ebenso offensichtlich nicht zum Zwecke von Verbrennungsschmelzen. Schon seit fast 200 Jahren experimentieren Archäologen in dieser Hinsicht. Beispielsweise baute der Engländer Gordon Childe jahrelang alle möglichen Mauern mit den verschiedensten Stein-Holzmischungen und ließ sie anschließend abbrennen. Aber nicht ein einziger Versuch ergab auch nur annähernd Verglasungseffekte. Und so wie ihm ist es in den vergangenen 200 Jahren nicht einem der vielen Experimentierer gelungen, irgendetwas zu erzielen, was einer Schmelzverglasung gleichkäme. Zwar gab es Einzelversuche mit Steinschmelzverglasungen, doch unter Spezialbedingungen und mit einem gewaltigen Aufwand an Holz, nämlich erst bei einem Vielfachen der Holzmenge; kurz, einzelne lokale Verglasungen, aber niemals ganze Mauern und Anlagen, die stehen blieben. Im Gegenteil, meistens fielen die Steine schon während des Abbrennens zusammen oder zerbarsten unter der enormen Hitzeeinwirkung.

Sechste Vermutung:
Bei diesen Mauern handelte es sich ursprünglich um eine Mischung aus viel Holz und wenig Stein. Angreifende Feinde steckten das Holz in Brand, die eingelagerten Steine verglasten.

So dumm waren die Erbauer dieser Anlagen wohl nicht. Wer würde schon seine Verteidigungsanlage so unklug bauen, daß sie von Angreifern nur in Brand gesteckt zu werden braucht? Gordon Childe experimentierte gleichwohl auch mit einer solchen Konstruktion, aber auch dies erwies sich als glatter Fehlschlag. Vor allem stellte sich heraus, daß solche Mauern mit einem Holz-Stein-Gemisch nur mit viel Aufwand in Brand gesetzt werden können. Und wie schon erwähnt, tatenlos werden die Verteidiger hinter dieser Art Schutzwall seinerzeit dabei auch nicht zugesehen haben.

Fazit: Es bleibt weiterhin ungeklärt und unbekannt, wie und warum es zu den rätselhaften Steinverglasungen kam.

Wiederum einmal liegt die Vermutung nahe, daß das Rätsel bis heute ungelöst blieb, weil bisher die falschen Fragen gestellt wurden. Kein Archäologe hat nämlich je eine andere Erklärung in Erwägung gezogen als Feuer, das den Druiden vermutlich zur Steinverglasung gedient hat. Mit anderen Worten, bisher fragte man nur danach, wie mit Hilfe von Hitze der Verglasungseffekt erzielt worden sein könnte: "Hitze muß es gewesen sein!"

Wenn es aber nun nicht Hitze war? Läßt sich da etwas vorstellen?

Im Museum von Cochabamba in Bolivien gibt es sogenannte "geknetete" Steine. Es handelt sich um Steine verschiedener Größe, in welchen die alten Inkas Fuß- und Handabdrücke hinterlassen haben – ganz einfach, als sei nichts leichter als das, wie man einen Abdruck in Butter hinterläßt.

Steine, weich wie Butter? Hitze kann es nicht gewesen sein. Wenn ein Stein so heiß wird, daß er weich wie Knetmasse wird, dann ist es schlicht unmöglich, darin einen Hand- oder Fußabdruck zu hinterlassen. Die Hitze würde sie bei der ersten Berührung versengen.

Im Mai 1967 behauptete der peruanische Archäologe Pater Jorge Lira, die Lösung gefunden zu haben. Er wollte von den heutigen Inkas ein Geheimnis anvertraut bekommen haben: ein Rezept für eine Pflanzenmischung. Mit dem Extrakt dieser Geheimmischung sei es tatsächlich möglich, Steine weich wie Butter zu machen und dann nach Belieben zu bearbeiten und zu verformen.

Noch einmal andersherum: Die Druiden waren, das ist bekannt, überaus pflanzenkundig. Angenommen, sie hätten dieses authentische Inka-Rezept ebenfalls gekannt oder entdeckt und besäßen somit die ganz spezielle Spezialpflanzenmischung, die Steine butterweich macht?

Wer war König Artus?

Hatte der Sagenkönig Artus mit seiner Ritter-
Tafelrunde ein historisches Vorbild? Wo war das
legendäre Camelot, der Ort dieser Tafelrunde?
Was war der Gral: Schatz oder Kelch?
Wo befindet er sich heute?

Alte französische Kirchendarstellung des sagenhaften Königs Artus,
dessen historisches Vorbild ungeklärt ist

5. Jahrhundert n. Chr.

Avalon ist so etwas wie das irdische Paradies. Von dieser "Insel der Glücklichen" träumen auch die wackeren Ritter, die Gefolgsleute des legendären Königs Artus sind...
Zunächst einmal ein Überblick:
Artus (Arthur): sagenhafter britannischer König, der mit den Rittern seiner Tafelrunde zum Mittelpunkt eines ausgedehnten Sagenkreises wurde. Der historische A. scheint ein britannischer Heerführer gewesen zu sein, der um 500 n. Chr. sein Volk gegen die Invasion der Angelsachsen verteidigte und 537 in der Schlacht am Camlann gefallen sein soll. In der "Historia Regum Britanniae" (um 1135) des Geoffrey von Monmouth wird A. vom keltischen Lokalhelden zum glanzvollen Herrscher von weltgeschichtlicher Bedeutung erhoben. Mit seiner Gattin Guenhuvara (Ginover/Guinever) hält er prunkvollen Hof zu Caerlon. Auf seinem Siegeszug über viele Länder wird er erst durch einen in der Heimat ausgeübten Verrat seines Neffen Mordred aufgehalten und zur Rückkehr gezwungen. Er wird verwundet und auf die Feeninsel Avalon entführt. Geoffrey stützt sich auf bretonisches Sagengut. Schon bald überträgt der normannische Dichter Wace die "Historia" in französische Verse ("Roman de Brut", 1155). Er stilisiert A. zum feudalhöfischen Kriegsherrn, fügt zahlreiche Einzelheiten hinzu – vermutlich bretonische – und berichtet als erster von der "Tafelrunde" auserwählter und vorbildlicher Ritter. Auf Wace stützt sich das frühmittelenglische Versepos "Brut" des Layamon (um 1205). Auf dem Festland werden ursprünglich selbstständige Stoffe wie die Tristan- und die Gralssage oder der Lanzelotstoff in die Artussage integriert. Beginn und Höhepunkt des französischen A.-Romans sind die Werke des Chrétien de Troyes (Entstehungszeit etwa 1165-90): "Erec", "Cligès", "Lancelot", "Yvain", "Perceval". Bei ihm und seinen Nachfolgern ist A. das große Vorbild des Rittertums. Zum passiven Mittelpunkt einer Schar tapferer Ritter, den Haupthelden der Romane, geworden, greift er selbst kaum in das Geschehen ein. Die bedeutendsten Vertreter der deutschen A.-Epik sind Hartmann von der Aue ("Erec", "Iwein"), Gottfried von Straßburg ("Tristan und Isolt") und Wolfram von Eschenbach ("Parzival", "Titurel"). Daneben entstand auch eine stoffreiche "niedere" Artusdichtung, u.a. der altfranzösische Prosazyklus ("Vulga-te" oder "Grand Saint Graal", um 1225), auf dem der deutsche Prosaroman von Lanzelot (vor 1250) und der englische Prosaroman "Le morte d'Arthur" von T. Malory (vollendet um 1469) beruhen...

Diese ausführliche Darstellung erst einmal, um klar zu machen, wie weit verästelt die Artusgeschichte schon sehr früh war. In England, wo König Artus (dort nennt man ihn Arthur oder Artur) naturgemäß eine zentrale Rolle in der Welt der alten Sagen und Geschichten spielt – bis hin zu der berühmten Sage mit dem im Stein steckenden Schwert, das nur der wahre König (Arthur/Artus) herauszuziehen imstande ist – beschäftigt man sich natürlich seit jeher auch mit der historischen Vorbild-Gestalt.

Denn diese scheint es ja gegeben zu haben, gleich, was die Sage dann aus ihr machte. Wenn die kriegerischen Recken nicht gerade wieder einmal Englands Feinde vertreiben, Jungfrauen befreien oder Drachen töten, scharen sie sich um ihren König Artus. Auf Burg Camelot trifft sich die illustre Schar und schwelgt in Erinnerungen an edles Wirken. Auch wir verspüren heute noch einen sonderbaren Reiz, wenn wir von König Artus hören. Er ist so etwas wie das personifizierte Gute, Edle, das ohne Rücksicht auf eigenes Leiden gegen alles Böse in dieser Welt kämpft. Nicht umsonst hat sich Hollywood wieder und wieder des sagenhaften Königs und seiner Tafelrunde angenommen – vom Historiendrama bis zum "Kostümschinken", von der Liebesgeschichte in mittelalterlichem Gewand bis zur Danny-Kaye-Groteske, vom Ritterturnierspektakel bis zum Musical, von den ernsthaften Beschäftigungen der Kunst mit dem Themenkreis gar nicht zu reden: Wagneropern bis Literatur aller Art.
Soweit also der sagenhafte König Artus.
Aber was ist mit dem echten, dem historischen? Nur eine liebenswerte Fiktion, eine Symbolgestalt der Märchen und Sagen, etwa so wie der edle Räuber Robin Hood im Sherwood Forest, ist er aller Vermutung nach nicht.
Bereits 1190 versuchte man, sein Grab ausfindig zu machen. Auf einem alten Friedhof der Glastonbury Abbey wollte man die Gebeine des legendären Herrschers in einem Doppelgrab in

der Abteikirche gefunden haben. Was die Frage aufwarf, ob neben ihm seine "geliebte Gattin" Guinever ruhe.

800 Jahre später, 1931, fanden sich Hinweise, die diese Annahme zu stützen schienen, da der historische Artus in der Tat in Glastonbury begraben worden sein soll. Der Legende nach ist es freilich anders. Da findet Artus seine letzte Ruhestätte auf dem erwähnten Avalon, der "Insel der Seligen", ein Eiland, das in den Mythen und Märchen um ihn eifrig und ausführlich beschrieben wird. Nur "Eingeweihte" können überhaupt den Weg in jenes geheimnisvolle Reich finden, das von Frauen beherrscht wird, die über Zauberkräfte verfügen, Kenntnisse geheimer Heilmethoden besitzen und die Kräfte der Natur anbeten.

Wie stets bei solchen Themen ist die Frage, wo der eventuell wahre Kern und wieviel historische Wahrheit darin liegt (von der sogenannten "höheren Wahrheit" braucht hier nicht die Rede zu sein; mit der wird sowieso viel Schindluder getrieben).

Praktisch alle Sagen, so auch diese, laufen auf die Frage hinaus, ob die auf eine ganz spezielle, man möchte fast sagen: geheimnisvolle Weise anmutigen Überlieferungen nicht Erinnerungen sind, "Verdichtungen"; nämlich Erinnerungen an uralte und vorzeitliche Lebensformen, in denen in diesem Falle die Frau die oberste Stufe der sozialen Ordnung darstellte. In der Tat weiß man ja, daß es auch Perioden und Regionen des Matriarchats gab und gibt.

Es ist gewiß möglich, haben denn auch Fachleute – Historiker und Archäologen – immer wieder festgestellt, daß die Avalon-Sage eine uralte Matriarchatserinnerung ist. Gleichwohl kann Avalon auch durchaus real existiert haben. Möglicherweise sind Glastonbury und Avalon identisch.

Dazu noch einmal ein Zwischenbericht. In England wird der Stand der Forschung heute ungefähr so dargestellt:

Cadbury Castle liegt an die 10 km nordöstlich von Yeovil in Somerset/England. Ursprünglich eine Siedlung aus der jüngeren Stein- und Bronzezeit, wurde es während der Eisenzeit um 500 v. Chr. befestigt.

Diese Bergfestung war der politische, kommerzielle und wahrscheinlich auch religiöse Mittelpunkt des ganzen bäuerlichen Umlandes, dessen Bevölkerung bei Gefahr hinter ihren Mauern Schutz suchte. Allerdings leistete sie der römischen Invasion der Jahre 43 und 44 keinen Widerstand. Erst an die 30 Jahre später schien es das Zentrum einer Freiheitsbewegung geworden zu sein (falls es sich dabei nicht doch einfach nur um eine Räuberbande handelte!). So oder so, die Römer reagierten mit einer harten Strafexpedition. Sie brachen die Tore ein und wüteten nach der totalen Zerstörung der Marktstände furchtbar unter der Bevölkerung. Cadbury blieb daraufhin fast 500 Jahre lang verlassen, bis seine hervorragende Defensivlage die Aufmerksamkeit eines Kriegers des "finsteren Mittelalters" erregte, der gut und gern König Artur selbst gewesen sein könnte... Um das Jahr 500 n. Chr. nämlich gründete ein unbekannter britischer Stammeshäuptling seine Festung Cadbury Castle an der Stelle des seit langem verlassenen prähistorischen Bergforts in Somerset. Der oberste Wall war mit einer ungemörtelten Steinlage bedeckt, darunter befand sich eine holzverstärkte Erdfüllung. Obenauf ragten Holzzinnen. Ein eindrucksvolles Durchgangstor gab es ebenfalls. Unter den Gebäuden dahinter war auch eine 19,2 m mal 10,4 m messende Festhalle. Die mittelalterliche Großartigkeit dieses Komplexes ergänzt seine historische Bedeutung und die (legendäre) Überlieferung, daß sich hier das sagenhafte Camelot, der Hof König Arturs, befunden habe; es ist ja auch nur eine scharfe Reitstunde vom ebenfalls sagenhaften Avalon in Glastonbury entfernt.

Mit dem Fortschreiten des "Finsteren Zeitalters" wurde der Ort wieder verlassen, aber im Winter 1009/1010 ließ König Ethelred in Cadbury (oder Cadanbyrig, wie es damals hieß) eine königliche Münze einrichten ... Doch auch – seit jeher wogt darum der Streit – bei Caerlon wird Camelot vermutet. Bei Caerlon am Fluß Usk in Süd-Wales befindet sich ein Amphitheater aus römischer Zeit. Es wurde um die Mitte der 70er Jahre n. Chr. erbaut und um das Jahr 100 neugestaltet. Nach der Zeit der Römer befand sich eben hier, jedenfalls nach der Legende, Camelot, der Hof König Arturs...

Soweit die englische – historische – Version nach heutigem Stand. Da sie nicht minder vage ist und alle Möglichkeiten offen läßt, ist es nicht müßig, der Sache noch einmal genauer nachzugehen.

Das als Insel beschriebene "Avalon", jenes Reich, das nur mit "Zaubermitteln" zugänglich gewesen sein soll, besaß allerdings, heißt es, auch "natürliche" Zugangswege, doch auch sie seien nur ganz wenigen Eingeweihten bekannt gewesen: schmale Pfade durch gefährliche Sümpfe. Es werden da offenbar zwei Avalon-Überlieferungen miteinander verknüpft. Die erste ist die der geheimnisvollen Insel im Meer, die zweite die einer "Insel" im unzugänglichen Sumpfland.

Nun war die Gegend von Glastonbury in der Tat um 400/500 n. Chr. reines Sumpf- und Marschland und praktisch unzugänglich. Angenommen, der keltische Stammeshäuptling/ Feldherr, der das Vorbild für "König Artus" abgab, sei im 5. Jh. in Glastonbury beerdigt worden. Dann könnte es wohl sein, daß "Tatsachenberichte" über seine schwer zugängliche Grabstätte in die Legendenbildung als "Avalon" eingingen; daß also aus Glastonbury das sumpflandgeschützte Avalon wurde. Die Tatsache, daß, siehe oben, die zumindest vermuteten Orte Camelot/Cadbury und Avalon/Glastonbury "nur eine scharfe Reitstunde" auseinanderlagen, stützt solche Annahmen nur.

Jedenfalls verdichtet sich aus den Quellen auch die Wahrscheinlichkeit, daß König Artus im 5. Jh. lebte – beziehungsweise eben der Mann, der sein historisches Ur-Vorbild ist.

"Artus, der weise höfische Mann", wie ihn Wolfram von Eschenbach nannte, beschäftigt noch heute wie zu seiner Zeit die Forscher. So hat der zeitgenössische englische Wissenschaftler Geoffrey Ashe dem Artus-Mythos sein ganzes Leben gewidmet – mit dem Ergebnis, daß er heute glaubt, ihn enträtselt zu haben. Das Schwierigste an der ganzen Suche, sagt er, war die Tatsache, daß Artus/Art(h)ur eben nicht unter seinem wirklichen Namen in die Geschichte einging.

Seine Feststellungen gehen in die Richtung der oben erwähnten "allgemein bekannten Erforschungen" bis in die jüngere Zeit, aber werden etwas präziser, mit einigen Abweichungen:

Wenn der Mann gelebt, gekämpft und geherrscht hat – war die Ausgangsfrage für Ashe –, wieso erwähnen ihn dann alte Geschichtsschreiber überhaupt nicht, beispielsweise die römischen? Schließlich beschreiben ihn zahllose Legenden als einen mächtigen König, erfolgreich in kriegerischen Auseinandersetzungen mit den Goten. Burgund wird u.a. als Kampfort gegen die Goten genannt, und dabei ist auch von bösem Verrat gegen ihn die Rede. Warum findet sich von alledem nichts in den offiziellen Geschichtsbüchern?

An diesem Punkt ging Ashe dann einen anderen Denk-Weg und glaubt eruiert zu haben, woran es liegt: "In den römischen Geschichtsquellen wird Artus/Artur nicht unter diesem Namen geführt, sondern mit seinem Titel. Der aber lautete Riothamus und war die Bezeichnung für den 'High King' im alten Britannien."

Riothamus, König der Briten, folgt also, demzufolge, im 5. Jh. einem Hilfsgesuch der Römer (falls man zu dieser Zeit noch eigentlich "Römer" sagen kann; das weströmische Reich wurde bekanntlich 476 auch offiziell endgültig liquidiert) ... folgt der Bitte, setzt auf das Festland über und versucht die Westgoten aus Burgund zu vertreiben. So tapfer er aber auch kämpft, ein Vertrauter übt Verrat, und 470 verliert sich die Spur des "Riothamus" im Dunkel der Geschichte.

Ist Riothamus in diesem Jahr 470 ums Leben gekommen? Und wenn ja, wie kam er in sein Grab nach Glastonbury, durch die gefährlichen Sümpfe hindurch?

Ashes Fazit lautet: Der Mann, den wir als König Artus bezeichnen, lebte im 5. Jh. und hieß genau Artus Riothamus = Artus, König der Briten. Er kämpfte mit 12 000 Mann für die Römer, doch es endete mit einer Niederlage.

Ashes Ansicht, was den Namen angeht, teilt auch der französische Historiker Leon Fleuriot: "Riothamus ist kein Eigenname, sondern ein Königstitel."

Es ist also zu untersuchen, ob es in der römisch/ nachrömischen Geschichtsschreibung dann wenigstens einen Riothamus gibt, auf den die sonstigen Details des "Königs Artus" oder je-

Artus, der sagenhafte König im Kreise der Helden seiner Tafelrunde. Französische Miniatur aus dem 14. Jahrhundert (British Museum, London)

denfalls eines, siehe oben, "Heerführers" (der allerdings erst 537 in Camlann im Kampfe fiel) zutreffen.

Doch auch da wird man nicht recht fündig. Umso zahlreicher sind die Heldendichtungen, die alle erfahrungsgemäß zumindest auf einen historischen Kern zurückgehen, wenn sie nicht bereits mehr oder minder authentischer Bericht sind. Und Tatsache ist, daß es schon bei den Kelten die Erwähnung des Königs Artus gibt. Der Chronist Gildas, der im 6. Jh. lebte – also schon im Jahrhundert nach der vermutlichen Lebenszeit des Artus –, war der erste, der Berichte und Überlieferungen der Kelten zusammenfaßte und aufzeichnete. Aus dem 9.Jh. ist dann der nächste Artus-Bericht eines gewissen Nennius überliefert. Bei Gildas wie bei Nennius

ist die Rede von zwölf Schlachten auf der britischen Insel und anschließendem Kampf in Gallien gegen "Barbarenhorden". Und um 1135, siehe oben, verfaßte auch ein gewisser Geoffrey of Monmoth ein Geschichtswerk, in welchem ebenfalls Artus der Mittelpunkt und Höhepunkt ist.

Soweit, so gut. Der legendäre König Artus/Art(h)ur hatte also ein historisches Vorbild, wobei letztlich nebensächlich ist, ob er nur Heerführer war und 537 in Camlann fiel oder "Riothamus" hieß/genannt wurde und womöglich schon 470 in Burgund umkam.

Die nächste Frage ist dann, ob denn auch das sagenumwobene Camelot, der Sitz der Tafelrunde, authentisch-historisch war oder nicht. Auch dazu zunächst der Verweis auf das oben schon Erwähnte; und dazu folgende Ergänzungen:

Cadbury Castle in der Nähe des Dorfes Queen Camel in Somerset könnte dieses Camelot durchaus gewesen sein. Die dortigen archäologischen Ausgrabungen haben außer einer Wehranlage schon zur frühen Römerzeit auch die Reste eines späteren königlichen Wehrbaus freigelegt. Bis in das 15. Jh. hinein hieß der Hügel, auf dem diese Anlage stand, "Camalat". Unweit der Befestigungen fließt der Fluß Ca. Nach Nennius fand die letzte Schlacht des Artus tatsächlich beim Camlann statt ("Annales Cambriae", 9. Jh.). Weitere 500 Jahre später stellte John Leland (1509-1547), der Geschichtskundler am Hofe Heinrichs VIII., fest, daß Landarbeiter unweit des Camalat-Hügels ein Massengrab mit zahlreichen Gebeinen im Kampf Gefallener gefunden hätten.

Auch das Fazit zu Camelot lautet also: man kann davon ausgehen, daß es das historische Vorbild dazu wirklich gab, ob es nun bei Cadbury lag oder bei Glastonbury oder auch in Südwales bei Caerlon, ist im Grunde von sekundärer Bedeutung.

Die wirklich wichtige und sozusagen alles entscheidende Frage indessen, was diesen sagenumwobenen König Artus und seine Tafelrunde in Camelot angeht, ist die des Grals. Denn unlösbar mit diesem Sagenkreis verbunden sind die Erzählungen um den Heiligen Gral. Hatte Artus ihn tatsächlich gefunden/erhalten?

Man kann es sich einfach machen: weil so hartnäckig, so viel und so oft darüber berichtet wurde, daß es so sei, muß es wohl tatsächlich so gewesen sein: Von nichts kommt nichts.

Auf dieser Basis ist es eine reine Sache des Glaubens – nicht einmal notwendigerweise des religiösen Glaubens, sondern des Glaubens an Tatsachen oder Wahrscheinlichkeiten oder des Vertrauens in die Glaubwürdigkeit von Überlieferungen und Berichten.

Geht man reservierter, rationaler, intellektueller an die Sache heran, nämlich mit dem Erfahrungswissen, wie es mit den Legendenbildungen zu gehen pflegt und vor allem früher zu gehen pflegte, und wie gerade mit Reliquien jahrhundertelang ein Kult getrieben wurde, der sich nur aus der jeweiligen Zeit und deren Welt- und Religionsverständnis erklärt, deshalb aber auch sogar legitimieren läßt, dann wird man nach handgreiflicheren Erklärungen suchen müssen.

Der Heilige Gral: Das sind zwei Überlieferungen. Die eine, eher weltliche, sieht in ihm, etwas unpräzise und verschwommen, einen legendären Schatz ohne genauere Definition, so ähnlich geheimnisvoll wie der Begriff vom "Stein der Weisen". Es gab aber auch mittelalterliche Vorstellungen davon, die ein "wertvolles Gefäß" darunter verstanden, gefertigt aus, versteht sich, "wertvollsten Materialien", das Luzifer aus der Krone gefallen sei, als er vom Himmel hinab in die Hölle gestoßen wurde. Das kann man, salopp gesagt, "vergessen". Wichtiger – schon deshalb, weil sie sich in dieser Version durch die gesamte abendländische Kulturgeschichte zieht und untrennbar mit ihr verbunden ist – ist die zweite Version vom Heiligen Gral: der Kelch, aus dem Jesus beim letzten Abendmahl trank und in dem Joseph von Arimathia dann am Tag darauf das Blut des gekreuzigten Jesus auffing, und der deshalb und seitdem mit besonderer Wunderkraft ausgestattet ist. Der Überlieferung/Legende nach (und wie gesagt, sie ist nicht nur von außergewöhnlicher Bildkraft, sondern auch von einer bis heute wirkenden ganz außergewöhnlichen Symbolik, Stärke und Dauerhaftigkeit!) ist eben dieser bewußte Kelch später über Cyrene, Phenice (Kreta), Syracus (Sizilien), Rom, Marseille, Figeac, Limoges und Morlaix nach England gelangt.

Warum ausgerechnet nach England und nicht etwa, sagen wir, Rom, dem nachmaligen Zentrum des Christentums?

Nun, es bestanden zu jenen frühen Zeiten nachgewiesenermaßen enge Beziehungen zwischen England und dem Heiligen Land; später zu Kreuzzugszeiten waren sie religiöser Natur, aber auch zuvor gab es schon rege Handelsbeziehungen. Der griechische Geschichtsschreiber Diodorus Siculus, der als zuverlässig und seriös gilt, berichtet von lebhaftem Seehandel zwischen dem fernen Britannien, genauer: Cornwall, und Jerusalem, nämlich besonders mit Zinn. Dies im Sinn, mag gar nicht so abwegig erscheinen, daß als Gegenleistung zu solchen Zinnlieferungen auch einmal ein besonders schöner/wertvoller Kelch nach Britannien zurückkam, der sozusagen zu Glaubensfestigungsgründen und zur Verbildlichung/Veranschaulichung der neutestamentarischen Geschichte für das Glaubensvolk auf der Insel dienen sollte, oder überhaupt als aus diesem fernen Heiligen Lande stammend besondere Symbolik bekam/verliehen bekam... und aus dem Kelch aus dem Heiligen Land wurde dann quasi im Handumdrehen der Kelch "schlechthin" aus dem Heiligen Land, also der mit besonderer Bedeutung. Es ist denkbar, daß anfangs vielleicht nur gesagt wurde: in einem Kelch wie diesem fing auch Joseph von Arimathia das Blut des Heilands auf. In der nächsten Übermittlungsphase oder Generation war dann das "wie diesem" schon verkürzt zu "diesem"... So mag die Legende entstanden sein. Wenn man, wie gesagt, nicht wörtlich und direkt zu glauben bereit ist.

Im 12. und 13. Jh. jedenfalls war die "Tatsache" bereits so fest etabliert im Glaubensgut, daß sie bis in unsere Zeit hinein eigentlich keinem ernsthaften Zweifel mehr unterlag.

Angenommen also, es gab diesen Kelch, ob er nun der "echte" Heilige Gral war oder ein symbolischer oder zumindest vermuteter/geglaubter: was aber ist dann aus diesem so ganz ausnehmend bedeutsamen Gegenstand geworden? Man hat ihn ja wohl nicht irgendwo abgestellt. Und andere, bedeutend weniger "wichtige" Reliquien anderswo haben sich ja auch über viele Jahrhunderte bis in unsere Zeit erhalten.

Im 12./13. Jh. also begannen, siehe oben, die ersten einer langen Reihe von Gralsromanen zu erscheinen. (Noch in der angelsächsischen U-Literatur von heute vergeht kein Jahr, in dem nicht historische oder Fantasy-Romane um die Sagenwelt von König Artus und den Gral auf den Buchmarkt kommen – von Vulgarisierungen des Themas auf *Indiana Jones*-Art gar nicht zu reden.) Sie alle sind bis heute Gegenstand auch ernsthafter Forschungen nach dem historischen Wahrheitsgehalt geblieben. Bis heute

steht nämlich auch noch die Vermutung im Raum, daß es durchaus möglich – zumindest denkbar – sei, den Gralsschatz irgendwo in England noch zu entdecken – ob nun im Wortsinne eines "Schatzes" oder eben als den fraglichen heiligen Kelch. Die Vermutung hat deshalb noch immer Nahrung, weil es keinerlei Hinweise oder Berichte darüber gibt, was denn mit dem Gral geschehen, was aus ihm geworden sei. Gegen dieses totale Nichts an Verbleibensnachrichten ist die Sache mit dem Rheingold der Nibelungen geradezu aufgeklärt...

So wie die Dinge stehen, kann/darf jedenfalls vermuten, wer immer will, daß der Gral auf irgendeine mysteriöse Weise verschollen ist, daß also womöglich jemand aus irgendwelchen Gründen oder Umständen das Wissen um den Verbleib mit ins Grab nahm – freiwillig oder auch unfreiwillig! – und der Kelch (oder die Schatzkiste mit ihm) in irgendeinem Berg, einer Höhle oder sonstwo tief im Boden vergraben liegt und seiner systematischen oder auch zufälligen Entdeckung harrt: immer vorausgesetzt, es gab ihn auch wirklich, nicht nur als Vorstellung – und vor allem, es handelte sich dann auch um den "echten" historischen Kelch von Golgatha: falls es diesen überhaupt gegeben hat; denn bei keinem der vier Evangelisten, weder bei den Synoptikern Matthäus, Markus und Lukas, noch bei Johannes ist etwas davon berichtet, daß der Mann aus Arimathia namens Joseph das Blut des Gekreuzigten in einem Kelch aufgefangen habe. Alle vier berichten übereinstimmend nur: dieser Mann bat den Pontius Pilatus darum, den Toten vom Kreuz abnehmen zu dürfen, wickelte ihn anschließend in Leinwand und legte ihn zu Grabe... Aber aus solchem Stoff sind nun einmal "Welt-Rätsel" geschnitzt ...

Deshalb noch einmal etwas sachlichere Information zum Schluß:

Gral (zu altfranzösisch graal, eigentl. "Gefäß"): in der mittelalterlichen Dichtung ein geheimnisvoller, verschieden beschriebener sakraler Gegenstand (Schale, Kelch, Stein), der zusammen mit einer ebenso rätselhaften blutenden Lanze in einer tempelartigen Burg von Gralskönig und Gralsrittern bewacht wird.

Er ist "wundertätig", verleiht Glückseligkeit, ewige Jugend und spendet Speisen in unbegrenzter Fülle, außerdem hat er heilende Wirkung. Er ist nur dem Reinen erreichbar, der zu ihm berufen wird... Gralsdichtungen gibt es im altfranzösischen Raum, in England, in Wales, im altnordischen Sagenkreis und in der mittelhochdeutschen Literatur seit Wolfram von Eschenbach... Der Ursprung der Gralssage ist umstritten: Für die Erklärung von Schüssel und Lanze in französischen Texten werden folgende Quellen vermutet: 1. christliche Überlieferung (Symbolik der Eucharistie und der Messe), 2. keltische Erzähltraditionen (Märchenmotive, z.B. der Gral als Gefäß des Überflusses). 3. heidnische Fruchtbarkeitsriten (Schüssel als Symbol des weiblichen Schoßes, die Lanze als Phallussymbol), 4. das vieldeutig-dunkle Schrifttum des Hellenismus und der Spätantike ... Bereits die ältesten erhaltenen Fassungen zeigen die Sage durch Verbindung mit dem Artus- und Parzivalkreis so umgestaltet, daß ihre Heimat und nähere Form sich nicht mehr näher bestimmen lassen; wahrscheinlich aber sind auch arabisch-alchemistische Vorstellungen vom Stein der Weisen eingeschmolzen... Es mischen sich in der Gralssage bereits in den frühesten Fassungen orientalische und keltische Überlieferungen mit frühchristlichen Elementen... Bei Wolfram von Eschenbach in seinem unvollendeten Versroman "Parzival" ist der Gral ein vom Himmel gefallener Stein, den König Amfortas im Kreise von Tempelrittern auf seiner Burg Munsalvaesche (bei Wagner Monsalvat, vermutlich Mons Salvaticus, Berg der Rettung, vielleicht auch nur Mons Silvaticus, der bewaldete Berg) hütet und von dem er Heilung erhofft. Er wird Gralskönig und auch seine Nachkommen sind dazu bestimmt. Noch mehr als hier schon wird in Wagners Opernfassung des Stoffes das Gralsmotiv zum Ausdruck sakral getönter Erlösungssehnsucht...

Die Sache mit "Nessie"

"Nessie", das Ungeheuer von Loch Ness, tauchte keineswegs 1933 zum erstenmal auf, schon um 565 kam es "schreiend und brüllend" aus den Fluten. Wie zuverlässig sind Augenzeugenberichte? Weiterhin wird auf das erste wirklich scharfe Foto gewartet.

Eher für Tourismuswerbezwecke ist diese Illustration eines "freundlichen" Ungeheuers von Loch Ness (Schottische Tourismuswerbung/Baedeker)

Die "Sache mit Nessie" ist bekanntlich die inzwischen schon zum Ritual gewordene alljährliche Sauregurkenzeitgeschichte der gesamten Weltpresse vom rätselhaften Seeungeheuer von Loch Ness, seit sie 1933 zum erstenmal auftauchte: die "Sache"; ob "Nessie" selbst, ist bis heute allerheftigst umstritten. (Aber was in unserer modernen Welt gibt es schon, das nicht umstritten wäre – oder das man sich als umstritten richten könnte!)

Loch Ness: Ein See in Schottland (Loch ist hier kein Loch, sondern die schottische Bezeichnung für See).

In neuerer Zeit wird die Geschichte vom Ungeheuer von Loch Ness auch zunehmend ergänzt und flankiert von anderen geheimnisvollen Seetieren anderswo. Und zusammen mit der Sache vom Schneemenschen Yeti, dem "Abonimable Snowman", wie ihn die Amerikaner nennen, sind sie eine willkommene und angesichts des Gefräßigkeitsdranges der modernen Massenmedien und ihrer Mechanismen geradezu unentbehrliche Ergänzung des Geheimnis- und Rätselbedürfnisses der Menschheit. Übrigens haben im Gefolge des Yeti – den ja bekanntlich vor einiger Zeit auch Reinhold Messner gesehen haben will – schon seit längerem diverse Riesen-Affen-Urmenschen ihr ungeklärtes (Un)Wesen zu treiben begonnen. Da gibt es den "Bigfoot" oder "Sasquatch" in Amerika, und in China und Rußland und Alaska und sonstwo hat sich in der Zwischenzeit eine ganze Phalanx solcher angeblicher oder vermuteter, erfundener oder echter übriggebliebener sozusagen Menschen-Restposten aus früheren Evolutionsstufen etabliert: Arynk oder Arysa (der Steppenmensch), Kiltanya (Glotzauge), Girkytschwawlyn (Renner), Mirygdy (Breitschultriger), Teryk (Dämmerungsmensch), Tungu (Wildmensch), Wudewasa (Wolfsmensch), Rechem oder Dschulin (Spitzkopf), Silvestris (Waldmensch) und noch ein Rudel anderer: Alma, Khumjang, Orangdalam, Orangpedek, Sedapa, Tschutschuna ...und das Kino tut das Seine dazu, uns diese Gestalten anschaulich zu machen, ihnen "Erscheinung" und Vorstellbarkeit (und damit fast schon Realität!) zu verleihen... Das Frappierende an ihnen allen in schöner Gemeinsamkeit, von Nessie bis zum Yeti, vom Bigfoot bis zum Tschutschuna, ist indessen die seltsame Tatsache, daß sie alle zusammen aufs hartnäckigste keine scharfen Fotos hergeben. Da schwärmen das ganze Jahr über in sämtlichen, auch den abgelegensten Winkeln der Welt Divisionen von Pressefotografen (von den Amateuren gar nicht zu reden) mit den raffiniertesten, teuersten, das schier Unmögliche an Abbildung schaffenden Ausrüstungen und Filmen umher, aber nicht einem gelang bis auf diesen Tag endlich einmal ein scharfes Foto von einem dieser geheimnisvollen Wesen. Sonderbarerweise war immer gerade schlechtes Wetter oder die Ungetüme sind zu

weit weg oder das Wasser ist zu trübe oder das Überraschungsmoment war zu groß... Nichts auf dieser Welt entgeht den Fotoprofis der Agenturen und Illustrierten der ganzen Welt, die allesamt Woche für Woche nichts tun als nach der besonderen Story zu suchen und zu gieren – außer "Nessie" und Konsorten. Bekanntlich sind ja auch schon eigene Suchexpeditionen im Loch Ness gestartet worden (und statt Nessie selbst wurde dann der Bericht über die Suche nach Nessie zur Sensationsstory...!).

Nun, auch schon frühere Jahrhunderte waren voll von einschlägigen Untieren. Nur hatte man es damals noch wesentlich leichter. Es gab noch keine Fotografie. Zeichner werden mit solchen Sachen leichter fertig als Fotografen. So hatte beispielsweise die Illustrierte Zeitung, Leipzig, am 11. November 1848 diesen Bericht veröffentlicht – und keineswegs als Satire oder Sauregurkenzeitstory:

Den neuesten Beweis von dem Dasein der großen Seeschlange (Scoliophis atlanticus) hat soeben der Capitain der Fregatte Dädalus, M'Quhä, geliefert, der eine solche auf der Rückfahrt aus Ostindien zwischen dem Cap und St. Helena mit dem größten Theil seiner Offiziere und der Schiffsmannschaft gesehen hat: "Das Thier war 20 Minuten im Gesichtskreis der Fregatte und zog unter ihrem Stern durch. Sein Kopf ragte etwa 4 Fuß über das Wasser hervor und etwa 60 Fuß seines Leibes lagen in gerader Linie auf der Wasserfläche. Es wurde berechnet, daß noch 30-40 Fuß unter Wasser gewesen sein müssen, da es sich mit einer Schnelligkeit von 15 M. die Stunde fortbewegte. Der Durchmesser des sichtbaren Theils des Leibes waren etwa 16 Zoll; und als es die Kinnladen aufriß, die voll großer scharfer Zähne waren, schien der Rauch auch Raum genug zu haben, daß ein Mann wohl aufrecht darin stehen konnte." Aus seiner Mittheilung an die Admiralität geht hervor, daß dies am 6. August unter 24° 44'' südl.Br. und 9° 22' östl. L. bei trübem Wetter und heftigem Winde war; "die Farbe war dunkelbraun, am Halse gelblichweiß. Es hatte keine Flossen, aber etwas wie eine Pferdemähne oder vielmehr ein Bündel Seegras befand sich auf seinem Nacken." Die Zeichnungen, welche wir von diesem seltnen Ereignisse beizugeben im Stande sind, hat der Capitain M'Quhä für die Admiralität angefertigt, und er steht für ihre Zuverlässigkeit ein.

In Folge dieser Bekanntmachung richtete der Schiffsmeister J. Henderson an den Herausgeber des Globe ein Schreiben, worin der mittheilt, daß auch von der amerikanischen Brig Daphne am 20. September unter 4° 11' südl.Br. und 10° 15' östl.L. eine Seeschlange mit einem Drachenkopfe gesehen und in einer Entfernung von 80 Fuß mit Nägeln und altem Eisen danach geschossen worden sei. "Sie richtete sofort den Kopf in die Höhe und der Körper sank in die Tiefe, was offenbar zeigte, daß sie getroffen worden. Dessenungeachtet machte sie sich mit einer Schnelligkeit von 15-16 Knoten in der Stunde davon und die Daphne konnte sie nicht einholen.

Eine "naturgetreue" Zeichnung der amerikanischen Seeschlange. Illustrierte Zeitung, Leipzig, 1848

Der fossilen Seeschlange, welche Dr. A. Koch in Alabama gefunden und die später auch in Deutschland zur Schau herumgeführt wurde, werden sich unsere Leser wol noch aus Nr. 131 erinnern; ihr Geripp unterscheidet sich wesentlich von allen noch vorhandenen Schlangenarten; dennoch dient es dazu, den Volksglauben zu bestätigen, daß es noch heutigen Tages in den Meeren Ungeheuer gibt, denen man den Namen Seeschlangen beilegt.

Freilich wohl. Nur macht natürlich die Tatsache allein, daß eine Illustrierte im Jahre 1848 diesen Bericht veröffentlichte, die Sache noch nicht automatisch authentisch, nur weil der Bericht schon so ein ehrwürdiges Alter hat; genauso selbstverständlich, wie er andererseits nicht allein deshalb schon unglaubwürdig sein muß. Und so mag es auch mit "Nessie" sein.

Zurück also, oder vielmehr vorwärts aus dem Jahre 1848 zu unserer Nessie, die ja ein Geschöpf unseres Jahrhunderts ist.

Das heißt...

Angefangen hat die Sache, könnte man argumentieren, nicht erst 1933, sondern bereits 1400 Jahre früher, nämlich im 6. Jh. "Heißt es", jedenfalls...

Um 565 soll ein Schüler des irischen Heiligen Columbanus d.Ä. just in besagten Loch Ness hineingewatet sein. Zum Zwecke des Hinüberschwimmens ans andere Ufer, um dort für seinen Meister ein Boot zu holen. Und was passiert? Richtig, würden wir es sonst hier erzählen: "Plötzlich näherte sich, schreiend und brüllend, ein Monster, tauchte prustend aus den Fluten auf und Wasser quoll ihm aus dem furchteinflößenden Schlund."

Da haben wir's.

Wie aber kam der verschreckte Schwimmer aus der Gefahr heraus?

"So sehr der Jünger des Heiligen erschrak, der fromme Columbanus selbst verlor die Ruhe nicht. Vielmehr befal er dem Untier mit fester Stimme, sich zu entfernen. Dieser Befehl wurde befolgt."

Na also. Braves Untier. Beziehungsweise: wozu ist man heilig...

Das Untier muß wirklich gewaltig erschrocken sein. Oder der heilige Bann wirkte so lange.

Jedenfalls war nun einige Jahrhunderte lang Ruhe – mal angenommen; jedenfalls liegen keine weiteren Berichte vom Loch Ness vor, von den in den offenen Meeren sich tummelnden "Seeschlangen" der Leipziger Illustrierten abgesehen –, bis dann 1933...

275 m tief an seiner tiefsten Stelle ist der Loch Ness, dieses schmale Handtuch, dieser Strich von See, der zusammen mit dem Loch Linnie, dem Loch Lochy, dem Loch Arcaig und dem Loch Oich eine Art durchgehenden Kanal darstellt, welcher zwischen Inverness und Oban Nordschottland – die Highlands – mit gerade ein paar winzigen Landklammern nicht völlig zur abgetrennten Insel macht. Und es passiert also – es ist genau dokumentiert – am 22. Juli 1933, nachmittags um vier Uhr die "erschreckende Begegnung mit dem Ungeheuer von Loch Ness":

Das Ehepaar George Spicer ist von einem Schottlandurlaub in Richtung London unterwegs. Sie fahren am Südufer des Sees entlang, auf der Straße zwischen Inverness und Fort William, die in jedem Reiseführer als "zu den schönsten Panoramastraßen des Landes zählend" vermerkt ist. Und Mrs. Spicer erschrickt auf einmal sehr. "Etwas" hat sich unweit der Straße im Farnkraut bewegt. "Etwas Riesengroßes, Schlangenhaftes".

George Spicer gab später zu Protokoll, er habe zunächst an eine sehr große Schlange gedacht. Doch bald sei ihnen klar geworden, daß es keine Schlange sein könne. Das "Tier" hatte, hielten sie fest, einen "merkwürdig kleinen Kopf auf langem, dünnem Hals, der in einen massigen Leib überging. Außerdem: "Es hatte keine Füße oder Arme, sondern große Schwimmflossen". Wer sieht bei dieser Beschreibung nicht sogleich einen Dinosaurier entsprechender Art vor sich. Läßt sich denken, vorstellen, glauben, daß auch im Tierreich wie bei den Menschen, respektive Vormenschen, siehe oben, einige Exemplare "auszusterben vergessen" haben und "fröhlich weiterleben"; so etwa, wie es Christian Morgenstern dichtete?

Ein finstrer Esel sprach einmal zu seinem ehlichen Gemahl: ich bin so dumm, du bist so dumm, wir

Die Ähnlichkeit der "Nessie"-Rekonstruktion mit dem Körperbau dieser Plesiosaurier-Rekonstruktionen ist unübersehbar (Abb.: Lexikon der Vorzeit)

wollen sterben gehen, kumm! Doch wie es geht so öfter eben: die beiden blieben fröhlich leben.

Ist es ausgeschlossen, daß "Restposten" von Arten überleben, unter Umständen selbst 50 oder 70 Millionen Jahre lang, falls es sich bei "Nessie" also um einen Ichthyosaurier oder Plesiosaurier handeln sollte, worauf die meisten Beschreibungen hinauslaufen? Daran darf man zweifeln.

Aber absolut undenkbar muß es auch nicht sein. Dazu am Schluß noch lexikalische Feststellungen. So schwer das Tier – oder Untier, oder was auch immer – zu sein schien (das Ur-Zeugen-Ehepaar Spicer schätzte es auf 8-10 m Länge), so "ziemlich schnell" habe es sich gleichwohl auch an Land bewegen können. Obwohl es doch vom Aussehen her eher ein Wassertier gewesen sei: "Ohne Gliedmaßen, nur mit Schwimmflossen..." "Anscheinend" sei das "Wesen" aus Hunger an Land gekommen: "Denn in seinem Maul trug es ein junges, blutiges, offenbar totgebissenes Lamm."

Nun muß an dieser Stelle, ehe weitergeredet werden kann, der unausweichliche Satz von den Schwierigkeiten der Zeugenschaft kommen. Er trifft auf das Ehepaar Spicer zu wie auf Tausende vor und nach ihnen, die Stein und Bein schwören können, Nessie oder Yeti oder sonst etwas "wirklich" gesehen zu haben, was sie in vielen Fällen objektiv gar nicht gesehen haben können oder jedenfalls nicht so, wie sie es gesehen haben wollen; und ebenso trifft es jeden Tag tausendmal auf alle tausend Zeugen dieses Tages in den Gerichtssälen der ganzen Welt zu – jenes Phänomen nämlich, das Jurastudenten im ersten Semester lernen: die Subjektivität jeglicher Wahrnehmung. Ohne böse oder auch nur fahrlässige Absicht unterscheiden sich zuweilen fünf und mehr Wahrnehmungen vom selben Ereignis auf die radikalste und "unerklärlichste" Art voneinander. Und nicht nur generelle Skeptiker, sondern alle erfahrenen Juristen schrecken vor dem Wort "Augenzeuge" gerade dann schmerzlich zurück, wenn es besonders nachdrücklich betont und ins Feld geführt wird. Zurück zum Thema. Immerhin gibt es eine Menge angehäufter "Facts" (wenn es denn welche sind!), die es nun erst einmal zu referieren gilt.

"Starr vor Schreck" beobachteten die Eheleute Spicer also, wie das "Untier" wieder in den Fluten des Loch Ness verschwand, nämlich untertauchte. "Und die trüben Wogen glätteten sich wieder, als sei nichts geschehen."

Nun.

Im gleichen Jahr jedenfalls, also 1933, "gelang einem Arzt während seines Urlaubs am Loch Ness die wahrscheinlich erste fotografische Aufnahme des Monsters". Sie ist (sic!, siehe oben) nicht sehr deutlich und zeigt etwas, das man als einen mächtigen Hals ansehen kann, wenn man will, auf dem ein kleiner Kopf sitzt, sowie die aus dem Wasser ragende Rückenpartie des Tieres.

Der Arzt schätzte die Entfernung des "Ungeheuers" bei seiner Aufnahme auf 200-250 m. Sein Standort, sagte er, sei unweit von Invermoristan gewesen, auf der damals im Bau befindlichen Straße, an die 60 m über dem See.

Die Welt hatte ihre Sensation und ein schier endloses und so ergiebiges, weil von so vagen Informationen gestütztes heißes Diskussionsthema.

Diejenigen, die von den Gläubigen etwas herablassend "Rationalisten" genannt werden, brachten "ganz natürliche" Erklärungen vor:
"Unterwasserströmungen treiben Tangmassen zusammen, das Grünzeug fault unter Wasser, es entstehen Gase. Diese sind teilweise von Tang umschlossen, was dazu führt, daß Tangmassen an die Oberfläche getrieben werden und gewisse Formen vorspiegeln können."

Mag ja sein, halten die anderen, die es glauben wollen, dagegen: "Aber ist damals 565 der Schüler des heiligen Columbanus etwa von einer Tangmasse angegriffen worden? Und haben die Eheleute Spicer 1933 etwa ein Lamm schlagende und fressende Tangmassen gesehen? Wie? Und hat etwa Lachlan Stuart eine Begegnung

mit Tangmassen gehabt?"

Lachlan Stuart ist der nächste Haupt-Augenzeuge der Loch-Ness-Gemeinde. Er wollte, lautet der Bericht, eines Morgens im Jahre 1951 am Ufer des Loch Ness seine Kühe melken. Und es sei gegen 6.30 Uhr gewesen, als er zuerst eine Bewegung im Wasser wahrnahm. "Dann tauchten drei Höcker aus dem Wasser auf und strebten dem Ufer zu..."

In den sechziger Jahren notieren die Nessie-Dokumentaristen die ersten "bewegten Filmaufnahmen" des Loch-Ness-Tiers. Einem gewissen Tim Dinsdale "gelang ein Schmalfilm von 'Nessie'. Und er war von Stund an so begeistert von der Jagd nach Monster-Beweisen, daß er seinen gutbezahlten Beruf als Luftfahrtingenieur aufgab, sich ein kleines Boot kaufte und sich fortan ganz der Suche nach dem Ungeheuer vom Loch Ness widmete..."

Das mag ja eine bemerkenswerte Entscheidung für Mr. Dinsdale gewesen sein, beweiskräftig für Nessie ist es gleichwohl noch lange nicht. (Bei näherem Hinsehen stellt sich sowieso nicht selten heraus, daß oft sehr prosaisch-vordergründig-materielle Motive hinter plötzlichen Schatzsuchen, Monstersuchkarrieren und Seltsamkeitsentdeckungen sonstiger Art stehen. Doch auch dies nur nebenbei, der Vollständigkeit halber, nichts gegen Mr. Dinsdale.) "...Er war es wohl, der dann erste wissenschaftliche Bemühungen auslöste, eine Antwort auf das Rätsel von Loch Ness zu finden." (Auch das Wort "Wissenschaft" muß in solchen Berichten an solcher Stelle unweigerlich kommen.) Tatsache ist allenfalls, daß der Parlamentarier David James 1961 ein "Büro zur Erforschung des Loch Ness-Phänomens" gründete. Wenn Politiker schon "Büros" gründen, dann haben sie mit Sicherheit weniger Wissenschaft im Sinn als Publicity... Und siehe da: "Freilich, wirklich handfestes, überzeugendes Beweismaterial brachte das Büro nicht zustande."

Nächste Episode: "1969 erschien auch (aus rein "wissenschaftlichen" Gründen, versteht sich!) ein japanisches Fernsehteam am Loch Ness, ausgerüstet mit modernsten Unterwasserkameras. Aus den USA wurde ein Einmann-U-

Boot eingeflogen, und ein Forschungsschiff lauerte mit Nachtsichtgeräten und hochkomplizierten Tonaufnahmegeräten..." Und, und...? "Das Monster aber zeigte sich nicht."

Immerhin jedoch: "Das Tauchboot machte dennoch Entdeckungen, die von der wachsenden Schar der Loch-Ness-Monster-Fans begeistert aufgenommen wurden." Wenn auch Fan-Begeisterung ebenfalls nicht eigentlich beweiskräftig ist. "Vor Urquhart Castle erwies sich der See als zum Teil 60 m tiefer als bisher angenommen." Aha! "Es gab also weitaus bessere Möglichkeiten für ein Monster, sich zu verbergen, als bis dahin vermutet! Außerdem wurde eine geräumige Unterwasserhöhle ausfindig gemacht, die durchaus als Monsterunterschlupf geeignet wäre."

Jetzt geht es los.

"Ende 1975 nahm sich die Bostoner 'Akademie der angewandten Wissenschaften' Filmmaterial vor, das im Juni dieses Jahres aufgenommen worden war. Von einem Motorboot aus war eine Kamera in große Tiefen des Sees hinabgelassen worden. Während modernste Blitzgeräte Licht in das Dunkel des trüben Sees brachten, machte die Kamera zahllose Aufnahmen."

"Modernste" Blitzgeräte und "zahllose" Aufnahmen: da muß dann doch etwas daran sein, wie?

"Als nun diese Bilder der 'Akademie der angewandten Wissenschaften' in Boston genau untersucht wurden, zeigten sich erstaunliche Ergebnisse. So war ein Wesen aufgenommen worden, das anscheinend an die elf Meter lang war. Besondere Kennzeichen: ein etwa zweieinhalb Meter langer Hals. Farbe des Tieres: graubraun."

Über die Authentizität solcher "erstaunlichen" (was sonst!) Ergebnisse beziehungsweise der Art und Form, wie sie dann populärpublizistisch in die Öffentlichkeit kommen, weiß jeder, der einmal im Medienbetrieb tätig war, Bescheid.

"Die Bostoner Wissenschaftler von der 'Akademie der angewandten Wissenschaften' übergaben das umfangreiche Filmmaterial der NASA, die den Bildern mit modernster Computer-

Technik zu Leibe rückte."

Und siehe da: "Weitere Details wurden sichtbar."

Nämlich diese: "So zeigte eines der Bilder ein größeres Wesen, das nur umrißhaft zu erkennen war. Erstaunlich deutlich aber sah man eine große Flosse dieses Wesens."

Die modernsten Computer identifizieren also immerhin "ein größeres Wesen", allerdings auch nur "umrißhaft"...

Weiter: "Die 'Akademie der angewandten Wissenschaften' schickte nun ein zweites Forscherteam los, das wieder mit umfangreichem Filmmaterial zurückkehrte. Am überzeugendsten war ein Foto: Das extrem starke Blitzlicht ließ unzählige winzige kleine Schlammpartikel wie Sterne einer gigantischen Milchstraße aufleuchten. Doch interessanter als dieser Lichteffekt war am linken Rand des Bildes der massige, plumpe Leib eines anscheinend sehr großen Tieres. Zwei bein- oder flossenähnliche Glieder waren auszumachen sowie ein langer, leicht gekrümmter Hals mit einem winzig kleinen, sich kaum vom Hals abhebenden Kopf."

Falls es also einer war, wollen wir doch vorsichtshalber hinzufügen.

Von diesem Kopf selbst liege eine weitere Aufnahme vor, "sozusagen eine leicht unscharfe Porträtaufnahme des Ungeheuers von Loch Ness".

Es ist aber auch verhext. Kaum geht es ins Detail, werden die Porträts unweigerlich unscharf...

"Der berühmte Zoologe und Publizist Sir Peter Scott, Experte auf dem Gebiet der Tierzeichnung, fertigte nach diesem Foto eine beeindruckende Zeichnung an."

Bleiben wir mal widerspenstig. Der Tierzeichner mag so berühmt und Experte sein, wie er will, was er zeichnet, mag beeindruckend sein oder nicht, der Beweis für Nessie ist es trotzdem nicht; sondern allenfalls Hypothese, Vorstellung, Möglichkeitsandeutung oder schlicht und einfach ein Auftrag.

"Neben einem kleinen ohrähnlichen Fortsatz sieht man zwei schmale, dünne Höcker oder Hörner. Eine Ähnlichkeit mit den Fühlern von Schnecken liegt vor. Seltsam mutet die Haut des

Tieres an. Sie weist eine eigenartige Musterung auf, wahrscheinlich handelt es sich dabei um eine netzförmige Äderung."

Auch die künstlerische Freiheit eines Tierillustrators nach einem notabene trotz "extrem starker" Blitze "umfangreichen" Filmmaterials und "modernster Computerbearbeitung" nur "unscharfen" Fotos taugt nun einmal noch nicht als Tatsachenbeweis ...

"Und nicht nur Fotos des Monsters selbst wurden zutage gefördert. Es zeigte sich auch, daß der Loch Ness ganz anders aussieht, als man sich landläufig einen See vorstellt."

Nämlich so: "Der Loch Ness ist keineswegs eine sozusagen aus dem Erdboden ausgehobene Badewanne. Vielmehr besteht sein Boden aus einer unübersichtlichen Schluchtenlandschaft mit steil und tief abfallenden Seitenwänden. Tiefe Gräben durchziehen den See, mit zahllosen Nebenabzweigungen. Unbekannt ist darüberhinaus, wieviele Unterwasserhöhlen sich wohl auf dem Grund des Sees befinden mögen."

Ist dies also der (mögliche) "Beweis" für die (mögliche) Existenz Nessies?

"Das angesehene wissenschaftliche US-Blatt 'Technology Review' jedenfalls kommt zu positiven Ergebnissen: Die Fotos der 'Akademie der angewandten Wissenschaften' belegten, daß es tatsächlich so etwas wie ein Monster von Loch Ness gebe. Die verschiedenen Fotos seien in sich schlüssig und ergäben ein übereinstimmendes Bild mit Belegen dafür, 'daß es im Loch Ness eine Spezies eines großen Wasserlebewesens gibt'."

Ja, wenn das so ist.

Wörtlich heißt es weiter: "Obwohl wir nicht den Anspruch erheben können, zoologische Experten zu sein, können wir doch keine Kombination von Phänomenen finden, die diese Daten auf

Die Leipziger Illustrierte von 1848 illustrierte ihren Bericht über den Capitain M'Quhä und den Schiffsmeister Henderson mit dieser Abbildung "nach Hans Egedes Werk von 1740"

andere Weise erklären helfen könnten als eben der, daß ein großes Lebewesen den Loch bewohnt. Nicht einmal die Fachwelt konnte in unseren Augen eine plausible Erklärung anbieten. Darüber hinaus verfügen wir über Untersuchungsergebnisse, die darauf schließen lassen, daß die Verhältnisse im Loch Ness durchaus so beschaffen sind, daß solche Tiere hier lebensfähig wären."

("Falls nachgewiesen würde", heißt das ungefähr im Klartext, "daß schwarz weiß ist, würden auch wir uns überlegen, dieser Ansicht zuzustimmen.")

Weiter: "Sir Peter Scott ging noch einen Schritt weiter und verabreichte dem See-Ungetüm einen wissenschaftlichen Namen: *Nessiteras rhombopteryx* – Ness-Lebewesen mit Flossen in Rautenform."

Womit eindeutig bewiesen wäre...

Nein, nichts ist bewiesen.

"Dennoch verstummen die Stimmen der Skeptiker nicht, die eine sogenannte 'natürliche' Erklärung suchen. Es sieht so aus, als ob selbst die phantastischsten Lösungen angeboten werden, nur um die Existenz eines großen Wassertiers im Loch Ness zu leugnen."

(Die übliche Technik wird fortgesetzt: entsprechende Negativadjektive für alle Ungläubigen.)

"So hieß es allen Ernstes: Bei den Unterwasseraufnahmen geriet ein altes Wikingerschiff ins Bild, der vermeintliche Körper des Tieres ist nichts anderes als der Rumpf dieses Schiffes, und die Aufnahme des angeblichen Kopfes der Bugsteven. Diese Deutung erscheint unwahrscheinlich."

Das mag sie schon sein. Aber deshalb ist auch diese Feststellung noch lange nicht tauglich als Nessie-Beweis.

"Was aber ist das Ungeheuer von Loch Ness? Ein Wal, ein Delphin oder eine Robbe? Abgesehen davon, daß das Wasser für Säugetiere zu kalt ist, sind diese Tiere wesentlich aktiver, würden sich also auch häufiger zeigen."

Die rhetorische Schlußfrage also: "Oder sollte es sich um einen Saurier, vielleicht einen Plesiosaurier, handeln? Diese Gattung gilt nun aber schon als vor 70 Millionen Jahren ausgestorben.

Freilich, auch der Quastenflosser galt als längst ausgestorben – bis man 1938 im Indischen Ozean vor der Küste Afrikas ein Exemplar fing."

Ganz tauglich ist dieser Vergleich (unten zum Schluß ist ausführlich die Rede davon) hier zwar nicht (denn den Quastenflosser hat man immerhin "wirklich" und tatsächlich entdeckt und gefangen), doch weiter:

"Vielleicht geschah es vor 10-15 000 Jahren: Die Eisdecke der letzten Eiszeit schmolz, auf der nördlichen Erdhalbkugel stiegen die Wasserspiegel der Seen. Schluchten wurden zu Tälern, Täler wurden überflutet. Wurden einige Exemplare der Gattung Loch-Ness-Monster, was immer sie zoologisch waren, als die Wasserspiegel wieder sanken, im Loch Ness vom 'Fluchtweg' abgeschnitten? Was das Monster von Loch Ness auch immer ist, eine Erfindung der Presse unserer Tage ist es nicht – weil es das Rätsel um dieses Tier schon seit der Mitte des 6. Jahrhunderts gibt."

Immer vorausgesetzt, diese alte Legende von 565 ist keine und im übrigen nicht überhaupt der Anlaß für die Neu-Erfindung (also gut: Neu-Entdeckung) Nessies gewesen ...

Ein anderer Punkt bleibe sowieso dahingestellt und nur der Vollständigkeit halber angefügt: Wenn es sich also, "nach den jüngsten Forschungsergebnissen" bei Nessie um so etwas wie einen, siehe Abbildung, Plesiosaurier handeln sollte - die "moderne Rekonstruktion" gleicht ziemlich genau der üblichen wissenschaftlichen Darstellung von Plesiosauriern –, wie konnte dann das Ehepaar Spicer dieses auch nach seiner eigenen Aussage reine Wasser-Flossentier an Land beim Schafereißen sehen und der Kühemelker es mit Rückenhöckern, die kein Plesiosaurier aufweist? Gut, das mögen "Details" sein. Aber es geht ja schließlich um solche.

Der Sachlichkeit halber zum Schluß aber doch noch die folgende lexikalische Auskunft, die auf seriösere Weise als die bisherige Nessie-"Forschung" und der Nessie-Medienrummel zumindest nicht ausschließt und die Möglichkeit offen läßt, daß es Nessie "grundsätzlich" durchaus geben könnte – wenn natürlich auch kaum als Einzelexemplar. (Dieser Punkt ist ja ein weiterer, der von den Nessie-Fans aller Güteklassen immer unter den Tisch gekehrt wird: Wie soll eigentlich ein einziges Exemplar einer Tierart Jahrhunderte, wenn nicht Jahrtausende überleben? Wie soll man sich das vorstellen? Hat Nessie das ewige – sehr einsame! – Leben? Wenn nicht – weil das kaum anzunehmen ist – müßte es dann nicht – mindestens! – zwei Nessies geben, nämlich ein fortpflanzungsfähiges Paar? Oder ist Nessie wirklich die allerletzte ihrer Gattung? Wenn aber ja: seit wann schon? Und wann müßte dann mit ihrem natürlichen Ableben gerechnet werden...?)

Lebende Fossilien: Pflanzen- oder Tiergruppen, die sich über Jahrmillionen ohne wesentliche Veränderungen erhalten haben. Eines der berühmtesten Fossilien ist Latimeria, der einzige heute noch lebende Coelacanthier (= Quastenflosser). Coelacanthier finden sich häufig in mesozoischen Schichten und verschwinden aus dem Fossilbestand mit dem Ende der Kreidezeit.

Die Entdeckung einer lebenden Gattung der Coelacanthier vor den Küsten Südafrikas und Madagaskars ergab die unschätzbare Gelegenheit, die Anatomie einer bis dahin nur fossil bekannten Tiergruppe genau zu untersuchen. Lebende Fossilien geben Aufschluß über die Phylogenie verwandter Gruppen; ihre weitgehend unveränderte Morphologie ist das Ergebnis einer mehr oder weniger konstanten Um-welt, oft über lange Zeiträume hinweg. Beispiele für lebende Fossilien kennt man unter Wirbeltieren, Wirbellosen und Pflanzen.

Die Brückenechse Neuseelands (Sphenodon punctatus) – noch vor kurzem von der Ausrottung bedroht – ist heute gesetzlich geschützt. Sie ist die einzig überlebende Art einer Ordnung diapsider Reptilien, die in der Trias weitverbreitet und vielfältig auftreten, danach jedoch an Bedeutung und Zahl verlieren. Sphenodon zeigt große Ähnlichkeit mit ihren triassischen und jurassischen Verwandten (z.B. Homoeosaurus) und scheint seit dem frühen Mesozoikum praktisch unverändert überlebt zu haben.

Als Beispiel einer wirbellosen Dauergattung sei Neopilina galathea, ein Weichtier, angeführt; sie gilt als einzig rezenter Vertreter der napfschneckenähnlichen Weichtierklasse Monoplacophora. Vor der Entdeckung im Jahre 1952 durch die dänische Galathea-Expedition in mehr als 3000 m Tiefe vor der pazifischen Küste Mexikos kannte man die Monoplacophoren nur aus kambrischen bis devonischen Schichten ... Araucaria (beispielsweise Araucaria excelsa, "Zimmertanne") und Ginkgo sind ebenfalls lebende Fossilien aus der Pflanzenwelt.

Die Ginkgotae mit ihren zerschlitzten Blättern sind im Mesozoikum weltweit verbreitet; heute existiert nur noch eine Art (Ginkgo biloba), die wildwachsend nur in Teilen Chinas und in Japan vorkommt. (Lexikon der Vorzeit)

Das Einhorn –
Symbol und Märchenwesen

*Das Horn des Einhorns ist wertvoller als
ganze Städte. Kann es reiner Zufall sein, daß das
Einhorn in so weit entfernten Kulturen wie
China und Europa gleichermaßen bekannt war?
Existierte es wirklich, oder ist es eine fabulöse
Abwandlung des Narwales?*

*Ist das Einhorn eine "Land-Version" des Narwales mit seinem Horn? Diese Darstellung
stammt aus Gessners Thierbuch von 1563*

"Das Fabelwesen Einhorn gibt es!"
Mit dieser einigermaßen erstaunlichen Feststellung wandte sich kein Geringerer als Isidorus, Erzbischof von Sevilla, an die europäische Öffentlichkeit.

Die Stimme des hochrangigen Geistlichen hatte zu seiner Zeit natürlich Gewicht, so wie die Tatsache an sich von Bedeutung ist, daß ein Erzbischof höchstpersönlich im 7. Jh. eine Äußerung zum Thema Einhorn von sich gab.
Er hatte aber wohlüberlegte Gründe.

Zu jener Zeit hatte die Kirche arg mit Sekten und Sektierern zu tun, die die orthodoxe Lehre anzweifelten. Da werde, wie ein Wissenschaftler feststellte, "ein Erzbischof keine heidnischen Legenden in die Welt setzen, um nur noch mehr Unsicherheit zu schaffen. Nein: wenn der Erzbischof behauptet, daß es das Einhorn gibt, dann heißt das: er hat selbst daran geglaubt."

Was wußte der Erzbischof Isidorus über das sagenumwobene, rätselhafte Einhorn zu berichten? "Eine Jungfrau muß das Tier dazu bewegen, ihr den Kopf in den Schoß zu legen. Dann läßt es alle Heftigkeit fahren und schläft ein."

An dieser Stelle gleich einmal ein Überblick über die Symbol-Breite des Einhorns.

Lexikon der traditionellen Symbole:

Einhorn, das lunare, weibliche Prinzip, zu dem der Löwe das männliche Gegenstück ist; Keuschheit, Reinheit, Jungfräulichkeit, das vollkommene Gute, Tugend und Stärke des Geistes und des Körpers, Unverderblichkeit. Da beim Einhorn die beiden Hörner in einem vereint sind, symbolisiert es die Vereinigung der Gegensätze und ungeteilte Herrschermacht. Bisweilen steht auf Darstellungen des Lebensbaums zu beiden Seiten ein Einhorn als Wächter. Der Streit zwischen dem Löwen und dem Einhorn verkörpert die solaren und lunaren Kräfte und die Gegensatzpaare. Das Einhorn ist ein "Wasserprüfer"; sein Horn kann Gift im Wasser aufspüren und unschädlich machen.
Ägypten: *Alle moralischen Tugenden.*
Alchimisten: *Das Einhorn ist das Quecksilber, wozu der Löwe als der Schwefel das Gegenstück ist.*
China: *Häufig gleichgesetzt mit dem Quilin, einem*
der vier Geistbegabten Geschöpfe. (Quilin: das chinesische Fabelwesen, das auch bisweilen Einhorn genannt wird; es ist die Vereinigung der Kräfte yin und yang, qui steht für die männliche und lin für die weibliche Kraft.) Das Horn des Einhorns ist ein Glückszeichen für den Kaiser.*
Christlich: *Christus; "Horn der Erlösung"; das Horn als Gegenmittel zu Gift symbolisiert die Macht Christi, die Sünde zu vernichten; das eine Horn deutet auf das Einssein von Christus mit dem Vater oder auf Christus als den eingeborenen Sohn Gottes. In seinem Symbolgehalt von Reinheit, weiblicher Keuschheit und Jungfräulichkeit ist es ein Attribut der Jungfrau Maria und ein Sinnbild aller moralischen Tugenden. Als Einzelgänger verkörpert es klösterliches Leben; es ist ein Attribut der Heiligen Justina von Antiochien und Justina von Padua.*
Daoisten: *Eines der daoistischen Hauptsymbole; in Gestalt des Quilin die Essenz der fünf Elemente und Tugenden.*
Griechen/Römer: *Die Horngestalt der Mondsichel. Das Einhorn ist ein Attribut aller jungfräulichen, aller Mondgöttinnen, besonders aber von Artemis/Diana.*
Heraldik: *Es hat den Kopf und den Körper eines Pferdes, den Schweif eines Löwen, die Beine und Hufe eines Hirsches und mitten auf der Stirn ein gedrehtes Horn; es verkörpert zusammen mit dem Löwen die Macht des Mondes und der Sonne.*
Iran: *Vollkommenheit, alle moralischen Tugenden.*
Jüdisch: *Königtum, Körperkraft, Macht.*
Sumero-semitisch: *Lunar, ein Attribut jungfräulicher Göttinnen und abgebildet mit dem Baum des Lebens.*

Lexikon der christlichen Symbole:

Einhorn: Seit Ktesias (um 400 v. Chr.) von der Existenz eines eselähnlichen Pferdes mit einem heilkräftigen Horn berichtet, das wild und nur von Jungfrauen zu fangen sei; seit Plinius ihm den Leib eines Rosses, den Kopf eines Hirsches, den Fuß eines Elefanten, den Rüssel eines Wildschweins und ein aus der Stirn hervorragendes zwei Ellen langes schwarzes Horn zuschrieb, unter dem ein Karfunkelstein wachse, der alle mit ihm bestrichenen Wunden heile, und auch das Herz dieses Tieres als Heilmittel bezeichnete, ist nicht nur seine Existenz als Symbol für Apotheken gerechtfertigt. Die im Alexanderroman wie im Physiologus breit ausgemalte, von Isidor v. Sevilla ausführlich nacherzählte und in viele mittelalterliche Bestiarien übergegangene Beschreibung der Einhornjagd drang auch sehr bald in christliche Symbolvorstellungen und -darstellungen ein: Man kann das Tier wegen seiner Stärke nur durch List fangen. Daher bringt man eine Jungfrau in die Nähe der Stätte, wo es sich aufhält. Sobald das E. die Jungfrau gewahrt, legt es sich friedlich in deren Schoß, schläft ein und kann dann leicht überwältigt werden. So wurde das E. zum Symbol von Reinheit und die Einhornjagd durch den Erzengel Gabriel – wie auf vielen Teppichen und Miniaturen und z.B. auch auf einem Kapitell in St.Regnobert, Caen, zu sehen – zum Sinnbild der unbefleckten Empfängnis des Christuskindes durch Maria ... Neben dieser Rolle in der marianischen Typologie figuriert das E. auch als Symbol für Christus selbst, den Reinsten der Reinen, oft auch in einem Wortspiel mit dem "Eingeborenen" Sohn Gottes: "Die Einhörner sind gerecht, und vor allen anderen Jesus Christus, der gegen seine Gegner mittels seines Kreuzes wie mit einem Horn kämpft; in diesem Horn ruht unsere Zuversicht" (Pseudo-Johannes Chrysostomos). Teilweise basierte die Herausstellung des E. auch auf mißverstandener Bibelübersetzung ....

Lexikon der Symbole:
Das Einhorn, ... bekannt von Ostasien bis zur mittelalterlichen Rittersage, ist im Licht des indischen Mythos ein Sinnbild der Lingham-Energie, der männlichen Zeugungskraft. In der Minnedichtung und der damit verbundenen Malerei ist das "Roß mit dem mächtigen Horn auf der Stirn" das stärkste, unaufhaltsamste aller tierischen Geschöpfe. Nur wenn es "eine reine Jungfrau sieht", wird es zahm und legt sich vor ihr nieder: Das in der Ritterkultur zwischen Indien und Westeuropa über alles verherrlichte weibliche Element der Welt wird hier als Ziel aller schöpferischen Kräfte des männlichen Bewußtseins angenommen.

Ist das Fabelwesen aber vielleicht gar keines? Oder hat es reale Vorbilder? Als "Sonderzüchtungen" vielleicht? Ein neuerer amerikanischer historischer Roman beispielsweise arbeitete mit dem ganz originellen Einfall, Kaiser Nero habe einen Tier-Gladiator mit dem Befehl nach Afrika gesandt, ihm das Horn eines Einhorns zu bringen und nicht eher zurückzukehren, bis er eines habe; er solle sich aber nicht einfallen lassen, die "üblichen" Hörner von Nashörnern zu bringen und als Einhorn-Hörner auszugeben. Und der Tier-Gladiator bekommt von einem afrikanischen Vertrauten einen Tip. Sie fangen die Lämmer einer bestimmten Gazellenart und bandagieren deren wachsende Hörner so, daß sie mit der Zeit geradeaus und umeinander gedreht so wachsen, wie man sich eben einen Einhornspieß vorstellt. Und es funktioniert...

Kann das einst tatsächlich etwas dergleichen gewesen sein, was ein "echtes Einhorn" erzeugte? Der frühe Tierforscher Konrad Gessner war überzeugt, daß es an der Existenz des Einhorns keinen Zweifel geben könne; wenn noch Fragen bestünden, dann allenfalls, ob es eine einzige Art Einhorn gebe oder verschiedene Einhornfamilien: "Ob es vielleicht mehr Arten Einhörner gibt als eine, und deshalb so vielerlei Gestalten des Einhorns von vielen beschrieben werden..." Und er faßte zusammen, was alle Einhornarten gemeinsam hätten: "Schnelle Beine und Schenkel, Pferdeleib. Manche haben einen Löwenrachen. Seine Wohnung hat es gern im hohen Gebirge und in Wildnissen. Es hat eine grausame und schreckliche Stimme, die mit keinem anderen Tierschrei verglichen werden kann. Es ist auch überaus stark. Es ist ein ganz freches, wildes, unzahmes Tier und von der Art, daß es, ist es einmal alt, nicht mehr lebend gefangen werden kann. Ist es aber noch jung, so kann es gezähmt werden. Es muß dann aber zweijährig gefangen werden. Denn ist es einmal älter, so zerfetzt, zerknirscht es alles, was Fleisch hat. Es läßt sich lieber umbringen als fangen..."

Und der britische Naturkundler Guillim ließ sich im "Display of Heraldry", einer Abhandlung über Wappenkunde, ebenfalls apodiktisch sachkundig vernehmen: "Ein Einhorn läßt sich niemals von einem Jäger einfangen."

Überhaupt wird das Einhorn in Europa, der oben beschriebenen Symboliken ungeachtet, oft auch als bösartig beschrieben (wie nicht zuletzt auch in unserem Grimm-Märchen vom Tapferen Schneiderlein!).

Das Hauptmerkmal ist jedenfalls in aller Regel die Pferdeähnlichkeit. Doch es gibt auch ganz andere Einhorndarstellungen, nicht zuletzt in der sakralen Kunst des Mittelalters (mit deutlich erotischen Symbolismen übrigens); in diesen sieht das Einhorn eher ziegenartig aus, und sein Horn ist auch nicht weiß, sondern braun. Gerade dieser Vergleich mit dem meckernden Tier aber könne durchaus, meinen manche Forscher auch heute noch, auf einen Tatsachen-Ursprung der Geschichten vom Einhorn hinweisen: "...daß es einmal so etwas wie ein Einhorn gegeben haben könnte. Denn wer sich ein Fabelwesen ausdenkt, ein monströses, furchteinflößendes Tier erfindet, greift sicher nicht zu einem doch eher läppischen Vergleich mit einer Ziege. Ein Wesen mit Pferdeleib, Ziegenkopf und Horn auf der Stirn ist wohl denkbar ungeeignet, Furcht zu erwecken..."

Steuert dies also etwa doch auf die erwähnte originale Erfindung in dem amerikanischen Roman zu? Könnte es sein, daß in dieser Version eines künstlich erzeugten Einhorns aus einer Gazellenart ein gewisser Tatsachenkern steckt? Auch die Chinesen, siehe oben, kennen das Einhorn aus alter Mythologie und Symbolik, und ebenfalls als pferdeartiges Tier, jedoch mit einem Kopf, der eigentlich nicht pferdeartig ist, und mit einem Stirnhorn.

Die Frage ist oft gestellt worden, ob so ein Zufall möglich wäre, wenn es sich um eine rein erfundene Symbolfabel handelte: daß in so weit entfernten Kulturen, wie das einst China und Europa waren, gleiche Vorstellungen von einem "Fabelwesen" dieser Art entstehen konnten.

Nun, so unmöglich – wie man aus neueren Erkenntnissen kultur- und kontinenteübergreifender Kontakte inzwischen weiß – ist dergleichen auch wieder nicht. Doch auch diese Annahme ist in diesem Fall Theorie, weil nicht nachweisbar. Ein ausgestorbenes Tier vielleicht? Immerhin gibt es ja bis heute ein "Einhorn der Meere": den Narwal.

Weiter. Auch König Jakob von England (1566-

1625) hatte keinen Zweifel, schenkte allen alten Berichten Glauben und nahm das Einhorn in sein Wappen auf. Als er seine Politik gewaltsam durchsetzen und Schottland mit England vereinigen konnte, machte er das Einhorn zum Wappentier Englands. Dies war eine Geste, die eindeutig auf die alten symbolischen Überlieferungen zurückging, welche bis ins 7. Jh. reichen und in denen das Einhorn als mythischer Rivale des Löwen beschrieben wurde: beide sollen die Vorrangstellung im Tierreich für sich beansprucht haben (wie England und Schottland damals, die beide die Vorherrschaft für sich wollten).

Ein anderes Argument derjenigen, die sich nicht damit begnügen wollen, daß das Einhorn eine reine Fabel-Erfindung sei, sondern einmal existiert oder zumindest eine Art Vorbild gehabt habe (eben vielleicht den Narwal: "Wenn ein Meeres-Einhorn existiert, liegt es dann nicht nahe, daß es auch eines auf dem Lande...?"), ist dieses: daß alle Tiere, die sonst für bestimmte Eigenschaften stehen, auch real existieren; allen voran der majestätische Löwe, Symbol für Stärke, Macht und Kraft. Seltsam, so die Zusatz-Argumentation dazu, sei auch, daß das Einhorn in der Symbolik einerseits für Reinheit und Unschuld steht, ihm andererseits aber oft sehr handfeste Interessen gelten: womöglich finanzielle.

1754 vermerkt ein "Buch von den Einhornen" ganz zutreffend:

"...daß das Untier in der Natur zu finden sei, ist noch ungewiß und strittig. Die Indianer melden indessen, daß in Amerika ein großes Tier, ein Pferd mit einem Horn, gefunden werde, und vielleicht mag es dieses sein. Das Horn von diesem Tiere halten Kaiser und Könige höher als Gold und Edelsteine, indem es überaus gut ist, aber man bekommt selten ein rechtes..."

Siehe oben: Nero, der auch schon viele "nicht rechte" bekommen hatte, sondern höchstens Nashornhörner und nun aber endlich mal ein wirkliches wollte. Und weil der Tier-Gladiator bei Todesstrafe dazu vergattert worden war, erfand/züchtete er für Nero eines. Tatsachenkern? Möglichkeit?

Schon damals, zur Zeit des Buchs von den Einhornen, spielte dies eine Rolle: Man sei gewarnt, es gebe auch zahlreiche Fälschungen. Zu jener Zeit sind natürlich die Möglichkeiten, Fälschungen sicher festzustellen und zu erkennen, noch beschränkt. So werden selbst Lederstücke, die angeblich von Einhörnern stammen, teuer gehandelt. Stiefeln aus "Einhornleder" werden heilsame Wirkungen zugeschrieben, nämlich "gesunde Beine und Bewahrung vor der Pest". Diverse Medikamente – falls man also nicht sagen will: "Zaubermittelchen" – werden angeblich unter Beimengung von Einhornleder angerührt. Eigelb mit Einhornleder soll vor Aussatz bewahren. Und dergleichen mehr. Selbst noch in der seriösen Heilkunst von damals werden ja allerlei "Naturprodukte" verwendet, die uns heute höchst seltsam vorkommen, vom Krötenschweiß bis zu Schneckenaugen und mehr. Ganz besonders begehrt aber ist natürlich das Hauptmerkmal des Einhorns, nämlich das Horn, die Zierde seiner Stirn. Pulver aus "Einhorn-Horn" wird beispielsweise als neutralisierendes Element gegen Gift gehandelt, zur Vorbeugung. Und das treibt selbstredend die Preise in die Höhe. In England wie in Holland gibt es regelrechte Preislisten für Einhorn-Horn. Ein solches Horn kann soviel wert sein wie eine ganze Stadt; ein wahrhaft horrender Preis, selbst wenn man von einem halben Meter Länge ausgeht, die solch ein Einhorn-Horn indischen Berichten zufolge im Durchschnitt messe. Versteht sich, daß nur noch Könige, Kaiser und Päpste sich derartige Preise leisten können und ihre Einhorn-Hörner ehrfurchtsvoll weitervererben.

Und wieder, gerade weil dies Berichte aus zwei seefahrenden Nationen – England und Holland – sind die Vermutung: könnte es sich bei den gehandelten Einhorn-Hörnern nicht tatsächlich um die Stirnhörner von Narwalen handeln? Dafür spricht am Ende doch die größte Wahrscheinlichkeit.

1598 berichtete der deutsche Reisende und Rechtsgelehrte Paul Hentzner, daß sich unter den herrlichen Schätzen der Kronjuwelen der britischen Königin Elizabeth I. ein selten schönes Stück von einem Einhorn-Horn befinde: "Es soll hunderttausend Pfund Sterling wert sein und wird dementsprechend im Tower besonders bewacht."

Dennoch ging dieses kostbare Stück verloren. Auch Papst Clemens VII. übergab Franz I. von Frankreich ein Einhorn-Horn; nicht ohne ebenfalls darauf hinzuweisen, daß es viele Fälschungen gebe, dieses hier aber selbstverständlich keine solche, sondern echt sei. Es war sein standesgemäßes Geschenk anläßlich der Vermählung von Katharina von Medici mit dem künftigen Heinrich II.

Seit dem 7. Jh. gab es die Einhorn-Legenden, und sie nahmen naturgemäß im Laufe der Jahrhunderte immer ehrfurchtsvollere und geheimnisumwittertere Formen an. Das ganze Mittelalter hindurch bewahrte sich die Geschichte so den Reiz des Rätselhaften und Geheimnisvollen. Doch mit der Zeit wuchs das Bedürfnis nach "authentischen" Berichten. Und so tauchten dann "Teile von Einhorn-Hörnern" auf, meistens aus Leder und Horn, wobei die tatsächlichen Lieferanten dafür Nashörner und Elefanten waren, sowohl mit Leder wie Hörnern oder zurechtgeschnitzten Stoßzähnen. Und noch einmal: sicherlich war auch so manches Einhorn-Horn tatsächlich ein Narwalhorn.

Und eben dies gilt auch in der Forschung heute als Mehrheitsmeinung, weil eben am wahrscheinlichsten und überzeugendsten. Und es wäre als Wahrheitskern nach der Überzeugung des Erzbischofs von Sevilla im 7. Jh. das Nächstliegende.

Der Vollständigkeit halber sei noch eine Variation angefügt, die in die Richtung der "künstlichen Züchtung" geht:

1933 versuchte der amerikanische Biologe Dr. Franklin Dove ein Einhorn – wie soll man das nennen: herzustellen, zu züchten, zu erschaffen? Er operierte ein Ayrshire-Rindskalb, das erst einen Tag alt war. Er entfernte beide Hornwurzeln und pflanzte sie in der Stirnmitte zusammen wieder ein. Und tatsächlich wuchs ein einziges Horn in der Stirnmitte des Rindes. Nur, das Tier blieb eben ein Rind und das Horn ein Rinderhorn und wurde nicht annähernd ein gedrehtes, gerades Einhorn auf einem grazilen, pferdeartigen Kopf... Die Sache ließ dann auch den berühmten Zirkus Ringling Bros., Barnum & Bailey nicht ruhen, der als Sensation ankündigte, dem Publikum echte Einhörner vorzuführen.

Empörte Tierschützer erhoben den Vorwurf des Betrugs und der Tierquälerei. Ziegen seien Kuhhörner implantiert worden. Was es auch war, auch die Ringling-Zirkus-Einhörner sahen nicht annähernd wie die Vorstellung vom Einhorn aus.

Und heute gibt es eine andere Möglichkeit: die Gentechnologie. Es scheint bei dem heutigen Stand dieser Wissenschaft quasi ein leichtes zu sein, ein Tier mit der Gentechnologie zu erschaffen, in dem man das jahrhundertelang beschriebene "Phantasiewesen" Einhorn erkennen könnte. Nun, ganz so leicht ist es nun auch wieder nicht; und außerdem würde das inzwischen genügend sensibilisierte öffentliche Bewußtsein dafür, daß wissenschaftliche Hybris nicht alles tun darf, was möglich scheint, sicherlich einen Sturm der Empörung auslösen und es unterbinden.

Aber wenn man nun an die Möglichkeit dächte, daß irgendwann einmal in früher Zeit eine "natürliche Genmanipulation" geschah, eine Mutation vielleicht oder eine Folge freilich eher unwahrscheinlicher Artenkreuzungen, welche einige Exemplare hervorbrachte, die man als Einhörner ansehen oder interpretieren konnte...?

Und selbst wenn das Einhorn immer eine reine Phantasievorstellung war: "Rätselhaft" im Sinne unserer Fragen hier bleibt, wieso ein solches Wesen die Menschen über so viele Jahrhunderte hinweg fasziniert hat, etwas in ihnen anspricht, berührt, Gefühle weckt...

Borobudur –
Tempelberg auf Java

*Eine gewaltige Tempelanlage auf Java mit
Glocken und Kuppeln aus Stein, jedoch inmitten
von Hüttenbaukultur: Geht sie auf eine Zivilisation aus Ober- und Unterwelt zurück? Wie ist
das Fehlen des Rades zu erklären?*

*Eine perspektivisch-stilisierte Illustration neueren Datums (vermutlich 19. Jh.) der Gesamtansicht
des Zentrums des Heiligtums von Borobudur*

Auf Java gibt es die gigantische Tempelanlage von Borobudur. Sie ist "dem letzten Geheimnis" geweiht. Aber sie ist selbst bereits geheimnisvoll, mysteriös und rätselhaft.

Java ist eine der Großen Sundainseln, zusammen mit Sumatra, Celebes und Borneo, Teil des heutigen Indonesien – die kleinste, aber bedeutendste.

Die wirklich eindeutig bekannten Fakten sind dünn.

Als Erbauer der Tempelanlage gelten die Schailendra-Könige. Sie waren Vertreter jener mächtigen Herrscherdynastie, die im 8. Jh. über Südsumatra, Mittel- und Westjava regierte. In mindestens 30jähriger Bauzeit entstand Borobudur, ein steinernes Denkmal für das Rätselhafte, Unvollendete.

Nur aus der Luft, vom Hubschrauber aus etwa, ist es möglich, die Anlage zu überblicken.

Unübersichtlich und auch heute noch nicht wirklich erforscht sind die engen, einst teilweise unterirdisch angelegten Gänge. Jeder Zentimeter der immerhin insgesamt 6 km langen Gänge ist reich mit Ornamenten verziert. Über deren Sinn sind sich die Gelehrten bis heute uneins.

Das Zentrum der Rundterrassen sieht aus wie eine große steinerne Glocke, um die sich 72 kleinere, ebenfalls steinerne Glocken scharen. Diese glockenartigen Bauwerke sind die Behausungen für 72 sitzende Buddhas. 368 weitere Buddhas finden sich in den äußeren Bereichen der Tempelanlage.

Und im Zentrum der Tempel wird Gautama Buddha persönlich verehrt.

Dieses Zentralheiligtum ist so angelegt, daß alles terrassenförmig zum mittleren Allerheiligsten führt. Der Gautama befindet sich exakt in der geometrischen Mitte. Ausgerechnet er aber ist unvollendet geblieben.

Was ist da geschehen? Warum wird im 8 Jh. in jahrzehntelanger Arbeit ein gewaltiges Heiligtum geschaffen, dessen beherrschendes Zentrum unvollendet bleibt?

Die Sachbeschreibung:

Der im Grundriß quadratische Bau mit einer Seitenlänge von 152 m und einer Höhe von 31,5 m ist aus Vulkangestein in mörtelfreier Fugenbauweise errich-

tet und umkleidet einen natürlichen Hügel. Der dreiteilige architektonische Aufbau des Stufenmonuments entspricht der Vorstellung von der Gestalt der Welt im frühen Buddhismus: Die erste Balustrade sowie der Sockel des aus fünf übereinandergeschichteten Plattformen bestehenden Bauwerks stellen die Welt der Begierden (Kamadathu) dar. Die folgenden, stufenweise ansteigenden Korridore, deren Wände mit Reliefs bedeckt sind, symbolisieren die Welt der Namen und Formen (Rupadathu). Der obere Teil des Sakralbaus wird von drei schmucklosen Rundterrassen mit 32, 24 und 16 steinernen Glocken (Stupas), sowie einer Riesenglocke, dem Hauptstupa im Mittelpunkt, gebildet. In der Hauptkuppel befinden sich zwei übereinanderliegende Räume, deren Zweck unbekannt ist. Dieser obere Abschnitt entspricht dem buddhistischen Glauben nach der formfreien Welt (Arapadhatu).

Die annähernd zweieinhalb Kilometer langen Korridore auf den quadratischen Terrassen des mittleren Bauabschnitts sind mit 1460 erzählenden und 1212 ornamentalen Steinreliefs geschmückt, die teilweise als doppelte Friese an den Wänden verlaufen.

Der Stupa von Borobudur, der seit dem bisher schwersten Ausbruch des nahegelegenen Vulkans Merapi im Jahr 1006 von einer Lavaschicht bedeckt und in der Folgezeit von Sträuchern und Bäumen überwuchert war, wurde erst im Jahr 1814 wiederentdeckt.

Von 1972-1982 fand eine Restaurierung des Sakralbaus statt, der 1985 durch einen Bombenanschlag beschädigt wurde. ("Monumente der Welt")

Es ist unbekannt, welche religiöse Ausrichtung hier die Schirmherrschaft führte. Über die Schailendra und ihre religiösen Überzeugungen ist wenig bekannt.

Der Name Schailendra wird auch mit "die Bergherren" übersetzt, "Borobudur" als "König der Berge".

Handelt es sich um ein Bergheiligtum? Vereint es Buddhismus und eine Religion, in deren Zentrum in grauer Vorzeit der "Heilige Berg" stand?

Die präzisen Steinarbeiten, bestechend durch haarfeine, kaum sichtbare Rillen zwischen den einzelnen Bauelementen, stehen im drastischen Gegensatz zur üblichen Baukultur der Zeit und des Ortes.

Eine zeitgenössische Chronik gibt Auskunft, wie bescheiden auf Java zu jener Zeit sonst gebaut wurde: "Die Leute errichten Befestigungen aus Holz, und selbst die größeren Häuser sind mit Palmblättern gedeckt."

Inmitten einer solchen Bautradition, die nur Holz als Baumaterial kennt, entsteht also plötzlich eine steinerne Tempelanlage. Man muß immer das Umfeld einbeziehen, wenn man urteilt oder überlegt.

Natürlich sagt sich leicht, schnell und einfach: Für etwas Besonderes wie ein Heiligtum haben die Leute dann eben solider als üblich, also aus Stein, gebaut. Aber tatsächlich ist die Diskrepanz hier ungefähr ebenso, als gäbe es im europäischen 17. Jahrhundert plötzlich Glaswolkenkratzer, oder dergleichen. Ein Volk, das selbst größere Bauten nur primitiv mit Palmenblättern abdeckt, stellt plötzlich eine perfekt berechnete und gestaltete gewaltige Anlage mit Steinkuppelbauten – und diese quasi in Massenproduktion – in die Landschaft... Dafür muß es ja wohl eine besondere Erklärung geben; zumal eben nur bei diesem Heiligtum diese präzisen Steinkuppeln gebaut werden, während es bei allen anderen Bauten der Zeit und der Gegend bei Bambusmatten und Palmblätterdächern bleibt!

Wie gesagt, die Erklärung, es sei eben ein Ausdruck besonderer Frömmigkeit und eine solche Bauweise sei in jener Kultur allein den Heiligtümern vorbehalten gewesen, während die Erbauer der erstaunlichen Anlage in Hütten hausten, genügt nicht recht. Auch, nähme man bewußte Demut und Bescheidenheit für die Menschen und ihre Wohnhäuser im Gegensatz zu den Heiligtümern an, so spräche dagegen, daß die Privatbehausungen im Inneren durchaus reich geschmückt waren.

"In diesem Lande", heißt es in einer anderen zeitgenössischen Quelle, "gibt es Schildpatt, Gold und Silber, Rhinozeroshörner und Elfenbein. Das Land ist sehr reich. In einer Höhle sprudelt Salzwasser aus dem Boden. Die Bewohner stellen aus den herabhängenden Blüten der Kokospalme Wein her, und wenn sie ihn trinken, sind sie schnell berauscht."

Der Gegensatz also könnte nicht größer sein zwischen den steinernen Kuppelbauten eines Heiligtums und einer Hütten-Baukultur.

Es ist fast, als seien da zwei ganz verschiedene Kulturstufen am Werk gewesen – die perfekten Architekten der Runddächer und Kuppeln und die einfachen Hüttenbauer. In den primitiven Hütten aber protzen die Bewohner mit reichlich Schmuckwerk aus wertvollsten Materialien, die wiederum im ganzen Heiligtum nicht zu finden sind...

Was mag sich da abgespielt haben? Bestand etwa eine radikale Diskrepanz zwischen einer Ober- und Priesterschicht und der gewöhnlichen Bevölkerung? Besaß diese Oberschicht fortgeschrittene Kenntnisse der Steinbauweise, die dem Rest der einfachen Bevölkerung noch unbekannt und auch bewußt verschlossen war? Stellte diese "gewöhnliche" Bevölkerung nur ein Arbeits-, vielleicht sogar eine Art Sklavenheer dar?

Allem Anschein nach ist dies in der Tat die Erklärung. Nur "Sklave" im eigentlichen Sinn war das "Volk" nicht; dagegen sprechen die wertvollen Wohnhüttendekorationen. Sklaven pflegen üblicherweise keinen Zugang zu Luxus zu haben.

Aber ist es vielleicht eben dieser Luxus, mit dem die herrschende Priester-Oberschicht sich die Bevölkerung gefügig – und abhängig – machte, sie an sich band?

Theateraufführungen und musikalische sowie tänzerische Darbietungen sind Teil dieses Luxus. Sie gestalten das tägliche Leben des gewöhnlichen Sterblichen angenehmer. Die Künste erfreuen zu jener Zeit dort in der Tat nicht nur die Elite, sondern auch das ganze Volk.

Merkwürdig ist auch, daß es damals dort noch keine Fortbewegungsmittel auf Rädern gegeben zu haben scheint. Die Vornehmen ließen sich durch die Gegend tragen. So ist es auf Reliefs dargestellt. Die Vornehmen sitzen, die Arme würdevoll verschränkt mit gelangweilt zur Seite gerichtetem Blick in Sänften, die von vier Trägern transportiert werden.

Wieso sollte einer Zivilisation, die zu derart "fortgeschrittenen" Bauleistungen imstande war, das Rad noch nicht bekannt gewesen sein? Dagegen spricht allein schon, daß es auf den Tempelreliefs von runden Formen wimmelt: Steinscheiben überall. Ganz unwahrscheinlich, muß man schließen, daß angesichts all dessen noch niemand auf die Idee des Rades gekommen sein sollte.

Nun trifft Ähnliches ja auch auf die Mayas zu. Es könnte also sein, daß das Rad quasi als zu heilig galt, um es so profan zu verwenden wie etwa zur Beförderung von Waren oder Menschen. Wenn man Sonnenkulte zum Vergleich nimmt, mag daran etwas sein: die Sonne, die Lebens-Scheibe schlechthin...

Der englische Naturforscher und Volkskundler R. Forrer äußerte vor 50 Jahren in einer wissenschaftlichen Zeitschrift diese Vermutung: "Zunächst wird immer die Sonne verehrt und angebetet. Dann werden Scheiben als Abbilder der Sonne hergestellt und diese Scheiben läßt man um einen Ast kreisen..."

Wenn also den Borobudur-Erbauern das Rad wie den Mayas die heiligste Form schlechthin war, dann erklärt sich schon vieles. Tatsächlich gibt es im Zentralheiligtum zahlreiche Scheibenformen: steinerne Räder. Und drei große konzentrische "Scheiben" bilden ja auch den Sockel und Grundriß dieses Zentralheiligtums. Die 72 kleineren Stupas – "Glocken" – darum herum sind in drei Kreisen angeordnet, mit anderen Worten, drei weitere Scheiben oder Räder...

Angesichts dessen ist es kaum denkbar und zulässig, zu vermuten, den Menschen dort sei zu jener Zeit das Rad noch unbekannt gewesen; und der Schluß, die Tatsache fehlender Straßen sei allein schon ein Beweis dafür, ist ebenfalls unzulässig. Denn fehlende Straßen und Sänften als Transportmittel beweisen allenfalls, daß das Rad nicht als Transportmittel benützt wurde, aus welchen Gründen immer – religiösen natürlich, darf man unterstellen –, nicht aber zwangsläufig, daß es unbekannt gewesen sei. Zumal Berichte aus den Jahren 766 und 779 belegen, daß Gelehrte und politische Abgesandte aus Java in diesen Jahren China besuchten; und spätestens dabei könnte ihnen die "Tatsache"

des Rades nicht gut verborgen geblieben sein. Sowenig nun über Einzelheiten der religiösen Überzeugungen auf Java in jener Zeit bekannt ist, so wohlbekannt ist, daß Java mit seinem Zentrum Borobudur damals ausgesprochen unbeliebt war – und mehr als das:

Gegen Ende des 8. Jahrhunderts und zu Beginn des 9. stöhnten die Khmer des heutigen Kambodscha über die Leiden, die bedingt durch Borobudurs Fremdherrschaft auf den Menschen lasteten. Die Khmer brachten regelmäßig Tieropfer dar in der Hoffnung, die Himmlischen möchten die Pein der Unterdrückung von ihnen nehmen.

Borobudur war ihnen ein Synonym für Furcht und Entsetzen. Das ergibt sich aus zeitgenössischen Quellen aus dem heutigen Vietnam. "Furchterregend wie der Tod" heißt es da etwa, und aus dem Jahr 784 gibt es einen Bericht über eine Invasion aus Borobudur mit Raub, Plünderung und der Zerstörung eines Tempels.

Das Borobudur-Volk – oder die Borobudur-Kaste – scheint also ein sich überlegen dünkendes Herrenvolk gewesen zu sein, für das seine Nachbarn nur Wilde und Barbaren waren, die "kolonisiert", d. h. mit Aggression überzogen und ausgeplündert werden durften, ohne daß dies gegen das eigene göttliche Gebot verstieß. Bleibt immer noch die ungelöste Frage, wer diese Herrenkaste war und wer ihr "zugehöriges" Volk, woher es kam und wie. Es ist fast ein wenig wie ein kurioses Schlaraffenland: Menschen werden mit Theateraufführungen und Luxus verwöhnt, sind aber dabei kaum mehr als Arbeitssklaven. Handelt es sich womöglich um verschleppte fremde Gefangene – Fremdarbeiter, nach heutigem Sprachgebrauch, die man aus den und jenen Gründen bei Laune halten wollte oder sogar mußte? Dafür gibt es allerdings keine Anhaltspunkte.

Wahrscheinlicher ist, daß die Arbeit an den Tempeln, ähnlich wie einst bei den Ägyptern die freiwillige Mithilfe beim Bau der Pyramiden, eine Art Gottes-Dienst darstellte; und für das Herumtragen der Oberen/Priester in Sänften mag das auch gelten.

Die Bedeutung der Weißen Pferde

Stammen die überdimensionalen weißen Pferde in England, "Land Art" aus uralter Zeit, von Hengist und Horsa? Sind sie Denkmäler für Alfred den Großen und seinen Sieg über die Wikinger oder vorchristliche keltische Pferdekultmale? Die monumentalen Pferde wurden über Jahrhunderte gepflegt und restauriert .

Das Weiße Pferd von Uffington, Luftansicht: "fast moderne Abstraktion" oder "Höhlenzeichnungsstil"?

Die Weißen Pferde in England zählen ganz sicher zu den Rätseln vergangener Jahrtausende und Jahrhunderte.

In Reiseführern werden sie allenfalls kurz und summarisch erwähnt, auf diese Art:

...Interessant sind in der Salisbury Plain auch die Weißen Pferde bei Cherhill, Pewsey und Alton Barnes, in die grasbewachsenen Hügel geschnittene große Pferdefiguren, die aus dem 18. und 19. Jh. stammen – im Gegensatz zum berühmten Weißen Pferd bei Uffington, das wahrscheinlich zwischen 600 und 500 v. Chr. entstand ...

Ein absolutes Muß bei den Ausflügen (um Avebury, wo sich auch die größten megalithischen Steinsetzungen Englands befinden: eine Steinkreisanlage) ist das berühmte White Horse, das Weiße Pferd, das bei Uffington in den Felsen geschnitten ist. Es liegt im Val of the White Horse, umgeben von romantischen Kreidehügeln. Die Figur ist 374 ft/113 m lang. Die Zeit der Entstehung ist ungewiß. Möglicherweise war es ein Stammeszeichen der Iceni (1. oder 2. Jh. v. Chr.). Diese Vermutung wird durch Uffington Castle an der Spitze des Hügels bekräftigt, eine Befestigung aus der Eisenzeit (wahrscheinlich aus dem 2. Jh. v. Chr.). Das Bild des Pferdes ähnelt dem auf einigen Münzen aus der späten Eisenzeit. (Baedeker)

Die Tatsache, daß noch mehrere solcher Weißer Pferde vorhanden sind, läßt darauf schließen, daß es einst viele gab. Wie viele aber, weiß heute niemand mehr. Und mit Sicherheit ist auch nicht bekannt, wer diese frühe "Land Art" schuf und warum und wozu. Nur das Wie ist klar, weil eindeutig sichtbar: die Bildtechnik. Sie ist eine Grabtechnik und sie läßt sich mit südamerikanischer Kunst vergleichen, nämlich mit den riesigen Scharrzeichnungen von Nazca (von denen bereits in den Kapiteln des 6. und 2. vorchristlichen Jarhunderts die Rede war). In Nazca wurden dunkle obere Erdschichten abgetragen, bis helleres Erdreich oder Gestein freigelegt war. Auf diese Weise heben sich dann gigantische Tierbilder hell von ihrem dunkleren Hintergrund ab. Und genauso sind die Weißen Pferde Englands entstanden.

Ein anderes Beispiel als die oben genannten ist das Weiße Pferd von Bratton, 280 km südwestlich von London. Vom Flugzeug aus erkennt man auch dort ein etwa 80 m langes, weißes Pferdebild. Die Umrißlinien sind so tief in den Boden geritzt, bis der weiße Kalkfelsen erschien. Für dieses Pferd von Bratton gibt es Anhaltspunkte der Entstehung im 9. Jahrhundert. Das würde im Vergleich mit den Weißen Pferden von Uffington und Avesburg/Pewsey/Alton Barnes bedeuten, daß der Kult der Weißen Pferde über eine sehr lange Zeitspanne hin gepflegt wurde, sofern, siehe oben, die Datierungen (zwischen 600 v. Chr. und 1800 n. Chr. zutreffen; dazu weiter unten mehr) –, was die Sache nur um so rätselhafter macht.

Das Pferd von Bratton wurde schon als Denkmal des Sieges Alfreds d. Gr. 871 gegen die Dänen (Wikinger) interpretiert. Aber weder dies, noch ob das Pferd tatsächlich aus dieser Zeit stammt, ist beweisbar. Gegen die Siegesdenkmalsthese spricht ohnehin, daß nicht recht ersichtlich wäre, warum nur ein Pferd dargestellt wurde. Wenn ein Sieger gefeiert werden sollte, dann möchte man eigentlich annehmen, daß zu seinem Pferd auch er selbst als Reiter abgebildet würde. Das aber ist eben nicht der Fall.

Im übrigen sind hier nicht nur der Sinn und die Urheber rätselhaft, sondern auch die Bildtechnik selbst. Gewiß: Erdreich bis auf den weißen Kreidefelsen wurde abgetragen. Aber mit welcher Technik? Und wie fertigt man ein proportional stimmiges Pferdebild an, das so groß ist, daß es vom Boden aus gar nicht erkennbar und überschaubar ist? Mit anderen Worten, wie fertigt der vorzeitliche oder frühzeitliche "Land Art"-Künstler ein Bild an, das er selbst gar nicht als Ganzes zu überschauen imstande ist? (Die gleiche Frage stellt sich ja auch in Nazca in Peru.)

Die an sich naheliegende Erklärung : "Ein kleines Bild einfach proportional vergrößern" hört sich bei diesen Dimensionen und in einer vortechnischen Zeit einfacher an als getan. Ohnehin handelt es sich um kein Einzelwerk. Noch heute sind immerhin 17 Weiße Pferde bekannt, dazu zwei "Riesen", deren Bilder aus der Luft gut überschaubar sind und allenfalls noch, an Berghängen, aus größerer Entfernung.

Der Engländer Marc Alexander, Autor zahlreicher Bücher über geheimnisvolle Kuriosa Englands und profunder Kenner der Weißen Pferde, hat diese Überlegungen angestellt:

"Viele andere Weiße Pferde, von denen heute niemand mehr etwas weiß, sind wohl längst wieder überwuchert. Von mindestens vier gigantischen Figuren und Pferdebildern weiß man es sicher. Der sicher beklagenswerteste Verlust ist der des Pferdes von Tysoe, das Ende des 18. Jh. durch Umpflügen des Landes zerstört wurde... Wenn diese Bilder nicht regelmäßig gepflegt werden, verschwinden sie wieder. Gras überwuchert sie rasch, Regen wäscht den Kalk aus, Erosion weht die Scharrlinien zu."

Für zwei andere englische Autoren, die sich mit dem Phänomen beschäftigt haben, Simon Welfare und John Fairley, stellen die Weißen Pferde allerdings kein "Rätsel" dar. Welfare und Fairley, die sich unter der Obhut des bekannten Science-fiction-Autors Arthur C. Clarke die Aufklärung sogenannter Rätsel zur Lebensaufgabe gemacht haben, haben die Meinung vertreten, die Bilder seien wahrscheinlich alle modernen Ursprungs – weil die Weißen Pferde die ungefähre Form "moderner" Zuchtvollblüter suggerieren.

Nun mag das wohl zutreffen. Aber allein für sich beweist es selbstverständlich noch gar nichts. Auch Pferde in Steinzeithöhlenmalereien lassen sich, wenn man will, in ihrem Aussehen als "moderne Vollblüter" interpretieren. Insofern ist auch die – dort ebenfalls nur aus anderen Informationen übernommene – oben zitierte Bemerkung im Baedeker nach Ursprüngen im 18./19. Jh. anzweifelbar und nicht so ganz schlüssig und überzeugend. Zwar mögen moderne "Pfleger" im 18. und 19. Jh. die riesigen Umrißzeichnungen, da sie eben ständig gepflegt werden mußten, um nicht zu verschwinden, wie bereits erwähnt, nicht nur die alten Darstellungen erhalten, sondern sie (über viele Generationen hinweg sogar und auch in durchaus ehrenwerter Absicht) auch "verbessert" oder jedenfalls ausgebessert haben. Das mag durchaus mit dazu beigetragen haben, daß beispielsweise das Weiße Pferd von Cherhill heute wie ein "modernes" Pferd aussieht. Aber es beweist nicht, daß es insgesamt modernen Ursprungs ist. "Ge-

schaffen"/"angelegt" und "renoviert" – das ist ein Unterschied. Die Bemerkung im Baedeker oben mag sich denn auch darauf beziehen, daß durchaus bekannt ist, wie 1780 der Darstellung einige "Verbesserungen" zuteil wurden. Deren Wert, nebenbei gesagt, ist heute ohnehin umstritten; dabei geht es nicht eigentlich darum, ob man das Pferd nun seitdem als "schöner" oder aber "häßlicher" denn zuvor ansieht, sondern darum, daß es einfach nicht mehr das Original in seiner ursprünglichen Gesamtheit ist.

Damit zu dem ebenfalls oben schon angesprochenen Pferd von Uffington in der weiteren Umgebung von Avebury/Wiltshire, wo es in einen sanft ansteigenden Hügel eingeritzt ist. Nur aus größerer Ferne und am besten aus der Luft ist es deutlich und vollständig erkennbar. Viele halten es für das rätselhafteste von allen. Ob es denn überhaupt ein Pferd sei, ist auch schon gefragt worden, oder nicht eher an einen Drachen erinnere. Auch diese Interpretation hat ihre Anhänger. Diese Vermutung sei schon deshalb nicht so abwegig, argumentieren sie, weil es in der Nähe tatsächlich auch den "Drachenhügel" gibt: genau dort nämlich soll der Heilige Georg, bekannt als – neben dem Erzengel Michael – prominentester von vielen Heiligen als Drachentöter, "seinen" Drachen getötet haben. Eine andere Frage wirft ein Manuskript aus dem 12. Jh. auf. In diesem Text, betitelt "Buch der Wunder", wird das Bild zwar deutlich als das eines Pferdes beschrieben, jedoch zusammen mit einem Fohlen.

Dieses Fohlen aber ist verschwunden. Verschwand es irgendwann unter dem zuwuchernden Gras? Und wenn ja, wieso wurde dann das große Pferd über Jahrhunderte weiter gepflegt und erhalten, das Fohlen aber "ausradiert", aktiv oder passiv durch "natürliches" Verschwindenlassen? Es ist auch bisher niemandem gelungen, das "verlorene" Fohlen bei dem großen Pferd wieder aufzuspüren. Ist es mutwillig zerstört worden? Aber ohne daß irgendwelche Spuren blieben?

Neben dem "Buch der Wunder" gibt es noch andere alte Hinweise auf das Uffington-Pferd. Zur Regierungszeit von König Heinrich II. (1183-

1189) wurde das Pferd von Uffington als Kuriosität bestaunt. Ein Mönch namens Godrich schreibt, er verfüge über "Landbesitz in der Nähe jenes Ortes, der im Volksmund gewöhnlich der Berg des Weißen Pferdes heißt".

Schon wegen alter Quellen dieser Art scheidet das Argument aus, das zuweilen auch geäußert wurde und wird, es handle sich schlicht um eine moderne Fälschung. Neben der zitierten Quelle aus dem 12. gibt es auch ein Zeugnis aus dem 14. Jh., in welchem das Uffington-Pferd unter die "wirklich großen und bestaunenswerten Rätsel" eingereiht wird. An erster Stelle steht dabei Stonehenge, gleich danach auf Platz zwei das Pferd von Uffington – naheliegenderweise, da es sich um eine englische Quelle handelt.

Ein ebenfalls vorgebrachtes Argument als Stütze für die Altersechtheit mag der Vollständigkeit halber noch angeführt werden, wenn es auch nicht so unbedingt der Erfahrung entspricht, was den Umgang mit alten Kunstwerken angeht, jedenfalls in früheren Zeiten: Gerade weil es so "modern" aussehe, sei das Pferd wohl über Jahrhunderte original erhalten worden, "von Menschen, die den Wert dieses ungewöhnlichen Denkmals erkannten und nicht die eigenen bzw. die Schönheitsvorstellungen und -ideale ihrer Zeit dem alten Kunstwerk aufzwangen". (Wenn man sich vergegenwärtigt, welche in aller Regel ganz fürchterlichen Dinge spätere Zeiten – überall! – früheren Kunstwerken antaten, wenn sie sie "renovierten" – falls nicht gleich übermalten –, mag man dieses Argument doch eher theoretisch und nicht so ganz realistisch finden.)

Und in der Tat wird das Pferd den Menschen des 18. und 19. Jh. wohl eher Kopfschütteln abgerungen haben. Denn "schön" war es nach ihren Begriffen ganz gewiß nicht. Es war nicht annähernd naturalistisch dargestellt. Es mutet wirklich "modern" an – nach unseren heutigen Kunstbegriffen. Es erinnert eher an die impressionistische Skizze eines laufenden Pferdes als an ein naturgetreues Abbild. Nur zwei Beine sind überhaupt mit dem Körper verbunden. Aber, wie ebenfalls schon erwähnt, solche durchaus "modern" anmutende abstrahierende Dar-

stellung ist auch schon aus Steinzeithöhlen bekannt, deren Wandmalereien 20 000 Jahre und älter sind...

Der wesentliche Unterschied zu einer Höhlenmalerei liegt denn weniger in der "Malweise" als in der Technik. Hier ist kein Abbild eines Pferdes mit einem Pinsel oder allenfalls einem Farbstock oder auch dem Finger "mit Menschenmaß" an die Wand gemalt, sondern ein Bildnis in überdimensionaler Größe in den Boden der freien Natur gekratzt, geschabt, gegraben – das jedoch dann, aus der Luft oder allenfalls größerer Entfernung betrachtet, wie eine rasch hingeworfene Skizze wirkt...

Es ist nach wie vor völlig unaufgeklärt, wer diese Riesenpferdebilder plante und in die Wirklichkeit umsetzte, und wie dies geschah. Oder wann genau. Auch das Uffington-Pferd ist von Bratton als Denkmal für den Sieg Alfreds d. Gr. 871 über die Dänen interpretiert worden. Aber es gilt hier genau der gleiche Einwand wie dort: warum, wenn dies zuträfe, nur das Pferd und nicht auch sein Reiter? Ganz abgesehen davon, daß die Pferde von Uffington und Bratton stilistisch völlig verschieden voneinander sind.

Im 17. Jh. brachten John Aubrey und der Topograph Thomas Baskville den Häuptling Hengist ins Spiel. Hengist wird üblicherweise immer nur zusammen mit seinem Bruder erwähnt: Hengist und Horsa, Anführer der Sachsen, Angeln und Jüten, die um 450 im Südosten Englands an der Küste des heutigen Kent landeten und die Insel eroberten. Hengist also habe das Bild Ende des 4./Anfang des 5. Jh. in Auftrag gegeben. Nur sind Hengist und Horsa nicht so recht historisch dokumentiert, sondern gelten eher als "sagenhaftes" Brüderpaar an der Spitze der 449 nach Britannien einfallenden Germanenstämme der Angeln, Sachsen und Jüten...

Falls also die Vermutung doch nicht zutrifft, daß es sich um ein direktes "Hengist"-Denkmal handelt, dann mag man einer allgemeineren These jüngeren Datums beipflichten, die die Weißen Pferde als Nachlaß eines viel älteren Pferdekults ansieht.

Die Massenhysterie an der Jahrtausendwende

Für das Ende des Jahres 999 erwartet Europa den Untergang der Welt. Die Angst wird zum Exzeß und überschlägt sich in Groteske und Heuchelei. Läßt sich diese Todessehnsucht allein durch religiöses Eifern erklären?

Die Weltuntergangspanik zur Jahreswende 999/1000 in der Nachempfindung einer Illustration, vermutlich aus dem 18.Jh.

Gegen Ende des 10. Jahrhunderts brach eine Hysterie in ganz Europa aus. Es war die Angst vor der Jahrtausendwende, die als Endzeit der Welt verstanden wurde.

Es war, als verließe den ganzen Kontinent der Lebensmut und Lebenswille.

Ein Mensch kann sterben, wenn er die Hoffnung aufgibt und nicht mehr leben will. Aber ist es möglich, daß eine Massenhysterie einen ganzen Kontinent dazu bringt, sich aufzugeben?

Genau das war der Fall. So wie es – für frühere Jahrhunderte ist Ähnliches nicht überliefert – am Ende des 19. Jahrhunderts jenen allgemeinen kulturellen Müdigkeitspessimismus gab, der als "Fin de siècle" in die Kulturgeschichte einging, und so, wie zwischendurch in allen Jahrhunderten (ganz besonders aber in unserem) immer wieder Sektierer aller Art, religiöse Eiferer ebenso wie hellsehende oder sonst wahrsagende Scharlatane, Weltuntergänge sozusagen am laufenden Band ankündigten, die dann von ihren Gläubigen und Anhängern in zuweilen bis ins Extrem gehendem Fatalismus erwartet wurden (und so, wie Nostradamus-Gläubige heute dem angeblich zeitenwendischen, weltendeeinläutenden Jahr 1999 entgegenstarren – ohne daß man allerdings heute noch wirklich befürchten müßte, daß dergleichen Sektiererei und kosmische Katastrophenfurcht mehrheitlich um sich greifen werde) – so trafen vor dem Jahr 1000 religiöse Unheilserwartung und allgemeine Lebensangst angesichts dieses bevorstehenden symbolischen Datums zusammen.

In der Tat, die gesamte gesellschaftliche Struktur drohte zusammenzubrechen, funktionierenden Gemeinwesen drohte der Zerfall – alles wegen eines runden Datums.

Religiöser Eifer allein, haben schon viele Historiker vermutet, könne es aber nicht gewesen sein. Da müsse mehr im Spiel gewesen sein.

Der Ausgangspunkt für die einen ganzen Kontinent erfassende schiere Todessehnsucht aber war zweifellos religiöser Natur, nämlich die Überzeugung, Jesus werde am Ende des Jahres 999 erscheinen und ein Weltgericht abhalten, zwischen Gut und Böse scheiden und die Guten in den Himmel, die Bösen in die Hölle schicken. Religiös oder national(istisch) bestimmte Todessehnsucht (und Nationalismus ist ja als eine Sonderform von "Religiosität" definiert worden!) ist auch später noch des öfteren epidemieartig in ganzen Ländern und Kontinenten aufgetreten. Dazu gehörten nicht zuletzt die diversen Kriegs-Begeisterungen, die sich stets national aufbauen – oder aufgebaut werden.

Noch in den 1. Weltkrieg "taumelte" begeisterungswild "ganz Europa". Das Wesen der Massenhysterie hat die moderne Psychologie längst ge- und erklärt.

Neben manchem anderen hat sich der französische Autor Jacques Bergier in einem Buch mit der Endzeithysterie vor der letzten Jahrtausendwende befaßt und ist ebenfalls zu dieser Ansicht gekommen: *"Es ist rätselhaft, was zu dieser Hysterie führte. Gewiß, die Religion war in jener Zeit die treibende und bewegende Kraft für schlicht alles. Doch allein religiöse Motivation genügt auch nicht zur Erklärung dessen, was sich am Ende des 10. Jh. ereignete."*

Etwas, das man das kollektive Bewußtsein der Menschheit nennen könnte, scheint in eine übereinstimmende Schwingung geraten zu sein.

Im Jahre 998 beginnt sich besonders auf dem Lande immer deutlicher die Weltuntergangsstimmung auszubreiten. Das führt dazu, daß immer mehr Menschen mit sich und ihrer Umwelt ins Reine kommen möchten. Fragen der Ethik und Moral stehen zunächst im Vordergrund. Allgemeine Überzeugung ist, moralische Sünden, die der Lebenspartner – der Ehemann, die Ehefrau – dem anderen verheimlicht, wiegen beim Jüngsten Gericht besonders schwer. Es beginnt wie eine Seuche zu grassieren: Eheleute gestehen einander Untreue, sogar öffentlich gebeichtet werden Seitensprünge. Bis zum Jahr 999 breitet sich diese Bekenntnis-, Reue- und Bußstimmung immer weiter aus. Nun sind nicht mehr allein die besonders Frommen in Endzeitangst. Auch die Geschäftsleute beginnen umzudenken. Ist nicht der Wucher ein Verstoß gegen christliches Gebot? Und sie erstatten einander überhöhte Gewinne zurück – oder versuchen es wenigstens.

Nicht nur Sünden privater oder geschäftlicher Art werden gebeichtet. Man versucht sich auch allgemein in großzügigem Vergeben. Und neben der naiven oder auch aufrichtigen Gewissenserforschung darf man natürlich aber auch, alles andere wäre weltfremd, ein gerüttelt Maß Büßerheuchelei unterstellen. Gleichwohl, es ist, als wäre die ganze Welt plötzlich von der allgemeinen Sehnsucht nach Gutsein beherrscht.

"In Paris", schilderte es Bergier, *"brachen Tumulte der Güte aus. Geschäftsleute gerieten in Streit miteinander, insoweit wie üblich, diesmal aber aus purer Philantropie. Die einen wollten Wucherzinsen zurückgeben, die anderen waren hingegen bemüht, in Umkehrung aller üblichen menschlichen Verhaltensweisen zur Abwechslung keine anderthalbe auf einen Schelm, sondern auf einen Guten einen noch Besseren zu setzen, und wollten die ihnen abgepreßten Wucherpreise und -zinsen nicht zurückerstattet haben. Es nahm groteske Formen an. Wo man hinsah, gab es plötzlich nur noch Edle, Ehrliche, Reumütige und allen ihren Schuldigern Vergebende. Denn, so rechneten sie sich die ewige Seligkeit aus, wenn sie Betrogene blieben, dann bestehe eine gute Chance, daß ihnen also erlittenes Unrecht gegen das eigene begangene angerechnet werde ..."*

Zur Mitte des Jahres 999 hin nimmt die allgemeine Beichtwelle ungeahnte Ausmaße an. Missetäter aller Art überbieten sich geradezu im Bekennen ihrer Schuld, stellen sich den Behörden, verlangen Strafe. Vom Taschendieb bis zum Einbrecher und Mörder plagt alle aufrichtig oder sozusagen vorsorglich das schlechte Gewissen. Naht doch unweigerlich – niemand zweifelt daran – das Jüngste Gericht, und harrt ihrer doch schon der strafende Gott ob ihrer Sünden! Da kann es nicht schaden, glauben sie alle, die noch bevorstehende Zeit zu nutzen und sich in den Kerker sperren oder sonstiger Strafen versehen zu lassen - damit man beim Beginn des Jüngsten Gerichts schon mal eine möglichst große Portion Sühne weggearbeitet habe. Wenn es eine Gerechtigkeit gebe – die ewige, himmlische, an die jeder glaubt –, dann werde die so praktizierte Reue ja wohl zu Buche stehen...

Das Weltbild der Zeit, muß man in Rechnung stellen, ist ja noch holzschnittartig einfach.

Die Sache wird dadurch allerdings erschwert, daß es allen Gesetzesbrechern so einfach nicht gemacht wird. Ist doch auch die Obrigkeit von der seltsamen allgemeinen Weltendeangst nicht frei, sondern ebenso von ihr befallen, und befleißigt sich somit einer ganz und gar ungewohnten Güte und Vergebung.

Und während also allenthalben Gesetzesbrecher sich reuig freiwillig der Gerichtsbarkeit stellen und förmlich Schlangen vor den Kerkern bilden, werden andererseits immer mehr Gefängnistore in Großmut und Gnade geöffnet – eben ganz unter Berufung auf das Vaterunser: Und vergib uns unsere Schuld, wie auch wir vergeben unseren Schuldigern.

Und die Hysterie nimmt immer noch weiter zu. Jedermann hat seine ganz persönlichen schlimmen Ahnungen, jedermann weiß, daß das Ende nahe ist.

Wozu also noch etwas tun? Und überhaupt, ist nicht alles Handeltreiben von Übel? Hat nicht Jesus die Händler aus dem Tempel gejagt?

Alle Handelsbeziehungen zwischen den Städten und auf dem Lande brechen zusammen, es gibt akute Engpässe in der Lebensmittelversorgung, in den größeren Städten macht sich bereits Hunger breit, wird aber mit fatalistischer Gelassenheit hingenommen und ertragen. Denn wozu noch essen und trinken, wo in wenigen Wochen ohnehin das Ende der Welt kommt? Im Gegenteil: Genügsamkeit, spartanisches Leben, Askese, Verzicht, Hunger werden gewißlich doch von Jesus, dem Weltenrichter, hoch angerechnet werden. Schließlich hungerte auch er einst 40 Tage lang...

Die Städter machen also aus der Not eine Tugend: lieber hungern als zuviel haben. Und wer noch Nahrungsvorräte besitzt, verspricht sich ein Stück ewige Seligkeit mehr (respektive eine Weile Fegefeuer weniger), wenn er sie verschenkt und andere damit sättigt. Dieses Pfadfinderdenken vom Lohn der guten Tat pervertiert im Gegensinn: vor lauter Güte weigert man sich, Wohltaten anderer selbst anzunehmen; das könnte ja Minuspunkte geben. Auf diese Weise wird es bald ungeheuer schwierig, die eigenen Wohltaten anzubringen..

Kurzum, der kollektive Irrsinn greift immer mehr um sich. Im Eifer, einander an Christlichkeit zu überbieten, merkt kaum noch jemand, wie sinnlos-pharisäerhaft und ganz und gar nicht christlich dies alles ist: diese Jagd nach Pluspunkten im großen Buch der Abrechnung. Im Herbst 999 besinnen sich die Reichen auf das Gleichnis, daß eher ein Kamel durch ein Nadelöhr gehe als ein Reicher in das Himmelreich gelange. Reichtum gilt auf einmal als "out", würde man heute sagen, Armut hingegen allein schon als Garantie fürs Himmelreich – demnächst. Und so wird es immer grotesker. Die Bettler müssen geradezu auf der Hut sein, wollen sie nicht von den Reichen förmlich eingefangen und gemästet und mit irdischen Gütern überhäuft werden.

Gleichwohl: Dennoch verschenkten nicht alle selbst ihre besten Gewänder. In vornehmer Kleidung wollten sie denn doch vor dem Jüngsten Gericht erscheinen und so einen guten Eindruck machen...

War es auch Irrsinn und hatte doch Methode, so war es letztlich, wie man sieht, auch alles "sehr menschlich"...

Als der Herbst des vermeintlich letzten Jahres sich dem Ende zuneigt, werden die Kirchen geradezu belagert. Es könnte passieren, daß man nicht mehr genug Zeit hat, seine zahllosen schweren oder auch nur läßlichen Sünden durch gute Taten wettzumachen, eine nach der anderen, sozusagen, der Zählliste entsprechend. Und die Menschen strömen in endloser Folge in die Kirchen und heischen Absolution von den Priestern, Absolution, Absolution... Denn wem die Sünden offiziell vergeben sind, der kann mit bestem Gewissen vor seinen Schöpfer treten und hat Anspruch, zumindest Hoffnung auf gnädige Beurteilung und also Aufnahme ins Paradies.

Zum Jahresende hin werden auch die Pilgerzüge nach Jerusalem immer länger und zahlreicher. Noch ist Jerusalem frei, noch ist die Kreuzzugidee nicht in der Welt. Noch haben die herrschenden türkischen Moslems den Zugang zu den Heiligen Stätten nicht unterbunden. Noch können die zu allem Guten entschlossenen Christenmenschen beten, wo einst Jesus wandelte und wo das Gebet also sicherlich mindestens doppelt so wertvoll, nämlich pluspunkteträchtig, ist...

Unter diesem Aspekt wälzen sich wahre Massen aus allen Teilen Europas Jerusalem entgegen, um dort das Ende, oder auch den Anfang der ganz neuen Zeit direkt "vor Ort" zu erleben. Jerusalem ist das Zentrum der christlichen, also überhaupt der Welt. In Israel ist Christus gestorben, hier wird, so steht es geschrieben, auch der Messias wiederkehren. Knechte wie Herren, Mägde wie Adelsfrauen erhoffen sich vom Zug nach Osten ins Heilige Land die Errettung, Arm verbrüdert sich mit Reich, Standesunterschiede, bisher in der mittelalterlichen Gesellschaftsordnung von so eminenter Bedeutung, sind praktisch außer Kraft. In wahren Gewaltmärschen streben sie alle auf Jerusalem zu, gehen täglich bis zur Erschöpfung und fallen nachts ermattet nieder. Alle möglichen Himmelszeichen werden erspäht und als sichere Zeichen für das unmittelbar bevorstehende Ende der Zeiten gedeutet. Jesus wird kommen. Das ist die allgemeine Überzeugung. Die Zeit und ihr Weltbild, man darf es nicht vergessen, sind ohnehin noch ausschließlich von religiösem Denken und Handeln geprägt. Es gibt noch keine Trennung von weltlich und geistlich.

Da nun das Ende schon ganz nahe ist, lassen auch die Exzesse nicht mehr auf sich warten. Flagellanten scharen sich zusammen. Sie peitschen sich auf den Plätzen der Städte und Dörfer selbst aus und ziehen singend und sich geißelnd zu den Kirchen. Unbeschreibliche Selbstquälereien werden ersonnen – in der Absicht, sich selbst Schmerz zuzufügen, mit der Hoffnung, der Schmerz nach dem Weltengericht werden dann umso geringer ausfallen.

So schlägt dann auch die allgemeine Jagd nach der guten Tat in perverse Gewalt um. Reiche Händler müssen gesteinigt werden, damit die Strafe, die diese Wucherer sowieso erwartet, nach dem Jüngsten Gericht gar nicht mehr erst vollzogen zu werden braucht. Denn wer weiß, es könnte ja auch passieren, daß Jesus in seiner Generalaburteilung, mit der er ohnehin genug zu tun hat, irrtümlich Schuldige übersieht... Da kann es nur nützen, wenn man vorbringen kann, man habe selbst schon eifrig für Justiz, Gerechtigkeit und Strafe gesorgt...

Ein sinnvolles Weltbild wird zur reinen Farce. Und am Ende bleiben nicht einmal mehr die Tiere verschont. Aus den Ställen schreit es. Die Kühe werden nicht mehr gemolken. Andere lassen ihr gesamtes Vieh frei. Getier, das im Rufe steht, böse zu sein, wird gequält und mißhandelt – vom Esel bis zur Ziege, vom Wolf bis zur Schlange.

Und es sind nicht nur die einfachen Volksschichten, die diesem kollektiven Wahn verfallen. Die Geistlichkeit selbst steht nicht nach...

Am 31. Dezember des Jahres 999 schließlich erwartet Papst Silvester II. in Rom ebenfalls das Ende der Zeit und hält eine vermeintlich letzte Mitternachtsmesse. Und als es Mitternacht schlägt, tritt Grabesstille in der Kirche – wie überall auf dem Kontinent – ein. Alle warten sie auf die dröhnenden Posaunen, auf das wachsende Donnergrollen, auf die Engelscharen und eben das Ende der Zeit.

Bekanntlich passierte gar nichts. Es war einfach nur das Jahr 999 zu Ende gegangen und das Jahr 1000 hatte begonnen. Ohne irgendein besonderes Ereignis, so wie tausend Tage und Jahre vorher einander abgelöst hatten.

Die Welt bestand weiter wie zuvor; "als wäre nichts gewesen".

Und da entlud sich die Spannung in einem kollektiven Aufschrei der Erleichterung.

Und der Papst singt in Rom mit seiner Gemeinde das Große Te Deum.

Doch was nun, da sich herausgestellt hat, daß die Welt weiterexistiert wie eh und je? Und es dauerte seine Zeit, bis sich der ganze Kontinent von seinem Schock und seinem Wahn erholt hatte.

Dabei war es beileibe nicht das letzte Mal, daß so etwas passierte; wenn es auch nicht mehr diese kollektiven Ausmaße erreichte. Aber zwei, drei Jahrhunderte danach wallte noch einmal eine ähnliche Massenhysterie auf: die Bewegung der Flagellanten mit der Zeit des "Veitstanzes" in ihrem Gefolge. Die Flagellanten der schwärme-

risch-frommen Laienbewegungen des 13. - 15. Jh. übten morgens und abends Selbstgeißelungen (Flagellation) zur Buße. Die Bewegung entstand im Herbst 1260 in Mittelitalien, wiederum aus chiliastischen Endzeiterwartungen, "und breitete sich seuchenartig in mehreren Wellen über ganz West- und Mitteleuropa aus". Im Zusammenhang mit der Pest 1348/49 kam es, wahrscheinlich von Österreich ausgehend (Steiermark), zu neuen Geißlerzügen bis nach England. Die ekstatischen Zustände, in die die Eiferer sich versetzten und in denen sie dann herumtorkelten und -tanzten, nannte man den "Veitstanz".

Zur Hochburg der Bewegung wurden die Niederlande. Papst Klemens VI. versuchte die Bewegung zu unterdrücken, endgültig verschwand sie erst nach dem Verbot durch das Konstanzer Konzil 1417.

In hektisch übersteigerter Frömmigkeit suchten die Flagellanten, Geißler oder Kreuzbrüder bisweilen, die öffentliche Askese bis zur Selbsterlösung zu steigern. Ihre Trupps zogen, Psalmen betend und Bußlieder singend, durch die Lande, geißelten mehrmals täglich ihre nackten Oberkörper und ließen damit die Zuschauer am Leiden Christi teilnehmen. Es waren diesmal im Gegensatz zu der Massenhysterie der Jahrtausendwende politische, wirtschaftliche, aber auch religiöse Unsicherheiten, die dieses Flagellantentum aufkommen ließen. Aber auch hier wieder: Für 1260 hatte der Apokalyptiker Joachim von Fiore den "Beginn des Endzeitalters" vorausgesagt. Nach dem Pestausbruch 1348 ergriff die zweite starke Welle des Flagellantentums fast ganz Europa. Es soll damals ein "Himmelsbrief" auf den Petrusaltar in Jerusalem gefallen sein, ging die Kunde, und das verstärkte neuerlich die Endzeiterwartungen und artete schließlich in Judenverfolgungen, aber auch kirchenfeindliche Forderungen aus..." (Enzyklopädie 2000)

Es ist nicht wahrscheinlich, daß heute noch derartige wahrlich kollektive Wahn- und Hysteriezustände eintreten können. Dennoch gibt es genug Anzeichen für ein quasi permanentes, dem Menschen womöglich angeborenes (zumindest vererbtes) Hysteriepotential, eine Wahnbereitschaft zumindest in Teilen der Bevölkerung aller Länder dieser Welt. Man denke an die Sekten und ihren Zulauf, an den wahrhaft erschreckend-grotesken Massenselbstmord von tausend Amerikanern in einem Sektenlager in Guatemala im Jahre 1978 als einem der spektakulärsten Fälle dieser Art in neuerer Zeit, der als "Dschungelselbstmord" in die Geschichte einging; man denke an die Fundamentalisten mancherlei Couleur, insbesondere an die des Islam in unserer Zeit ... Doch wirklich welt- oder auch nur kontinentweit ist dergleichen nicht mehr vorstellbar. Was nicht heißt, daß es ganz ausgeschlossen wäre, falls bestimmte Dinge geschehen oder Ereignisse sich ergeben würden...

Wie heißt es in Schillers "Lied von der Glocke"?

"Gefährlich ist's, den Leu zu wecken, Verderblich ist des Tigers Zahn. Jedoch der schrecklichste der Schrecken, Das ist der Mensch in seinem Wahn."

Hat es Pygmalion tatsächlich gegeben?

Pygmalion schuf sich eine Statue von einer Frau, die dann lebendig wurde. Seit dem 11. Jahrhundert gibt es Berichte von Fällen, wo Standbilder "wirklich" lebendig wurden. Schattenspiele oder "déjà vu"? Materialverformungen oder Gehirnbildüberlagerungen?

Fromme Darstellung (vermutlich 19.Jh.) der Wunderlegende des hl. Gualberto, der von einem Jesusbild umarmt wird

Pymalion verliebt sich in eine Statue der Galathea. Aphrodite verwandelt das starre Ebenbild in eine verführerische Frau aus Fleisch und Blut – Pygmalion zur großen Freude.

Die Geschichte ist hinlänglich bekannt. Wer sie nicht in dieser klassischen, ursprünglichen Form kennt, kennt sie als das leicht satirische berühmte Theaterstück von George Bernard Shaw, das den Stoff unter dem Titel *Pygmalion*, leicht abgewandelt und modernisiert natürlich, aufgreift und verarbeitet. Und wer nicht ins Theater geht, kennt auf jeden Fall das Musical *My Fair Lady*, das nach Shaws Bühnenstück entstand, zumindest aber den Hollywood-Film dazu; ein Welterfolg.

Das geheimnisvolle Rätsel der lebendig werdenden Statue stammt aus der antiken Mythologie. Bereits Ovid erzählt es:

Ein Bildhauer, der sich aus Abneigung gegen die Frauen Ehelosigkeit geschworen hat, entbrennt in heißer Liebe zu einer von ihm selbst aus Elfenbein gefertigten idealisierten Frauenstatue. Auf sein Flehen hin haucht Aphrodite dem Bildnis Leben ein, und Pygmalion vermählt sich mit der zum Leben erweckten Statue.

Nun gibt es aber auch "reale" Geschichten, die man Pygmalion-Geschichten nennen könnte; und die erste davon stammt aus dem 11. Jahrhundert – sofern "real" das richtige Wort ist, natürlich.

Im Jahre 1013 erlebte, heißt es, der heilige Johannes Gualberto ein "wundersames Zeichen". Die Geschichte, wie sie der wortgewaltige Prediger Johannes Capristan erzählte, beginnt wie ein – modern gesprochen – Krimi.

In Florenz lebte ein wohlhabender Adeliger, dessen Bruder weithin als Ritter bekannt war. Als einer seiner eigenen Knechte nun seinen Bruder, den Ritter, tötete, ließ er Geschäfte Geschäfte sein und machte sich zu Pferde auf zur Verfolgung des Mörders, seines ungetreuen Dieners.

Er will Rache für seinen Bruder und scheut keine Anstrengung.

Am Karfreitag gelingt es ihm auf dem Weg zu einem Benediktinerkloster, wo sich das Grab des hl. Minias, eines Märtyrers befindet, den Mörder zu fangen. Dieser wirft sich ihm reuig zu Füßen und bittet um sein Leben. Zumindest möge sein Herr, fleht er, ein Christusbild oben im Kloster über sein Schicksal entscheiden lassen. Aber sein Herr will kein Bild als Richter. Er will das Leben des Mörders direkt, Auge um Auge, Zahn um Zahn...

Der Knecht bittet: "Geht mit mir hinauf zum Kloster, Herr. Dort hängt ein Kreuz. Wenn Euch dieses Kreuz kein Zeichen gibt, so tut mit mir nach Eurem Willen."

Der Adelige lacht. Wie soll ihm ein Bild ein Zeichen geben. Aber nun gut.

Zusammen machen sie sich auf den Weg in das unweit Roms gelegene Kloster. Dessen Kirchlein ist eher ärmlich, es erinnert mehr an eine Hütte, und auch der hölzerne Vorbau macht keinen besseren Eindruck.

In diesem Vorbau aber hängt ein Brett, auf das der gekreuzigte Heiland gemalt ist. Sie knien beide davor nieder.

"Mein Herr Jesus Christus", betet der Adelige, "wenn ich dem Mörder vergeben soll, so gib mir ein Zeichen."

Und dann geschieht das Wunder. Aus dem gemalten frommen Kunstwerk neigt sich der Heiland vor, wird plastisch und umarmt den Adeligen.

Für den Mann, der eben noch gnadenlos seine Rache suchen wollte, ist damit klar: er muß dem Mörder vergeben. Und er verzeiht ihm also. Und beide gehen in das Kloster hinein und bitten dort um Aufnahme. Der Adelige allerdings ist berüchtigt; er genießt ganz und gar keinen guten Ruf. So soll er sich nun einer einjährigen Probezeit unterziehen und nur in weltlicher Kleidung an den Exerzitien der Benediktiner teilnehmen.

1013 versucht sein Vater, ihn aus dem Kloster herauszuholen, doch vergeblich. Johannes Gualberto legt seine weltliche Kleidung ab, zieht die Mönchskutte an, schneidet sich selbst das Haar und wird Mönch.

Soweit die Geschichte, eine fromme Legende. Sie diente wohl dazu, den späteren Gründer des Vallombrosaner-Ordens besonders heilig erscheinen zu lassen.

Ungewöhnlich und in unserem Sinne "rätselhaft" wird sie dadurch, daß es Berichte wie diesen später noch des öfteren gab. Berichte von Bildern oder Statuen, die "lebendig" wurden, tauchten immer wieder auf. Und mehr als die ohnehin schwierige Feststellung, wie es in jedem Einzelfall nun "tatsächlich" zuging oder nicht und wie sich das Phänomen "erklärt" oder nicht, ist für uns die reine Feststellung des Phänomens interessant.

Wenn Menschen Dinge "erscheinen" oder widerfahren, die es nicht geben kann, dann muß etwas mit ihnen oder in ihnen geschehen sein, das sie diese "Erscheinungen" wahrnehmen läßt ... Bleiben wir einmal bei dieser Formulierung dafür.

Da ist etwa das Beispiel aus der chilenischen Stadt Concepción aus dem Jahre 1599 mit einer ebenfalls "christlichen Figur in Aktion".

Wegen der Unterdrückung durch die Weißen – plündernde Europäer – stürmen Indios die Stadt. Für sie sind die weißen Eindringlinge aus der Fremde nur deshalb so mächtig, weil sie einen unheimlichen und überaus mächtigen "Zauber" besitzen. Und diesen fürchten die Indios mehr als ihre technisch haushoch überlegenen Waffen. Sie sind überzeugt, nur, wenn man ihren "Zauber" zerstört, läßt sich die Überlegenheit der Weißen brechen. Und so, wie sie die Dinge sehen und verstehen, hat der besagte "Zauber" etwas mit dem Gotteshaus von Concepción zu tun. Also stürmen sie die Kirche. Es gelingt ihnen jedoch nicht, den "Zauber" der Weißen zu zerstören. Im Gegenteil, der "Zauber" vertreibt sie. "Vor ihren Augen", so lauten die zeitgenössischen Berichte, wird die Statue der Muttergottes in der Kirche "lebendig", und die Indios fliehen entsetzt und fühlen sich sogar verfolgt.

Ein anderer Bericht davon besagt sogar, die Statue der Madonna sei "wahrhaftig" aus der Kirche gelaufen und habe die entsetzt fliehenden Indios mit Lehmklumpen beworfen. Nun, so drastisch hat man die Muttergottes eigentlich sonst nie beschrieben bekommen.

So absurd die Geschichte klingt, der englische Schriftsteller Samuel Butler (1835-1902), der sich viel mit solchen Dingen beschäftigte, nahm auch diesen Bericht mit großer Gelassenheit zur Kenntnis: Lebendig gewordene Statuen – so selten habe man davon auch nicht gehört...

Er berichtete von einem Fall, den er wußte (aufgespürt hatte):

Am 3. Juli 1653, so stand es in dem Bericht, den er in die Hände bekommen hatte, störten in der Caiphas-Kapelle auf dem Sacro Monte (welchem genau, ist nicht präzisiert; Berge dieses Namens gibt es eine Menge) keine Indios die fromme Andacht, sondern lediglich ein Betrunkener. Ob dieser unglaublichen Störung sei der Hahn auf einem Petrusstandbild "lebendig" geworden und habe laut krächzend geschimpft.

Oder dieser Bericht:

1870 sei plötzlich eine Statue im kalabrischen Soriano "lebendig geworden" und habe "Arme und Beine bewegt".

Ein ähnlich unheimlicher Vorfall soll sich, sogar wiederholt, im Jahr 1893 in Campocavello ereignet haben.

Der nächste Bericht: 1906 haben angeblich Lehrer und Schüler des Jesuitenkollegs von Quito in Ecuador – also keine Einzelperson, sondern eine ganze Gruppe – beobachtet, wie Leben in eine Madonnenstatue kam: Sie habe den Gesichtsausdruck verändert und die Augen bewegt.

Gelächelt haben soll ebenfalls eine Madonnenstatue 1948 in Assisi.

Nun sind aber solche Berichte keineswegs nur in Ländern, zu Zeiten und von Personen überliefert, die stark an den katholischen Marienkult gebunden sind.

Das in christlichen Kreisen noch im späten Mittelalter verpönte Manuskript "Hermes Trismegiostos an Asclepius" enthielt ebenfalls einen einschlägigen Satz, nämlich: "Lebende Statuen sind Realität!" Die Schrift geht auf die Spätantike zurück. Sie stellte fest: Über die Jahrhunderte würde Wissen weitergereicht, das leider nur wenigen Menschen zugänglich war und deshalb dann oft verschollen ist.

Die "Erbauer" oder Schöpfer von Statuen kennten z.B. geheimnisvolle Erdkräfte, die Statuen "lebendig" werden ließen. Allerdings müßten solche Bildwerke dann auch an ganz bestimmten Stellen in den Tempeln und Kirchen aufgestellt werden.

Und mit diesem Satz wird die Sache nun interessant. Wenn dies tatsächlich ein Hinweis auf einst bewußtes, später wieder verlorengegangenes Wissen sein sollte, dann ließen sich Überlegungen etwa dieser Art mit einem gewissen Maß an Glaubwürdigkeit bzw. der Erklärung für alle die angeblich "lebendig" gewordenen Statuen anstellen:

Gewisse Materialien, Hölzer an gewissen Stellen etwa, bei unterschiedlichen Temperaturen und wechselnder Luftfeuchtigkeit, oder Metalle bei magnetischen Einwirkungen usw. unterliegen mehr oder minder starken Formveränderungen. Das könnte zu bestimmten optischen Täuschungen/Erscheinungen führen, die auf Bewegung schließen lassen, etwa die Veränderung eines Gesichtsausdrucks, wenn auch natürlich nicht gleich dazu, daß die Statue wie in Concepción auf die Straße hinausläuft und mit Lehm wirft! Das ist so sichtlich Ausschmückung eines möglichen "Veränderungsphänomens", daß man darüber nicht weiter zu reden braucht. Wir kennen aus der modernen Technik das verblüffende Phänomen, daß bestimmte Metalle sich immer wieder, auch wenn sie verformt werden, ihrer ursprünglichen Form "erinnern" und diese wieder annehmen. Dies könnte die Richtung sein, in der diese Beobachtungen ihren Tatsachenkern haben...

Man kann natürlich auch viel einfachere Erklärungen ebenfalls für durchaus zutreffend halten. Manche Malereien, weiß man, sind perspektivisch so gemalt, daß einem die Augen einer Person stets zu folgen scheinen, oder daß ein an eine Kirchendecke gemaltes Kreuz dem Betrachter von jedem Standpunkt der Kirche aus stets "folgt", also sich entsprechend perspektivisch ansieht.

Noch einfachere und natürlichere Erklärungen sind Sonnenlichtveränderungen auf Schnitzwerken, wo die Schatten- und Lichtveränderungen leicht Bewegung vorgaukeln, während sich natürlich "in Wirklichkeit" gar nichts bewegt. Und bekanntlich ist es dem Menschen eigen, "zu sehen, was er sehen will". So wie der Mensch

auch nur gehört haben will, was er hören möchte, und alles andere wegfiltert, ist auch das selektive Wahrnehmen ein altbekanntes Phänomen. Weiter vorne war schon von der Erfahrung der subjektiven Augenzeugenberichte die Rede. In Fällen wie diesen hier müßte man statt "nur" vielleicht "auch" sagen: Der Mensch sieht auch, was er gerne sehen möchte. Und so kann ein einfach gläubiger Mensch mit einem völlig geschlossenen Welt- und Vorstellungsbild auch durchaus subjektiv etwas "wirklich" sehen, was er zu sehen glaubt, sehen möchte. Es ist keineswegs immer erforderlich, daß dies auf einen bewußten Wunsch oder Willensakt zurückgeht. Und deshalb mag selbst einst dem guten mythischen Pygmalion seine Statue in diesem Sinne "wirklich" lebendig geworden sein: Der Glaube versetzt Berge.

Dazu noch zwei Beispiele. Das erste:

1919, heißt es, "lebten" in der spanischen Stadt Limpias Statuen von Heiligen.

Die Engländer John Michell und Robert Pickard gelten als Autoritäten auf dem Gebiet der rätselhaften, kuriosen, geheimnisvollen und unerklärlichen Phänomene. Sie berichten in ihrem Buch "Phenomena" von diesem Fall. "Verwunderte Zeugen sahen, wie sich Figuren aus Holz bewegten."

Eine andere Erklärung als die oben schon in Erwägung gezogenen für derartige Phänomene hat der Mediziner Professor Ernst Jaensch, der von Wundern gar nichts wissen will und rein physiologische Erklärungen gibt. Seiner Meinung nach unterlagen sie alle, vom guten Johannes Gualberto bis zu den Leuten von Limpias wie überhaupt alle, die "lebendig werdende Statuen" gesehen haben wollen, einer reinen Sinnestäuschung: "In besonderen Fällen und unter besonderen Umständen kommt es zu Überlagerungen von Gehirnbildern, die dazu führen, daß die Betreffenden meinen, etwas zu sehen, was in Wirklichkeit so gar nicht vorhanden ist." (Und im übrigen kennt man in Psychologie und Physiologie schon lange den Effekt des "déjà vu": man erlebt etwas/nimmt etwas wahr, von dem man das sichere Gefühl hat, eben dies, und zwar ganz genauso, schon einmal erlebt zu haben. Doch dieses Phänomen muß hier nicht einmal unbedingt im Spiele sein, weil es sich dabei auch um das "Sehen" von Dingen handelt, die nicht tatsächlich "gespeichert" sind, also wirklich "déjà vu".) "Der heilige Johannes Gualberto", so Jaensch weiter, "hat also möglicherweise einmal einen Mann gesehen, der vor ihm stand, genauso wie nun die Figur des Jesus-Bildes, vor dem er kniete. In seinem Gedächtnis ist dieses Bild gespeichert. Beim Anblick des gemalten Jesus wird dies gespeicherte Gedächtnisbild wieder abgerufen. Die Bilder im Gehirn überlagern sich mit der Realität des Augenblicks und täuschen vor, daß sich das Bild bewege."

Daß solchen Sinnestäuschungen vor allem Menschen unterliegen, deren Kenntnisstand entweder aus ihrer Zeit oder auch aus ihrer persönlichen Intelligenz von solchen Phänomenen (noch) nichts weiß, liegt nahe: und vor allem ihre Berichte und ihre Deutung dazu.

Michell und Pickard sind indessen nicht so sehr für diese wissenschaftlich-intellektuelle Deutung. Denn schließlich sei in dem Bericht über Johannes Gualberto überliefert, daß er von der Jesusfigur auch berührt worden sei: ob das denn auch nur Einbildung sein könne.

Objektiv gesehen ist dies natürlich ein schwacher Einwand. Die "Berührung" ist erstens in keiner Weise konkret bewiesen, sondern lediglich Bestandteil der Legende. Und zum anderen kann die Erklärung von Jaensch selbstverständlich auch die "Einbildung" der Berührung enthalten.

Der zweite Einwand ist auch nur scheinbar gewichtiger: Die Erklärung von Jaensch setze überaus komplizierte, außergewöhnliche und höchst seltene Vorgänge in den Augen wie im optischen Gedächtnis voraus; "ganz unmöglich", daß sich eine medizinisch vielleicht mögliche, aber doch wohl höchst seltene Verknüpfung von Täuschungen immer wieder ereignet haben solle.

Wieso aber eigentlich nicht? Die Quantität kann doch wohl kein Tatsachenerfordernis sein: "Ja, wenn es nur ganz wenige solcher Fälle lebender Statuen gäbe..." Es bedarf doch wohl gewichtigerer Argumente – und auch der Gewichtungen. Wie man überhaupt, an dieser Stelle ist auch diese Bemerkung überfällig, natürlich in allen diesen echten oder vermeintlichen, angeblichen oder authentischen "Rätselfällen" zuallererst die Seriosität der Quellen prüfen und auf die Waagschale legen muß. Alten Legenden – die ohnehin andere Sinnorientierungen haben als die dokumentarischer Tatsachenquellen – oder sonstigen Erzählungsüberlieferungen kann nicht einfach ohne weiteres die Aussage- und Beweiskraft dokumentierter Fakten zugemessen werden. An diesem Punkt scheidet sich ohnehin so manche Räuberpistole von fundierten Feststellungen.

Nun soll es da aber, der Vollständigkeit halber, noch einen Fall aus dem 19. Jh. geben, der angeblich eine direkte Wiederholung des "Gualberto-Phänomens" darstelle und der angeblich die Jaensch-Deutung völlig ausschließe. Das zweite der restlichen Beispiele also:

Eine "lebendig" gewordene Statue habe sogar mehrere Menschenleben gekostet. Im Juli 1884, so erzählt diese Geschichte, habe die Besatzung des Schiffes "Die Hurtige" einen vermeintlichen Schiffbrüchigen aufgefischt. Der Schiffsjunge Jacques Carrier rief "Treibende Frau voraus!" vom Ausguck. Das war vor der atlantischen Inselgruppe Tristan. Es hatte erst ein schlimmer Sturm getobt, war also nicht ungewöhnlich, daß ein Mensch im Wasser treiben sollte. Es konnte die einzige Überlebende eines Schiffsuntergangs sein. Der Schiffsjunge jedenfalls meint, eindeutig eine Frau zu erkennen, die schon am Ertrinken ist. "Sie bewegt sich noch! Beeilt euch beim Bergen!" schrie er.

Hastig wird ein Boot ausgesetzt, um die vermeintliche Schiffbrüchige zu bergen. Aber dann stellt sich rasch heraus: es ist nur eine Galionsfigur; eine attraktive Frauengestalt aus Kirschbaumholz mit einer entblößten Brust und bis zu den Schenkeln gerafftem Rock. Sie steht auf einem Sockel mit der Aufschrift "Atlanta" – sichtlich der Name des untergegangenen Schiffes, von dem sie stammt.

Aber der Schiffsjunge, heißt es, läßt sich nicht davon abbringen: die Figur hat sich bewegt!

Natürlich lachen ihn die Matrosen genauso aus wie der Kapitän selbst. Was so ein Schiffsjunge alles zu sehen glaubt. Und das bei rauher See! Als man ihm aber eröffnet, daß man ihm – obwohl es dem Brauch entspräche, weil er sie als erster gesehen hat – die Figur nicht überlassen will, begeht der Junge in höchster Erregung Selbstmord, indem er sich ins Meer stürzt.

Gut, oder vielmehr nicht gut. Aber so etwas kann ja vorkommen, und der junge Mann war halt ein wenig überkandidelt. Doch die Sache – heißt es – ist damit noch nicht zu Ende. Die Figur kommt ins Marinemuseum von Genua. Und dort behauptet ein Seemann 1895 steif und fest, "lebende Züge" an der Frauengestalt erkannt zu haben. Er will sie aus dem Museum stehlen, wird aber ertappt. Weil er jedoch einen so verwirrten Eindruck macht, verzichtet man auf eine Diebstahlanzeige. Der Seemann will die Galionsfigur nun kaufen. Das wird ihm abgeschlagen – und er begeht Selbstmord.

Um 1900 – so steigert sich die Geschichte weiter – gelangt dieselbe Figur in das kleine Marinemuseum von La Spezia. Und dort begeht – richtig! – ein Museumsführer Selbstmord: wieder wegen dieser Statue. Angeblich jedenfalls. Immerhin, im Marinemuseum von La Spezia läßt sich in der Akte 2589 ein früheres Bekenntnis des Mannes nachlesen: "Diese Figur zieht mich an, ich weiß nicht weßhalb. Ich fühle, daß sie lebendig ist wie jede andere Frau auch."

Damit immer noch nicht genug: 1944 stiehlt ein deutscher Matrose namens Erich Kurtz die Figur aus dem Museum, schleppt sie im März in ein kleines Zimmer und begeht ebendort am 13. Oktober Selbstmord. In seinem Abschiedsbrief teilt er mit: "Seit ich diese Statue kenne, ist keine lebendige Frau mehr in der Lage, die Träume, die die Figur in mir weckt, zu erfüllen."

Unterstellt, diese Geschichte ist nicht nur – wofür manches spricht! – ein schön gestricktes Garn, wie sie Wochenbilderblätter gerne basteln, sondern ließe sich "tatsächlich" so dokumentieren: was bewiese sie? Bewegte Statuen? Oder würfe sie nicht u.a. die Frage auf: warum macht die Galionsfrau das? Hat sie nichts Besseres zu tun? Oder hat die Statue schlicht und einfach nur die hypnotische Wirkung einer bestimmten Figur von ungewöhnlichem Reiz auf manche sensible oder exaltierte Naturen? (Denn warum hat sie ausgerechnet und nur auf diese vier Männer diese seltsame Wirkung gehabt und nicht auch auf die zahllosen anderen, die sie auf dem Schiff und in den beiden Museen gesehen haben? Und was sollte der Sinn des Zeitvertreibs sein, Männer, die niemandem etwas zuleide getan haben, in den Wahnsinn und Selbstmord zu jagen?)

Wie sagte Tucholsky einst so leicht ironisch? "Voller Rätsel ist die Welt!"

Geheimnisvolle Osterinsel

*Alle Welt kennt die merkwürdigen Riesenstein-
köpfe der Osterinsel. Aber das Rätsel woher und
warum ist bis heute ungeklärt, trotz vieler Theorien. Generationen von Wissenschaftlern haben
sich schon damit abgemüht. Woher kamen die
"Langohren" und wer waren sie?*

*Die Moais, die Kopfstatuen der Osterinsel, haben ihr Rätsel bis heute
nicht schlüssig enthüllt. (Foto: Erich von Däniken)*

Eines der großen, noch nicht eindeutig und ganz schlüssig gelösten Rätsel unserer Welt sind die Riesensteinköpfe der Osterinsel.

Osterinsel, Isla de Pascua/Rapa Nui, 38° 52' N, 84° 59' O, das ist mitten im südlichen Pazifik, 3700 km vor der Küste des chilenischen Festlandes, oft und gerne "die (wohl/vielleicht) einsamste Insel der Welt" genannt; die nächste größere Insel, von den Pitcairns abgesehen, Tahiti, ist mehrere tausend Kilometer entfernt. Größe 180 qkm, an die 1500 Einwohner (polynesische Einheimische und vom Festland stammende Chilenen). Vulkanischen Ursprungs, bis rd. 700 m hoch mit hoher Kliffküste. Geringe klimatische Schwankungen. Die Vegetation besteht im wesentlichen aus einer Grasflur. Die einheimische Tierwelt ist bis auf wenige Vogelarten vernichtet. Stützpunkt der chilenischen Luftwaffe. Der Name der Insel erinnert an die Entdeckung durch den Niederländer J. Roggeveen am Ostersonntag 1722. Nach allgemeiner Auffassung Anfang des 12. Jh. (vielleicht auch schon im 4. Jh.) durch Polynesier von den Marquesas-Inseln aus besiedelt (im Gegensatz zur Ansicht von Thor Heyerdahl). Die sich in der Folgezeit entwickelnde Osterinselkultur wird bezeugt durch ein hieroglyphenähnliches Schriftsystem (Osterinselschrift; Ursprung ungeklärt) und die gigantischen Steinbüsten aus schwarzem Tuff, die als Göttersitze gedeutet werden. Die Osterinselkultur erlosch um 1750, als zahlreiche Kriege zu einer starken Abnahme der Bevölkerung geführt hatten. Im 19. Jh. wurde die Einwohnerzahl durch Seuchen und Menschenraub weiter dezimiert. 1888 annektierte Chile die Insel.

Soweit die lexikalische Tatbestandsfeststellung. Eine zweite gleich dazu:

Trotz deren isolierter Lage erreichten irgendwann zwischen dem 4. und 12. Jh. Boote die Osterinsel. Die Besucher waren, so vermuten Wissenschaftler, Polynesier von den Marquesas-Inseln. Sie müssen hervorragende Seeleute gewesen sein, legten sie doch mit ihren einfachen Booten eine Entfernung auf hoher See zurück, die der Strecke Los Angeles-New York entspricht. Warum die Polynesier kamen und blieben, weiß niemand. Vielleicht hielt sie das milde Klima, vielleicht wollten sie sich aus anderen Gründen weitab von ihrer Heimat niederlassen. Jedenfalls haben sie wahrscheinlich das begründet, was wir heute die Osterinselkultur nennen.

Auffälligste Überbleibsel dieser Kultur sind die langohrigen Steinfiguren, Moais genannt. Durch ihre langen, kantigen Köpfe mit dem breiten scharfgeschnittenen Kinn, der vorgewölbten Stirn und den fest zusammengepreßten Lippen machen diese Standbilder den Eindruck strenger, fast grimmiger Wächter. Man findet sie überall auf der Insel. Sie sind alle nur Büsten, also Kopf und Oberkörper und aus vulkanischem Tuffgestein. Manche stehen auf Mauersockeln, andere ragen scheinbar aus dem Boden wachsend steil empor. Viele der Figuren sind irgendwann umgefallen oder auch umgestürzt worden und liegen wie niedergerissene Denkmäler in der baumlosen Landschaft der Insel. Eine Anzahl ist von Forschern und Expeditionen wieder aufgerichtet worden.

Insgesamt gibt es rund 800 Moais auf der Osterinsel. Die kleinsten sind 1 m groß und haben ein Gewicht von 2 t. Die Riesen unter ihnen erreichen die Höhe eines zehnstöckigen Hauses und wiegen soviel wie drei moderne Lokomotiven. Hergestellt wurden die Moais am Rano Raraku, einem der Inselvulkane. In mühseliger Arbeit haben die Insulaner die klotzigen Figuren nur mit Basaltmeißeln aus dem relativ weichen Tuffgestein des Berges herausgeschnitten. Auf welche Weise die fertigen Moais dann zu ihren endgültigen Standorten transportiert worden sind, ist noch völlig unklar. Manche der tonnenschweren Skulpturen wurden bis zu 20 km von ihrem Entstehungsort entfernt aufgestellt. Hinweise auf die Bedeutung und die Geschichte der Büsten könnten vielleicht die Schrifttafeln aus Holz geben, die auf der Osterinsel gefunden wurden. Aber bislang ist es den Wissenschaftlern nicht gelungen, die aus 600 Einzelzeichen bestehende Schrift zu entziffern oder wenigstens ihren Ursprung aufzuklären.

Immerhin gibt es mündliche Überlieferungen über die Geschichte der Osterinselkultur. Danach habe der König Hotu Matua, von einer unbekannten Insel kommend, im 16. Jh. von dem Eiland Besitz ergriffen. Wenige Jahrzehnte später griffen als Langohren bezeichnete Eindringlinge die Insel an, unterwarfen deren Bewohner und zwangen sie, die Moais herzustellen. Aber nur kurze Zeit dauerte das Sklavendasein der Bevölkerung an. Die Langohren wurden vertrieben und die Relikte ihrer Macht, die Steinbüsten, umgestürzt. (Monumente der Welt)

Die Herkunft der Erbauer dieser Riesenstatuen ist nach wie vor ungeklärt. (Foto: Erich von Däniken)

Damit ist aber das Thema nicht etwa schon beendet, sondern beginnt an diesem Punkt erst richtig. Denn Tatsache ist ja, daß die entscheidenden Fragen des Osterinsel-Rätsels nach wie vor nicht zweifelsfrei geklärt – und möglicherweise auch unklärbar – sind, und daß es obendrein mittlerweile eine ganze Menge von Theorien gibt, wie sie die soeben zitierten lexikalisch-enzyklopädischen Materialsammlungen aufführen. Erst vor kurzem gab es auch neue Fernsehdokumentationen, die ihrerseits den Anspruch erhoben, zumindest einige der Osterinsel-Rätsel, wie z.B. die Transportart der Moais, gelöst/geklärt zu haben. Dennoch, Einigkeit über die Grundsatzfragen besteht nach wie vor nicht. Letzte Schlüssigkeit kann keine der vielen Beweisführungen für sich beanspruchen. Teilweise schließen die Theorien einander aus, teilweise sind sie einfach verschiedene Möglichkeiten, die alle mehr oder weniger Wahrscheinlichkeit oder Denkbarkeit für sich haben. Sie reichen von

Erich v. Dänikens Fragezeichen zum Thema "Außerirdische oder sonstige Erklärungen" bis zu Thor Heyerdahls Überzeugungen und Thesen. Und dazwischen ist noch viel Platz.

Die Hauptfrage, warum die Moais geschaffen wurden, scheint z.B. dem Fachautor Wilhelm Ziehr nicht so wichtig. In einem seiner Bücher drückt er seine Verwunderung aus, wieso man diese Frage überhaupt stellen könne: "Die Existenz monumentaler Steinplastiken auf der Osterinsel ist keineswegs so rätselhaft, wie oft behauptet wurde. Da Holz auf der Insel außerordentlich knapp war, bot sich das hingegen reichlich vorhandene vulkanische Tuffsteinmaterial an."

Das ist allerdings nur die Material-Frage, nicht die Sinn-Frage.

Thor Heyerdahl ist anderer Meinung. Der berühmte norwegische "Kon Tiki"- und "Ra"-Fahrer, der auch dem Studium des Rätsels der Osterinsel viele Reisen dorthin und Jahre seines

Lebens widmete, hat darüber Bücher veröffentlicht und ist sicherlich einer der besten Kenner der Insel. Trotzdem sind seine Ansichten auch heute noch nicht unumstritten. Heyerdahl ist zum Beispiel der Ansicht, daß es jedenfalls damals Holz in Mengen auf der Insel gegeben habe; denn es sei zum Rollen-Transport der Moais verwendet worden.

Nun ist diese verschiedene Auffassung zum Thema Holz natürlich nur ein sekundäres Problem. Sie ist kein Gegenbeweis gegen die jeweils andere Theorie. Die steinernen Moais mögen aus Vulkanstein sein, weil es kein Holz gab, oder nur deshalb, weil es dauerhaftere Steinbilder sein sollten, die nicht wie solche aus Holz verwitterten (und außerdem aus Holz nicht so groß hätten gemacht werden können); das ist aber unerheblich. Sie sind jedenfalls aus Tuffstein vorhanden und ob sie mit Holzrollen transportiert wurden oder auf andere Weise, ist allenfalls die nächste, aber nicht entscheidende Frage. Sie sind transportiert worden, das steht fest.

Ein sekundäres und überholtes Problem sind auch die früheren Kontroversen über die wahre Größe der Moais. Die Statuen sind inzwischen genau vermessen, siehe oben. Sofern Autoren - wie auch Ziehr noch - ihre Theorien teilweise darauf gründeten, daß sie sie sozusagen auf Prokrustesbett-Art streckten (oder in diesem Fall vielmehr preßten), nämlich die Statuen auf dem Papier einfach schrumpfen ließen, ist das heute gegenstandslos. (Bei Ziehr waren die Steinfiguren "so riesenhaft nicht", nämlich zwischen 3,5 und 5,5 m, allerdings auch dann noch von einem Gewicht bis zu 20 t. Der englische Autor John Gilbert gab dann die Größen schon exakter mit "zwischen 5 und 12 m" an. Und der Autor Fritz Felbermayer, ebenfalls im Ruf eines Osterinsel-Experten, etablierte dann das tatsächliche Maximum mit "bis zu 20 m".)

Die Hauptfrage ist und bleibt, woher die ersten Besiedler der Insel kamen. Denn sie befindet sich in der Tat "von überall" gleich weit weg. Außer der oben schon erwähnten großen Ent-

Die Steinplastiken sind teils aufgestellt, teils halbfertig, teils mitten im Transport liegengeblieben. (Foto: Erich von Däniken)

fernung vom chilenischen Festland und zur nächsten Insel Tahiti beträgt die Entfernung auch zur Küste Perus nicht weniger als 3200 km, in die andere Richtung sind es sogar 6200 km bis Neuseeland.

Die Erwähnung der Entfernung zur Küste Perus ist wegen Thor Heyerdahl erforderlich, weil er sich nach seinen Erkenntnissen darauf festgelegt hat, daß die Moais-Erbauer aus Peru gekommen seien – im Gegensatz, wie schon in der lexikalischen Übersicht oben erwähnt, zur sonst vorherrschenden Ansicht. Ein Mosaikstein seiner Beweisführung dafür ist die Tatsache, daß es auch in Peru die gleiche Technik des Behauens riesiger Steinquader gab, wie sie auf der Osterinsel bei Grabstätten zu finden ist. Außerdem hat er mit seinen Fahrten nachgewiesen, daß es keineswegs unmöglich ist, von Peru aus auch mit primitivsten Mitteln die Osterinsel zu erreichen.

Doch das, wird seiner Argumentation nach wie vor entgegengehalten, ist gar nicht die entscheidende Frage. Und es geht in der Tat nicht darum, nachzuweisen, von woher überall die Osterinsel auch für frühe Seefahrer wirklich erreichbar war, sondern darum, wer sie tatsächlich als erster erreicht hat.

Die Gegenthese zu Heyerdahl lautet denn auch: Nicht Peru war die Urheimat der Osterinsulaner, sondern (und hier mischen sich Marquesas-Inseln-Thesen und mythische Überlieferungen der Einheimischen zu folgender Gechichte):

Die ersten Vorfahren der heutigen Inselbewohner kamen aus Maori Nuinui; mit anderen Worten, aus der genau entgegengesetzten Richtung von Peru, nämlich aus der Richtung Neuseeland. Der Namensteil Maori deutet schon darauf hin. Die Maori sind bekanntlich die Ureinwohner Neuseelands. Nur sollen sie einst (auch?) in jenem "geheimnisvollen" Land Maori Nuinui gelebt haben, das eine Insel im Westen der Osterinsel, also auf Neuseeland zu, gewesen sei. Dieses Inselreich sei von einem König Taenen Arei regiert worden. Dessen Nachfolger, sein Sohn Hotu Matua, habe dann eine schwere Bürde übernehmen müssen, nämlich eine neue Heimat für sein Volk zu finden, weil ihre Insel nach und nach im Meer versank. Und so seien Seeleute ausgeschickt worden, um eine neue Insel zu finden, auf die man übersiedeln könne, doch vergebens. An diesem Punkt dann wird es völlig mythisch.

"Spät in der Nacht weckte der legendäre fliegende Gott Make Make den Priester Mau Maka, entführte den verdutzten Mann durch die Lüfte und setzte ihn auf der Osterinsel ab. Er beschrieb ihm auch den genauen Weg von Maori Nuinui zur Osterinsel samt dem besten Hafen. Außerdem wies er ihn auf etwas ganz Besonderes dieses Eilands hin: flüssigen Stein, weich und warm. Und der Priester machte die Probe aufs Exempel und trat auf die weiche Masse und in der Tat: sein Fußabdruck blieb zurück."

Natürlich bezieht sich das auf allmählich erstarrende vulkanische Lavamassen.

"Schließlich erklärte der fliegende Gott dem Priester auch noch den Gebrauch von Schilfrohr zum Häuserbau und brachte ihn nach weiteren ausführlichen Erläuterungen wieder zurück auf seine untergehende Insel. Als Mau Maka wieder zu sich kam, wußte er zunächst nicht, ob er nun geträumt habe oder wirklich unterwegs gewesen sei. Jedenfalls eilte er gleich beim ersten Morgengrauen zu seinem König und berichtete ihm von seinen Erlebnissen."

Und schon einen Tag später seien also die sieben erfahrensten Seeleute von Maori Nuinui aufgebrochen und dreißig Tage lang über das Meer gesegelt, bis sie tatsächlich die von Mau Maka beschriebene Insel entdeckten. Vierzig weitere Tage hätten sie für die Rückfahrt benötigt, wo der König dann entschied: das gesamte Volk zieht auf die neue Insel um. Und der Exodus habe 120 Tage gedauert. Die Insel sei sofort genau erforscht worden, habe sich allerdings als recht kärgliches Eiland erwiesen. Keine Rede von urwaldartigem Bewuchs. Einigen wenigen habe die neue Heimat deshalb wenig gefallen. Sie wollten lieber wieder in die alte Heimat zurück. Tatsächlich seien auch einige Unzufriedene zurückgekehrt. Ganz ausdrücklich heißt es in dieser mythischen Geschichte, daß diese Murrenden wieder "nach Hause" gefahren seien, nach Westen. Ob dieses "Zuhause" nun eine sagenhafte versunkene Insel war oder die Marquesas oder gleich tatsächlich das heutige Neuseeland (die Maori!), oder ob die Rückkehrer später bis nach Neuseeland weiterzogen und es besiedelten... da bleibt genug Raum für Spekulationen. Jedenfalls schließt diese Version Peru als Herkunftsland der Ureinwohner der Osterinsel ausdrücklich aus.

Nun ist natürlich erneut die entscheidende Frage, wie glaubwürdig diese Legendenüberlieferung ist und wie tauglich, Thor Heyerdahl entscheidend zu widerlegen.

Der schon erwähnte Autor Fritz Felbermayer ist einer von denen, die diese mythische Geschichte für im historischen Kern zutreffend halten. Felbermayer ist ebenfalls nicht irgendjemand. Er spricht als einer der wenigen Europäer die Sprache der Osterinsulaner fließend; er sitzt als einziger Ausländer im "Rat Chilenischer Geschichte"; und er wurde für seine jahrzehntelange Arbeit in der Osterinselforschung mit einem chilenischen Orden ausgezeichnet. Für ihn sind die mündlichen Legendenüberlieferungen der Einheimischen die richtige Spur zu den tatsächlichen historischen Fakten. Die Details der Legende mit dem fliegenden Priester und dem lenkenden Gott mögen Mythologie und Ausschmückung sein, und wer will, mag auch PSI-Phänomene vermuten, also parapychologische außersinnliche Wahrnehmungen, oder was immer, entscheidend ist, daß für ihn der Kern der Geschichte, nämlich die Migration einer Bevölkerung auf die Insel und zwar ausdrücklich "von Westen her", der historische Wahrheitskern sein könnte.

Aber nun sind Mythen natürlich auch nur bedingt beweiskräftig (und beweisbar). Ohnehin gibt es noch genug andere Legenden. So gibt es eine Überlieferung, wonach es keineswegs die Ureinwohner waren, die die Steinriesen herstellten, jedenfalls nicht aus eigenem Antrieb, sondern – ebenfalls oben bei den Faktenzitaten schon angesprochen – Invasoren, die die Bevölkerung vielleicht zu deren Anfertigung zwangen. Und zwar seien das Menschen gewesen, die ihre Ohren künstlich verlängerten (was eine Erklärung für die langohrigen Moais wäre/sein könnte). In der Tat gingen die "Baumeister" der Moais (oder wie immer man sie nennen soll) als

"Langohren" in die Überlieferung ein. Eine Überlieferung meint, diese "Langohren" hätten peinlich darauf geachtet, von den "Kurzohren" nicht bei ihrer Arbeit beobachtet zu werden – was dann zwangsläufig bedeuten würde, daß die einheimischen, ansässigen "Kurzohren" eben nicht die mehr oder minder gezwungenen Arbeitssklaven bei der Herstellung der Moais gewesen wären. Wie man sieht: das verästelt sich ins schier Endlose.

Umstritten ist auch die Art der Herstellung der Moais. Thor Heyerdahls Erklärung, das "Rätsel" gelöst und auch bewiesen zu haben, wie verhältnismäßig leicht es war, sie zu meißeln (angesichts des leicht bearbeitbaren Tuffsteins), findet bis heute Widerspruch.

Es gibt noch immer Experten, die im Gegenteil darauf beharren, das Wie der Herstellung der Büstenstatuen sei nach wie vor genauso ungeklärt wie das Warum.

Und, diesmal einhellig, ungeklärt ist außerdem, warum der Kult mit den Steinriesen dann plötzlich aufhörte. Denn plötzlich und abrupt muß das Ende in der Tat erfolgt sein. Davon zeugen einwandfrei die noch heute halbfertig im Steinbruch liegenden Moais und eine Reihe von fertigen, die sozusagen liegengelassen wurden, wo man ging und stand, nämlich mitten auf dem Transport auf halbem Wege zum Aufstellungsort. Als Erklärung dafür bieten sich eigentlich nur unerwartete Katastrophen an: Kriegerische Überfälle, Seuchen, die so gut wie die ganze Bevölkerung dahinrafften, oder ähnliches.

Aber was war es im Fall der Osterinsel genau? Und wann?

Zunächst noch einmal zu Thor Heyerdahl. Er hatte für seine Theorien gewisse Beweisschwierigkeiten. Seine These, wie gesagt, war die, die Herstellung der Steinriesen mit primitiven Werkzeugen aus dem Tuff sei kein Problem gewesen und ihr Transport mittels Seilen und Holzrollen sowie ihre Aufrichtung mit Hilfe schiefer Ebenen auch nicht. Seine Versuche, dies alles selbst nachzuvollziehen und im Experiment zu praktizieren, gelangen aber nicht so richtig. Die Versuche, Einheimische mit Fäustlingen an Tuffstein arbeiten zu lassen, wurden zu schnell abgebrochen, auch der Transport einer vorhandenen fertigen Figur mit Seilen wurde sozusagen nur angedeutet nachvollzogen, und die Aufstellung einer der kleineren Statuen gelang auch nur mit enormem Kraftaufwand. Jedenfalls wollen diejenigen, die Thor Heyerdahl nicht folgen und akzeptieren möchten, seine Beweisversuche nicht eigentlich gelten lassen. (Was auch noch nicht der schlüssige Gegenbeweis ist.)

Und also gilt weiterhin als Mehrheitsmeinung: Es ist weiterhin ungeklärt, wie genau die Statuen hergestellt wurden, wie man sie transportierte, wie sie aufgerichtet wurden und wie man ihnen hutähnliche Steinklötze auf die Köpfe setzte.

Aber auch dies bleibt letztlich vage. "Gewiß," heißt das, "mit viel Kraft mag das alles wiederholbar sein; aber war es wirklich so? Es mag sein, daß es so ging, wie Heyerdahl meint, aber ob es tatsächlich so geschah, beweisen auch seine Theorien und Versuche nicht schlüssig, weil auch andere Möglichkeiten denkbar bleiben..."

Seltsamerweise schweigen sich die Mythen und Legenden der Insel zu der Frage, wie die Moais an ihre Plätze kamen, aus. Nur eine erklärt schlicht und einfach, die Statuen seien an ihre Standorte "geschwebt". Was hieße das? An gewaltigen kranartigen Gebilden etwa? Oder müßte man hier dann wieder einmal die Außerirdischen bemühen, die die Moais mit ihren Raumschiffen oder allenfalls ihren Spezialhubschraubern heranflogen und abluden?

Da darf die Phantasie wieder spazierengehen... Vielleicht, lautet eine andere These, wären die Rätsel der Osterinsel zu lüften gewesen, wenn nicht die Europäer bei ihrer Entdeckung der Insel diverse Krankheiten eingeschleppt hätten. So seien vielleicht Eingeweihte, die die Antwort

Auch Thor Heyerdahls Theorie zur Herkunft der Steinköpfe ist nicht unumstritten. (Foto: Erich von Däniken)

auf alle die Rätsel wußten, dahingerafft worden und hätten die Geheimnisse mit ins Grab genommen.

Auch das ist indessen nur Spekulation.

Noch ein mögliches Indiz: Nach der Entdeckkung der Insel durch die Holländer 1722 soll es noch bis 1864/1868 zahlreiche hölzerne Schrifttäfelchen gegeben haben. Auch sie, läßt sich vermuten (und ist oft vermutet worden), enthielten vielleicht Antworten, die wir heute noch suchen. Doch leider ließ ein fanatischer Pater, statt sich um ihre Entzifferung zu bemühen oder sie zu veranlassen, diese vermutlichen alten Kulturzeugnisse als "Teufelszeug" einfach verbrennen. Unter diesen Umständen ist es ein Wunder, daß überhaupt noch einzelne dieser Schrifttäfelchen übrig blieben.

Dr. Alfred Mextraux vom Bishop Museum auf Hawaii berichtete 1938 in einem Aufsatz in einer wissenschaftlichen Zeitschrift, es gebe noch 16 solcher Täfelchen, jedoch lasse sich nicht mehr mit Sicherheit sagen, welche davon wirklich echt seien und welche gefälscht. Denn schon vor 1882 seien auf der Osterinsel solche Schrifttäfelchen gefälscht worden – mit dem Ergebnis, daß 1903 dem Britischen Museum eine solche vermutliche Fälschung untergejubelt worden sei. Zwei Täfelchen in Mextraux' Bishop Museum waren bereits zur Zeit seines Aufsatzes 1938 "in erbärmlichem Zustand". Auf dem einen waren elf Zeilen mit insgesamt 120 Schriftzeichen auszumachen, auf dem anderen 75 Zeichen. Noch immer ist diese Osterinselschrift nicht entziffert. Lediglich zu einer, aber erstaunlichen, Feststellung war 1932 der Sprachforscher Guillaume Hevesy gekommen: "Es bestehen Ähnlichkeiten zwischen den Tafelzeichen der Osterinsel und Schriftzeichen auf altindischen Siegeln aus dem Indus-Tal." Hevesy, ein Ungar, der in Paris lebte, hielt also die Schrift der Osterinsel für den Mohenjodaro-Schriftzeichen aus dem Indus-Gebiet ähnlich.

Was eine ganz neue Spur wäre.

Nein, auf die Osterinsel trifft die Bezeichnung "Rätsel der Welt" tatsächlich im vollen Sinn bis heute zu.

Stigmatisierung – wie ist das möglich?

Franz von Assisi war der erste bekannte Stigmatisierte. Inzwischen zählt die Statistik 300 Menschen, bei denen die Wundmale Christi auftraten. Nicht alle Phänomene bei Stigmatisierten sind durch psychologisch-physiologische Extremzustände erklärbar.

Katharina von Siena empfängt die Seitenwunde. Fromme Darstellung, vermutlich 19. Jh.

Wenige Phänomene sind so umstritten wie die Stigmatisierungen. Einer der jüngsten und "prominentesten" Fälle geschah in unserem eigenen Lande und in unserer Zeit. Es war der bekannte Fall der Therese Neumann aus Konnersreuth (1898-1962), an dem sich bis heute die Geister scheiden. Da er uns zeitlich und örtlich zu nahe ist, gehen wir hier überhaupt nicht auf ihn ein, sondern befassen uns mit einigen Fällen, die seit dem 13. Jahrhundert bekannt wurden und mehr oder minder Aufsehen erregten und rätselhaft waren oder blieben.

Der erste Fall, so, wie er in der Legende überliefert wird: Giovanni Bernadone, besser bekannt unter seinem späteren Namen Franz von Assisi. 1244. Als er seine ausschweifende Jugendzeit hinter sich hat, erkennt er sein Lebensziel "in der Nachfolge Christi". Er fastet, wie Jesus in der Wüste, vierzig Tage lang zu Ehren des Erzengels Michael. Um in der Stille Gott näher zu sein, steigt er später auch einmal auf den Alvenarberg. Und dort widerfährt ihm dann Wundersames. Nämlich in der Gestalt einer Himmelsvision.

Er sieht einen geflügelten Boten zur Erde niedersteigen. Das geheimnisvolle Wesen "hat sechs leuchtende, flammende Flügel". Erst als der Engel ihm nahe genug ist, erkennt Giovanni Bernadone zwischen den Flügeln eine menschliche Gestalt. Er empfindet große Freude über seine Vision. Für ihn ist es eine göttliche Gnade. In der Gestalt erkennt er in Ehrfurcht den gekreuzigten Christus. Deutlich sind an ihm an Händen und Füßen die Wundmale der Kreuzigung zu erkennen, ebenso an der Seite der Lanzenstich.

Dann verschwindet die Erscheinung wieder.

Was "wirklich" geschehen ist, mag dahingestellt bleiben: ob die Erzählung fromme Legende ist, eine tatsächliche "Vision" oder eine Schauung in einer Art Wahrtraum in einem ekstatischen Zustand. Das zu klären, ist hier nicht der entscheidende Punkt.

Franz von Assisi jedenfalls wird von Freude und Leid zugleich erfaßt. Das Herz blutet ihm (wie die Redensart geht – also symbolisch, nicht tatsächlich), denkt er an das schlimme Leid des Gekreuzigten, zugleich jedoch erfaßt ihn eine unbeschreibliche Euphorie. Er ist davon überzeugt, daß Gott ihm ein Zeichen gegeben, ein Bild gezeigt hat. Er versteht es als Bestätigung: Du, Franziskus, bist auf dem richtigen Weg. Und während er noch in seiner religiösen Ekstase verharrt, geschieht ihm die Stigmatisation. Er selbst also sieht an sich die Wundmale Jesu. Das Datum des Ereignisses ist genau überliefert: 29. August 1224.

Es gibt zahlreiche Berichte und Beschreibungen des stigmatisierten Franz von Assisi. Sie stimmen in den Details überein, dürfen also als verbürgt gelten. Der Frater Thomas von Celano, der die Stigmata selbst gesehen hat, gab etwa diesen Bericht:

"Seine Hände und Füße waren in der Mitte wie mit Nägeln durchbohrt, die Nagelköpfe traten an der inneren Seite der Hände und der oberen Seite der Füße hervor, die Nagelspitzen auf den entgegengesetzten Seiten. Die Zeichen auf der inneren Handfläche waren rund, die auf dem Handrücken länglich."

Der hl. Bonaventura befragte Zeugen, darunter verschiedene Schüler des Franz von Assisi. Sie sagten unabhängig voneinander das gleiche aus, so etwa, "daß die Nägel von schwarzer Farbe und wie von Eisen" gewesen seien.

Das heißt also, an den Händen und Füßen des Franz von Assisi erschienen nicht nur die Stigmata der Wunden selbst, sondern auch die Kreuzesnägel. Genauer gesagt: konkret im Zellgewebe – oder eine Art Projektion in ihnen, da auch ihre "schwarze Farbe" erwähnt wurde.

Deutlich war auch zu sehen, geht aus diesen Berichten weiter hervor, daß die Nagelspitzen umgeschlagen waren. "Es ist möglich, zwischen die Spitze und die Haut einen Finger zu schieben."

Die hl. Klara, die ebenfalls davon berichtet, stellt fest, die Nägel seien zwar beweglich, ließen sich allerdings nicht bewegen.

Die Weite der Wunde wird als "breit und drei Finger tief" beschrieben.

Ungeachtet dieser scheinbar sehr tiefen Wunden in den Händen kann Franz von Assisi aber die Finger bewegen. Dafür verursacht ihm die Seitenwunde starke Schmerzen, vor allem beim

Gehen. Deshalb benützt er bei längeren Wegen ein Pferd.

Auch Papst Alexander, so ist verbürgt, war Augenzeuge der Stigmata des Franz von Assisi. Die Frage, die sich bei Franz von Assisi wie bei allen Fällen von Stigmatisation seit jeher stellt, ist, ob es eine "natürliche" Erklärung für diese Wundmale gibt.

Hier ist die Erklärung: Stigmatisierte wünschten sich bewußt oder unbewußt die Wundmale so intensiv, daß sie dann schließlich auch auftreten. Klinisch gesprochen: Hysterie.

Der bekannte Mediziner Prof. Dr. Otto Prokop beispielsweise vertritt diese Ansicht: "Stigmata sind die psychisch bedingte Folge von Einbildung und hochgradiger Hysterie." Auch Franz von Assisi habe durch die Wundmale Bewunderung auf sich ziehen wollen – wobei man dies nicht unbedingt als "eitle Bewunderung" verstehen muß, sondern wörtlich als Be-Wunderung im religiösen Sinn; als plastisches Anschauungsbeispiel, sozusagen. Wobei allerdings auch die Konstitution des Hysterikers mitspielt, die überhaupt Voraussetzung für solche Nachempfindungen ist: "Hysteriker haben üblicherweise ein ausgesprochenes Bedürfnis danach, beobachtet und beachtet, geliebt, gelobt und anerkannt zu werden." Im einen Fall äußert sich dies direkt und eher naiv, im anderen sublimiert und überhöht.

Gegen diese These scheint zunächst zu sprechen, daß Franz von Assisi den Berichten nach seine Stigmata nach der Rückkehr vom Alvenarberg zunächst krampfhaft zu verbergen versucht – in der Meinung, es sei ihm eine besondere Gnade zuteil geworden, die er der Umwelt verbergen müsse. Die Wunden bluten jedoch so stark, daß sie sich nicht verheimlichen lassen.

Die These von dem bewußten oder unbewußten starken Wunsch, der eine körperlich-materielle Wirkung nach sich zieht, erfordert die Klärung der Frage, ob derlei grundsätzlich möglich ist.

Der Geist, oder die Psyche, oder die Willenskraft des Menschen – was immer es im Einzelfall ist –, sind sehr wohl imstande, erstaunliche "reale", körperliche Wirkungen zu erzeugen.

Dafür gibt es in der Psychiatrie und in der Physiologie längst Beispiele genug. Ein sehr bekanntes ist das des Bergmanns August Diebel im Ruhrgebiet. Der Fall ereignete sich zu Beginn der zwanziger Jahre. August Diebel war zwei Tage und Nächte im Pütt verschüttet und wartete auf Rettung.

Selbst kann er sich nicht aus seiner mißlichen Lage befreien. Sein rechter Oberschenkel und ein Teil des Fußes sind unter schweren Gesteinsbrocken eingeklemmt. Er merkt, wie allmählich jedes Gefühl aus seinen Gliedmaßen schwindet, die wie in einem Schraubstock bewegungsunfähig zwischen den schweren Steinen stecken. Es ist ihm klar, daß die schwere Steinlast die ganze Durchblutung verhindert. Geschieht nicht bald etwas, wird ihm das Bein weiß werden und absterben.

Da stellt er zu seinem Erstaunen eine ganz überraschende Fähigkeit an sich fest. Es gelingt ihm, allein mit seiner "Gedankenkraft" ganz zielstrebig Blut in das ein- und abgeklemmte Bein zu "schicken". Er merkt, daß es ihm möglich ist, seine Durchblutung zu steuern. (Das bestätigen nach seiner Rettung übrigens auch die Ärzte mit nicht geringer Verblüffung.)

Nach diesem Erlebnis gibt August Diebel seinen Beruf als Bergmann auf und wendet sich einer sehr makabren Form des Varietés zu. Er "produziert" auf der Bühne die Stigmatisierungs-Wundmale. Wöchentlich zweimal, mittwochs und sonntags, tritt er mit dieser Nummer auf und zeigt blutige Wundmale an seinen Handflächen.

Die Ansprüche der Schausteller steigen mit der Zeit zwangsläufig. Könnte August Diebel nicht vielleicht auch Blut weinen?

Auch mit größter Anstrengung gelingt ihm dies zunächst nicht. Als er sich dann aber von einem Augenarzt winzige Löcher in den Augenapfel sticheln läßt, schafft er es tatsächlich zumindest einige Male, blutige Tränen zu weinen.

Daß sich das Phänomen der Stigmata auf diese Weise mit bewußter Willenskraft erzeugen läßt, scheint also hinreichend nachgewiesen zu sein. Muß und kann man einen derartigen oder zumindest vergleichbaren und ähnlichen Willensakt auch für Franz von Assisi annehmen; man muß ja nicht unbedingt nur eitle und "markt-schreierische" Motive dafür unterstellen?

Das ließe sich annehmen, wenn nicht bei ihm ein Umstand im Spiel wäre – jedenfalls der Überlieferung nach –, der gar nicht zu dieser Erklärung passen will.

Es leuchtet ein, daß Voraussetzung für ein willentliches Herbeiführen der Stigmata ein Wille ist, der diese Absicht hat. Er muß gar nicht bewußt sein, er kann auch unbewußt funktionieren. Aber grundsätzlich vorhanden muß er natürlich sein. Und das bedeutete zwangsläufig, daß das Phänomen mit dem Tod der stigmatisierten Person enden muß.

Nur ein lebendiger Mensch verfügt über Willenskraft – lassen wir dies einmal grundsätzlich so stehen und vergessen wir Möglichkeiten der Grenzbereiche, wie sie im Kapitel über die "Kopflosen" schon angesprochen wurden. Lassen wir auch zunächst alles beiseite, was noch weiter hinein in diese "Grenzbereiche" führt, seriös oder eher unter Aspekten der Science-fiction. Wenn es so ist, dann müßten die Stigmata auch mit dem Tode des Franz von Assisi aufgehört haben. Doch was Franz von Assisi angeht, so gibt es Berichte, daß seine Wundmale auch nach seinem Tod weiter vorhanden geblieben seien.

Die hl. Klara bezeugt es: *"Nach dem Tode des Franz von Assisi blieben seine Wundmale. Die Nägel blieben weiter sichtbar und waren in den Wunden vorhanden. Sie blieben auch weiter beweglich."*

Dies also wäre dann der Tatbestand: Der Körper des Franz von Assisi bildete aus Zellgewebe Nachbildungen von Nägeln in der Farbe und Form echter Nägel. Und diese "Nägel" sind beweglich. Sie scheinen wie Fremdkörper in den Wunden zu stecken und heftige Blutungen auszulösen. Sie lassen sich jedoch – die hl. Klara versucht es am Totenbett – nicht aus den Wunden lösen.

Das französischsprachige kritische Fachsammelwerk "L'Univers des sciences occultes", das sich den okkulten und geheimnisvollen Phänomen widmete, kam nicht zuletzt an diesem Beispiel zu dem Schluß: "Das Auftreten von Stigmata ist keineswegs immer und ausschließlich die Folge von Einbildung, Hysterie, nervösen Schwingungen oder Gehirnhalluzinationen."

Selbst unter Berücksichtigung der Tatsache, daß alte Berichte und Zeugnisse, gerade wenn sie in solche Bereiche gehen, aus diversen Gründen immer mit Reserve und Vorsicht zu lesen sind (das Weltbild und der Kenntnisstand der Zeit ist zu berücksichtigen, die Absicht und Art der Berichte und die Person der Zeugen sowie die Seriosität der Quelle schlechthin – auch, ob es sich um die Originalquellen oder erfahrungsgemäß immer ungenauer und meistens verklärter werdende "Kopien" aus dritter, vierter und fünfter Hand handelt...,) selbst dann bleibt zu beachten, daß es Berichte wie den über Franz von Assisi von zahlreichen anderen Stigmatisierten gibt, und die Einzelheiten dabei immer große Übereinstimmung zeigen.

Franz von Assisi ist nur der erste (bekannte) Fall einer Stigmatisation. Nach ihm gab es – bis hin zu Therese Neumann in unserer jüngsten Vergangenheit – noch viele solche Fälle. Was sie nun sein mögen, Ausdruck von, wenn auch vielleicht unterschwelliger, verborgener Geltungssucht oder aber "Beispiele der Erinnerung" (göttlicher oder irdischer); die einschlägige Statistik registriert an die 300 Stigmatisierte, darunter, als Beispiele, diese markanten Fälle:

Antonius von Padua (1195-1231):
Er tritt 1220 in den 1209 von Franz von Assisi gegründeten Franziskanerorden ein. 1228, zwei Jahre nach seinem Tod, wird Franz von Assisi heilig gesprochen, er selbst, Antonius von Padua, 1231, gleich nach seinem Tode. Er wird häufig mit einer Lilie und dem Jesuskind auf dem Arm dargestellt. Wie bei Franz von Assisi zeigen sich auch bei ihm oft die Wundmale Christi. Sie bluten heftig, besonders an den Händen. Ein Nachahmungs- oder Solidaritätsphänomen ist bei ihm jedoch nicht auszuschließen.

Katharina von Siena (1347-1380):
Diese Heilige genießt unter den weltlichen Herrschern ihrer Zeit einen ausgezeichneten Ruf. Sie berät mehrere Fürsten und Päpste. Ihr Haupt-

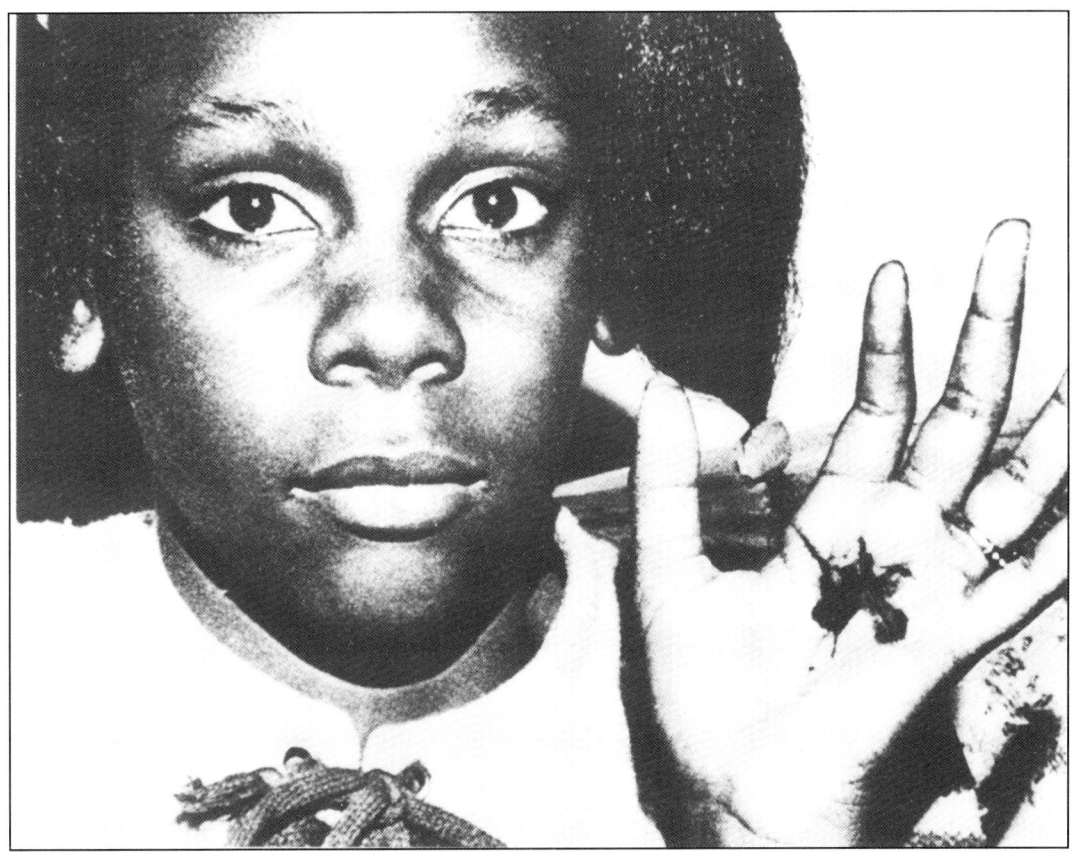

Die neunjährige Cloretta Robertson aus Oakland in Kalifornien war die erste nichtkatholische Stigmatisierte

anliegen ist eine Reformation der Kirche, die nach ihrer Meinung zu den ursprünglichen Glaubensformen der Christenheit zurückkehren muß. Der Historiker Raymond aus Capua berichtet, wie bei ihr die Stigmata aufgetreten sein sollen:

Sie habe gerade für ihren Beichtvater gebetet, als "Gott zu ihr sprach". Und sie habe vernommen, daß das Gebet für den Beichtvater angekommen sei. Als sie Gott daraufhin um ein Zeichen gebeten habe, habe die Stimme sie aufgefordert: "Strecke deine Hand zu mir aus!" Und als sie dies getan habe, "nahm er einen Nagel und setzte die Spitze mitten auf meine Hand. Dann drückte er so heftig darauf, daß sie durchstochen schien. Ich empfand den gleichen Schmerz,

als wenn man den Nagel mit einem Hammer eingeschlagen hätte. Durch die Gnade Gottes habe ich jetzt diese Wunde an der rechten Hand. Niemand sieht sie, aber ich fühle sie und leide immer."

Und während dieses seltsamen Erlebnisses sei zusätzlich Seltsames geschehen:

Sie lag betend in der Kirche Santa Cristina in Pisa. Raymond aus Capua las eine heilige Messe. Er reichte der frommen Frau die heilige Kommunion. Dann richtete sie sich auf, kniete und breitete die Arme aus. Wörtlich: "Das ganze Gesicht schien vor Feuer zu erglühen. Lange blieb sie unbeweglich und mit geschlossenen Augen in dieser Haltung. Dann sahen wir, wie sie plötzlich hinfiel, als sei sie tödlich verletzt."

Katharina berichtet, was sie erlebt hat: Der gekreuzigte Erlöser ist ihr in einer Vision erschienen, "mit leuchtendem Schein stieg er zu mir herab. Die Anstrengungen meiner Seele, vor meinen Schöpfer zu gelangen, zwangen meinen Körper, sich zu erheben."
Und sie sieht die Wunden am Leibe Jesu, an den Händen und Füßen und an der Seite und verspürt an eben diesen Stellen selbst so heftigen Schmerz, daß sie meint, nicht weiterleben zu können. Sie wird ohnmächtig.

Louise Lateau (1850-1883)
Die junge Frau aus Bois d'Haine in Belgien zeigt die Wundmale Jesu in den Handflächen. Der Arzt Dr. Gerald Molloy untersucht die blutenden Wunden und stellt "ovalförmige Flecken von leuchtend roter Tönung" fest. Blut fließt in solchen Mengen, daß skeptische Beobachter meinen, nur an einen Betrug glauben zu können. Dr. Warlomont, ein Mitglied der Belgischen Medizinischen Akademie, führt daraufhin einen sorgsam überwachten Versuch durch. Er steckt einen Arm Louise Lateaus in einen Glasbehälter. Es wird streng darauf geachtet, daß keinerlei äußere Einflußnahme möglich ist, wie etwa Aufkratzen der Wunde. Die Wundmale treten trotzdem wieder auf. Das Blut tritt durch die Haut in den Innenseiten der Hände aus.

Francesco Forgione ("Pater Pio", 1887-1968):
Der in seiner Jugend als kränkelnd und schwächlich bekannte Pater erhält die Wundmale zum ersten Mal 1915. Vor dem Mittagessen sieht seine erstaunte Mutter, wie er "die Hände hin und her bewegt, als hätte er sie sich verbrannt". Er spielt seine Schmerzen aber herunter und murmelt etwas von "unbedeutenden stechenden Schmerzen". Später aber brechen diese Stellen an den Händen auf und dann zeigen sich auch an den Füßen Wundmale. Schließlich kommt auch noch die "Lanzenwunde" an der Seite hinzu.
Auch sein Fall gelangt schießlich, wie alle dieser Art, vor das Heilige Offizium in Rom – früher als "Heilige Inquisition" bekannt, heute das "Büro der Glaubenskongregation". Die Prüfung geschieht eingehend und genau. Ärzte werden hinzugezogen, jede Möglichkeit eines frommen Schwindels wird, wie immer in solchen Fällen, auch hier erörtert und überprüft. Die Wunden werden schließlich verbunden und versiegelt. Das Ergebnis ist, daß die Wunden zweifellos ohne jeden äußeren Einfluß entstehen, also nicht durch bewußte Manipulation wie etwa Kratzen. Die Frage, wie die Wundmale dann entstehen, wird mit der Feststellung beantwortet: "Das entzieht sich der medizinischen Wissenschaft."
Pater Pio zieht sich weitgehend aus der Öffentlichkeit zurück. Er könnte im Sinne der Hysteriker-Extrovertiertheit, wie sie Prof. Prokop konstatiert, höchste und zahlreiche "Bewunderung" auf sich ziehen, doch er tut genau das Gegenteil. Er verbirgt seine Stigmata sogar unter Handschuhen. Nur selten noch verläßt er das Kapuzinerkloster von San Giovanni Rotondo in der süditalienischen Provinz Foggia, wohin er gegangen ist. Immer wieder unterzieht er sich ärztlichen Untersuchungen und dabei ergeben sich ungewöhnliche Phänomene. So zeigen sich bei ihm Körpertemperaturen, die mit normalen Fieberthermometern gar nicht mehr gemessen werden können: bis zu 48 Grad Celsius. Dabei versinkt er dann in tranceähnliche Zustände. Der Arzt Dr. Romanelli stellt fest, daß des Paters Blut auf unerklärliche Weise "dufte". Papst Benedikt XV., der von 1914-1922 amtierte, nannte den Pater Pio "wahrhaft einen Mann Gottes".

Cloretta Robertson:
An Ostern 1971, als das farbige Mädchen Cloretta Robertson aus Oakland in Kalifornien neun Jahre alt ist, zeigen sich an den Innenseiten ihrer Handflächen erstmals Stigmata. Ärzte und Wissenschaftler finden keine natürlichen Erklärungen. Mikroskopische Untersuchungen zeigen, daß das Blut aus winzigen Wunden austritt. Das Besondere dieses Falls besteht darin, daß das Kind nicht katholisch ist. Bisher sind alle bekannten Stigmatisierten Katholiken gewesen. Nach einiger Zeit verschwindet das Phänomen bei dem Mädchen jedoch wieder so plötzlich, wie es kam.

Nan Madol – ein versunkener Kontinent?

Welche Bautechnik wurde für die gigantische Blockhausstadt aus Stein auf einem kleinen Inselchen im Pazifik verwendet? Wie wurden die tonnenschweren Steine transportiert? Weist die Stadt auf den versunkenen Kontinent Mu hin?

Nan Madol-Ruinen aus Basaltsteinsäulen in seltsamer Blockhausbauweise (Foto: Erich von Däniken)

125

Man stelle sich ein klassisches Blockhaus vor: mit Wänden aus übereinandergelegten Baumstämmen. Decke und Dach sind ebenfalls aus Baumstämmen.

Das Blockhaus vielfach vergrößert, mit Dimensionen wie für Riesen, und vervielfacht zu einer ganzen Riesenblockhausstadt, das Ganze nun noch statt aus Holz aus Stein – und das Ergebnis ist eine gigantische Stadt aus riesenhaften "Hütten", errichtet aus Steinsäulen im Blockhaussystem.

Diese scheinbar ganz irreale Stadt existiert tatsächlich. Sie heißt Nan Madol, liegt auf der Insel Temuen (oder Temwen) und gehört zur Inselwelt Mikronesiens, in deren nordwestlichem Teil, der auch Ozeanien genannt wird.

Neueste archäologische Datierungen rechnen diese Stadt aus den steinernen Säulen dem 14. Jahrhundert zu.

Die Inselgruppe der Karolinen hat eine Gesamtfläche von 1340 qkm. Die größte Insel ist Ponape mit 504 qkm – eine von rund 1500, von denen die meisten nur unbewohnte Mini-Inselchen sind. Auch um Ponape herum liegen viele kleinere Inseln. Eine davon ist Temuen, halb so groß wie vergleichsweise die Vatikanstadt in Rom. Und eben auf Temuen findet sich eines der größten Rätsel der letzten Jahrhunderte, nämlich Nan Madol.

Der Vergleich von der "steinernen Blockhüttenstadt für Riesen" ist nicht so ganz abwegig. Besonders beeindruckende der überdimensionierten Bauwerke sind die "Nan Dowas", des "Platzes der stolzen Mauern". Die Steinsäulen sind alle sechs- oder achteckige Basaltpfeiler. Wenn in einer ohnehin schon aus lauter "gigantischen" Häusern bestehenden Stadt ein Bauwerk noch den Namen "Platz der stolzen Mauern" hat, dann muß es wohl etwas ganz Besonderes sein. Und das ist es in der Tat.

Unter "gigantisch" und "riesenhaft" darf man sich hier natürlich nicht quasi ein Pazifik-Insel-Manhattan vorstellen. Es versteht sich unter Berücksichtigung der Zeit, des Ortes und deren normalen, üblichen Maßen und Dimensionen. Gewaltige Mauern, aufgeschichtet aus Basaltsäulen, erreichen die Höhe von bis zu 9 m. Und auch der Durchmesser dieser "stolzen Mauern" ist in der Tat beachtlich: sie sind fast 3 m dick.

Vom Meer her führt der sogenannte Königsweg auf das Bauwerk zu und mündet in dessen Vorhof, der ursprünglich quadratisch war; jede Seite maß 90 m. In den letzten Jahrhunderten setzte die Natur dem Bau allerdings arg zu. Die Mauern, denen Menschenkraft kaum etwas anhaben konnte, hatten sich der Naturkräfte zu erwehren. Der Wind trieb Baumsamen an, die sich festsetzten, keimten und Wurzeln schlugen. Brotfruchtbäume gediehen, wuchsen allmählich in die Höhe und sprengten das Mauerwerk. In dessen Lücken wucherte Gras. Am Boden liegende Säulen sind wohl schon vor Jahrhunderten von Kletterpflanzen überwuchert worden.

Der sogenannte Innenbezirk war noch einmal gesondert geschützt. Die massive Außenmauer um den Vorhof bot ihm Schutz vor Wetterunbilden. Und ihn umgab auch noch einmal eine eigene, durchaus guterhaltene Mauer und trennte ihn vom Vorhof ab. Knapp 6 m lange Säulen mit einem Durchmesser von 50 cm bilden diese innere Mauer.

Im Innenhof selbst gibt es ein kellerartiges Gewölbe, eine finstere unterirdische Kammer, die von der Oberwelt durch ein massives Gitter getrennt und geschützt ist. Auch dieses "Gitter" besteht aus massiven Steinpfeilern. Doch die Kammer ist seit Jahrhunderten leer geblieben. Was haben wir da vor uns? Wozu diente diese massive, festungsartig geschützte Kammer? Man denkt bei derlei zuerst immer gleich an Gefängnisverliese, aber wahrscheinlicher könnte doch die Annahme sein, daß hier einmal ein gewaltiger, reicher Königsschatz aufbewahrt wurde. Freilich, die Annahme ist rein spekulativ. Und welcher Schatz sollte das gewesen sein? Worin bestand er – falls es ihn überhaupt jemals gegeben haben sollte?

Als erster Weißer betrat ein gewisser Pedro Fernandez de Quiros 1595 die Insel, und auch er dachte sofort: "Schatzkammer", ohne aber tatsächlich auch nur die geringste Spur eines Schatzes zu finden. Seine "San Jeronimo" verließ die Insel wieder ohne jede Beute. Auch 1686, dem

Jahr, in dem die Insel offiziell in spanischen Besitz überging, wird kein Wort von einem Schatz berichtet. Im Jahr 1826 nahmen die Bewohner der Insel den irischen Schiffbrüchigen James O'Connell mit großer Begeisterung auf. Er erlebte ganz ungewöhnliche Gastfreundschaft, heiratete schließlich sogar eine Eingeborene und wurde von den Ponapesen als einer der ihren behandelt. Doch niemals hörte er auch nur ein Wort von einem Schatz, der einmal auf der Insel gewesen sei.

Erst von 1838 an kommt es häufiger zu Besuchen von Weißen auf der Insel. Immer wieder wird sie durchforscht, aber niemals gibt es auch nur die kleinste Spur irgendeines Schatzes. Kurzum, ein Schatztresor war das Kellergewölbe also wohl nicht.

Was aber dann? Wozu diese wehrhafte feste Burg, massiv und uneinnehmbar? Wozu der unterirdische "Safe"?

Als nächste Möglichkeit bleibt also nur der Kerker. Doch ein derartiger Aufwand für ein kleines Inselgefängnis?

Heute sieht Nan Madol ein wenig aus wie ein Mikadostäbchen-Spiel für Riesen. Nur eben, daß jedes Mikadostäbchen tonnenschwer ist. Gewonnen worden sind die "Stäbchen" an der Nordküste der Insel. Sie wurden von dort zu den Bauplätzen auf der ganzen Insel transportiert. Im Distrikt Uh im Norden wurden die Säulen zuerst geschlagen. Dabei kam den Steinmetzen entgegen, daß Lavamassen teilweise schon in Säulenform an der Luft erkalteten und quasi nur noch gefällt werden mußten, ehe sie - "baufertig" - abtransportiert werden konnten. Auch hier war lange das ungelöste Rätsel: Wie? Welche Transportmittel hatten die Inselbewohner für diese Tonnen und Tonnen von Basaltsäulen kreuz und quer über die ganze Insel?

Zum Schleifen der Kanten der Säulen wurden angeblich die Schalen der Tridacna-Riesenmuscheln verwendet, aus denen auch sonst allerlei Werkzeuge gefertigt worden sein sollen, z.B. beilähnliche zum Fällen der Basaltsäulen. Das ist in der Tat der richtige Ausdruck. Die Basaltstämme sehen wirklich ein wenig aus wie gewachsene Bäume, nur eben sechs- oder achteckig. Ob aber die Riesenmuscheln tatsächlich so harte Schalen haben, um damit Basalt zu schneiden, sei dahingestellt. Ausprobiert worden ist es noch nicht.

Und überhaupt: wie wurden dann die Muschelwerkzeuge selbst fabriziert? Wenn die Muscheln Basalt schneiden, müssen sie härter sein als Basalt. Soll aber das Muschelwerkzeug selbst erst einmal gefertigt werden – etwa in Keilform oder als spitze Schaberklinge –, dann bedarf es eines Materials, das härter ist als beide zusammen, Basalt und Muschel.

Also vielleicht Metall? Und wenn ja: welches? Aber den Erbauern der steinernen Anlagen war kein Metall bekannt, das geeignet gewesen wäre, Basalt zu schneiden oder die noch härteren Muscheln.

Weil es nun aber ganz offensichtlich und unübersehbar geschehen ist, wie auch immer, daß die Säulen gefällt und deren Seitenflächen geglättet wurden, kann diese Frage, wenn sich denn keine plausible Antwort anbietet, einfach als de facto erledigt angesehen werden, und es bleibt Zeit für die nächsten Fragen: Wie sind die Säulen vom Steinsäulenbruch bis zu den vielen Baustellen transportiert worden? Die beliebte Antwort "Holzrollen" auf diese Frage – siehe zuletzt Osterinsel – scheidet aller Vermutung nach aus. Gewiß, Holz gäbe es auf der Insel im Überfluß. Sie hat sogar eine fast urwaldähnliche Vegetation.

Aber dieser Urwald ist eben auch so dicht, daß zuerst einmal überhaupt Straßen durch ihn hätten geschlagen werden müssen. Angenommen also, es sei so gewesen: Im 14. Jh. werden erstmals Straßen durch den Dschungel geschlagen und dann werden mit dem so gewonnenen Holz die Lauf-/Ziehrollen für die Steine hergestellt und man läßt die Basaltsäulen auf diesen Rollen über die Insel hingleiten...

Theoretisch natürlich denkbar. Aber praktisch kaum. Denn die Insel wird häufig von mächtigen Stürmen heimgesucht. Dann schüttet es vom Himmel mit solcher Gewalt, als habe eine neue Sintflut begonnen. Der Boden ist danach lange so aufgeweicht, daß ein Transport von Steinsäulen ausgeschlossen ist.

Diese Säulen sind im Durchschnitt zwischen 3 und 9 m lang und nicht selten bis zu 10 t schwer. Sie würden buchstäblich im Morast versinken. Also, der Transport über Land ist kaum praktikabel. Wie sieht es dann auf dem Wasserweg aus? Wurden etwa Wasserstraßen angelegt, Kanäle, um auf ihnen die Säulen mit Flößen zu befördern? Auch dies ist nur bedingt denkbar. Nan Madol ist nicht flach, sondern liegt auf hügeligem Gelände. Und Wasser überwindet nicht Berg und Tal.

Die Sache bleibt unklar. Verläßliche Angaben über Ausmaß und Größe der Nan-Madol-Anlagen liegen nicht vor. Erich von Däniken besuchte Nan Madol und unterzog den Hauptbau einer genauen Prüfung. Er zählte bei einer Seitenlänge von 60 m insgesamt 1082 Säulen. Das würde bei vier Außenwänden an die 4800 Steinsäulen ausmachen. Doch tatsächlich sind es nicht weniger als 32 000, weil mehrere Reihen hintereinander liegen. Und dabei handelt es sich nur um einen Bau von vielen. Und dazu umgibt die ganze Anlage noch eine wahrhaft gigantische Mauer, 860 m lang und an der höchsten Stelle 14,20 m hoch.

Es bleibt buchstäblich rätselhaft, welche Arbeiterheere in welcher Zeit eine so gewaltige Leistung vollbrachten. Es muß ein großes Arbeiter-Lager vorhanden gewesen sein. Nicht alle konnten logischerweise zur gleichen Zeit eingesetzt werden, wie immer und überall gab es mit Sicherheit ständig einen bestimmten Prozentsatz von Krankheitsausfall, und nicht zuletzt mußte das Arbeiterheer auch verpflegt und untergebracht werden; dazu mußte ein Teil der Arbeitskräfte in der Landwirtschaft und als Fischer arbeiten – und dies alles auf einer kleinen, weltabgelegenen Insel...

Im Zentrum von Nan Madol steht ein Brunnen – falls es einer ist. Zwei Meter unter dem Brunnenschacht plätschert heute die Wasseroberfläche. Angeblich ist der vermeintliche Brunnen der Einstieg eines Tunnels. Nur, wohin führt(e) er und wozu? Niemand weiß es.

Von der gesamten steinernen Anlage ist heute nur noch ein Bruchteil zu sehen. Unbekannt ist, wie weit die Anlage einst ins Meer hinausreichte; daß dies der Fall war, steht fest. Man sieht mit bloßem Auge, daß sie am Meeresufer nicht halt macht. Die Untersuchung der Meeresumgebung von Nan Madol durch Taucher hat sich bislang in Grenzen gehalten. Das Meer dort ist nicht ungefährlich.

Der damals sehr bekannte Reise-Autor Herbert Rittlinger berichtete Ende der dreißiger Jahre in seinem Buch "Der maßlose Ozean" von japanischen Tauchern, die sich vor Nan Madol umsahen. Sie hätten angeblich vor der Küste am Meeresboden Platinsärge erspäht. Man mag natürlich sogleich an Sinnestäuschungen denken und mutmaßen, die Taucher hätten im schummrigen Licht ihrer damals noch einfachen Unterwasserlampen die "üblichen" Basaltsteinsäulen gesehen, die ihnen als "Särge" erschienen. Das Frappante ist nur, daß Japan ausgerechnet von dieser Insel aus schon seit 1919 Platin exportierte.

Rittlinger selbst blieb ebenfalls skeptisch, doch auch ihm blieb nur die ratlose Feststellung: "Die Berichte der Eingeborenen, überwuchert von jahrhundertealten Legenden, sind wahrscheinlich übertrieben. Aber die Platinfunde auf einer Insel, deren Fels sonst kein Platin enthält, waren und bleiben eine höchst reale Tatsache."

Der Japaner Dr. Ytoku Shirakami, der ebenfalls Nan Madol erforscht hat, glaubt, es handle sich dort um die kargen Restbestände einer sehr alten und schon vor Jahrtausenden im Meer versunkenen Kultur. Dort habe einst auch ein Kontinent existiert. Er nennt ihn "Mu" und vermutet ihn zwischen Asien/Australien und Nord-/Mittel-Südamerika.

Das wäre sozusagen die asiatische Version unseres sagenhaften versunkenen Kontinents Atlantis (von welchem erst jüngst, zu Beginn des Jahres 1992, ein Wissenschaftler wieder erklärte, dabei habe es sich, seinen langjährigen Forschungen zufolge, nur um eine literarische Erfindung Platos als eine Art Utopia der Antike gehandelt). In Shirakamis Theorie gibt es ebenfalls eine kleine Ungereimtheit. Wenn "Mu" existiert haben und vor Jahrtausenden versunken sein soll, wieso wurde dann Nan Madol erst im 14. Jh. erbaut?

Graf Dracula – ein Vampir?

*Frankenstein, Dracula, Nosferatu, Melmoth
und wie sie alle heißen: woher kommen sie?
"Vampire", Blutsauger, kommen schon im alten
Griechenland und im alten Indien vor. Eine
sensationelle moderne Deutung: "Vampirismus"
ist eine Blutkrankheit, eine Stoffwechselstörung,
die zu Lichtempfindlichkeit führt .*

*Eine vermutlich zeitgenössische Darstellung des historischen
Vlad Tepes – Graf Dracula*

Er ist die Hauptfigur zahlreicher Gruselfilme. Alte Sagen und neue Horrorgeschichten erzählen von ihm. Sein Name erscheint zugleich in Groschenromanen und in Werken der Weltliteratur. Sein Name ist längst ein Genre-Begriff: Dracula.

Die Figur hat auch schon viele seriöse Forscher beschäftigt – unter der Prämisse, daß eine Figur, die nun schon jahrhundertelang herumgeistert, eigentlich kaum die reine Erfindung sein könne; zumal es gewisse geographische Festlegungen seiner fiktiven oder auch möglicherweise wirklichen Biographie gibt.

Die Verfilmungen und die moderne Trivialliteratur gehen alle auf den 1897 erschienenen Roman "Dracula" des englischen Autors Bram Stoker (1845-1912) zurück. Doch er hatte sich die Figur nicht aus den Fingern gesogen. Sein Vorbild war der als grausam bekannte / überlieferte Regent gleichen Namens im 15. Jh. Nur lebte dieser im Gegensatz zu Brokers Buchfigur, die er in Transsilvanien ansiedelte, tatsächlich in der Walachei, die aber dem einstigen Transsilvanien benachbart ist. Transsilvanien ist das heutige Siebenbürgen, das ebenso wie die Walachei zu Rumänien gehört.

Stoker schrieb auch noch einen zweiten Dracula-Roman "Im Haus des Grafen Dracula"; aber auch seine Bücher hatten schon Vorläufer, wie sie ihrerseits Nachfolger erzeugten: eine ganze Vampir-und Frankenstein-Literatur des Phantastischen und Finsteren entstand so – vom allseits berühmt-berüchtigten Frankenstein und seinem Monster bis zu Melmoth, Nosferatu, dem Onkel Silas, dem Mönch, dem Wieland oder dem "Italiäner".

Alle diese Gestalten sind dann in der einen oder anderen Form oder auch miteinander vermischt der Grundstock geworden, aus dem die endlose moderne Trivialliteratur und die Filmindustrie schöpften.

Unter den zahllosen Verfilmungen sind die besseren / bedeutenderen / anspruchsvolleren etwa "Nosferatu" (F.W.Murnau, 1922, Remake von Werner Herzog mit Klaus Kinski, 1978), "Vampyr" (C.T.Dreyer, 1932), "Dracula" (T. Fisher, 1958), "Der Kuß des Vampirs" (Don Sharp, 1962), "Tanz der Vampire" (Roman Polanski, 1966) und "Warhols Dracula" (Andy Warhol, 1974), von den Billigfilmen des Horrorgenres oder auch den nicht wenigen Parodien nicht zu reden.

Bram Stoker hat jedenfalls deutsche Berichte aus Siebenbürgen über die Grausamkeiten des walachischen Fürsten Vlad Tepes mit Vampirlegenden verknüpft. Lexikalische Auskunft:

Vlad Tepes, * Sighisoara (?) 1430 oder 1431, † bei Bukarest Ende 1476/Anfang 1477, Fürst der Walachei 1448, 1456-62, 1476/77. Sohn des Fürsten Vlad Dracul (daher auch Draculea oder Dracula – "Sohn des Dracul" – genannt). Der in der Abwehr der osmanischen Bedrohung zeitweise sehr erfolgreiche Herrscher erlangte makabre Berühmtheit durch die ausgesuchte Grausamkeit (rumän. tepes = "Pfähler"), mit der er seine Feinde in großer Zahl umbringen ließ. Er gilt in der heutigen rumänischen Geschichtswissenschaft jedoch als Nationalheld. Die rumänische Volkssage hat ihn zum strengen, aber gerechten und edlen Herrscher verklärt.

Vampir (slawisch), Verstorbener, der nachts unverwest dem Grabe entsteigt, um Lebenden das Blut auszusaugen. Die auf dem Glauben vom lebenden Leichnam basierende Vampirvorstellung entstammt dem südslawischen, rumänischen und griechischen Volksglauben vom "Wiedergänger". In Deutschland, hier um 1720 zuerst belegt, sprachliche Variante zu "Blutsauger" oder "Nachzehrer".

Schon der Vater des echten Grafen Dracula war als äußerst grausam verschrien. Im Volk wurde dieser brutale Regent der Walachei auch nur "der Teufel" genannt, nämlich "Vlad Dracul". Sein Sohn hieß mit Vornamen wie er selbst Vlad, und weil er in den 10 Jahren seiner Regentschaft mindestens 50 000 Menschen zu Tode pfählen ließ, den Überlieferungen zufolge, bekam er – geboren um 1430 – zunächst den Beinamen Vlad Tepes: der Pfähler. Erst nach seinem Tode wurde er umbenannt in Vlad Dracula, Sohn des Teufels Dracul.

Sein Ruf als einer der bestialischsten Herrscher aller Zeiten (ungeachtet der, siehe oben, später verklärenden Volkssagen) hat die Tatsache überdeckt und vergessen lassen, daß er selbst sehr viel erdulden und Leid ertragen mußte. So wurde er als junger Bursche von den Türken als Geisel genommen, mußte zusehen, wie sein Vater ermordet, und miterleben, wie einer seiner Brüder bei lebendigem Leibe begraben wurde – auf Befehl des Königs von Ungarn. Es herrschten die später sprichwörtlichen balkanischen Zustände. Kaum verwunderlich deshalb, daß er seinerseits, sobald er an der Macht war, Mord und Folter mit sadistischer Grausamkeit als Mittel der Politik einsetzte. Wobei man im Auge behalten muß, daß das Verständnis von "Sadismus" und "Grausamkeit" damals noch ein ganz anderes war als später seit der Aufklärung. So habe er, heißt es, mehrfach auch Bettler in Scharen zusammentreiben und bei lebendigem Leibe verbrennen lassen, weil diese "Jammergestalten" nicht sein schönes Land verschandeln sollten. Oder diese Geschichte: Als türkische Gesandte in seiner Gegenwart ihm nicht ehrerbietig genug den Hut lüfteten, schenkte er ihnen "das Privileg, in Gegenwart des Herrschers stets einen Hut zu tragen". Es bestand darin, "daß er ihnen ihre Hüte auf die Köpfe nageln ließ".

Grausam wie sein Leben war dann auch sein Sterben. Vlad der Pfähler, Sohn des Teufels, geriet Ende 1476 oder Anfang 1477 in türkische Gefangenschaft, wurde gefoltert und enthauptet.

Zu seinen Lebzeiten waren immer wieder Pestepidemien aufgetreten, und es kam vor, daß die Bevölkerung ganzer Karpatentäler von der Seuche dahingerafft wurde. Dabei entstand, wohl infolge einiger tatsächlicher Vorfälle solcher Art, wie man vermuten darf (wiewohl es natürlich sein kann, daß lediglich eine entsprechende Angst-Hysterie und Gerüchte um sich griffen), die Furcht, man könne wegen einer kurzen Ohnmacht fälschlich für tot erklärt und lebend begraben werden. Und in solcher Angst darf man sicherlich auch den Ursprung der Vampir-Legenden annehmen, nämlich, daß Verstorbene zurückkommen könnten, weil sie entweder nur scheintot waren oder aber "ruhelos" oder um die Ungerechtigkeit ihres Begräbnisses ohne Tod zu "rächen". Vlad Dracul selbst soll ebenfalls so von Pestangst erfüllt gewesen sein, daß

er angeordnet habe, Pestopfer sofort zu verbrennen. Wobei unklar bleibt, ob er dies rein aus hygienischen Gründen tat oder auch der Angst unterlag, die Toten könnten das modrige Grab wieder verlassen. Derlei Vorstellungen waren zu jener Zeit ohnehin in mancherlei Form verbreitet, und bekanntlich nicht nur auf dem barbarischen Balkan...

Daß Vlad Tepes oder Dracul Bram Stoker die historische Vorlage lieferte, ist verbürgt, und ebenso, daß er diese Figur mit alten Vampirlegenden verknüpfte, wie oben in der lexikalischen Auskunft schon erwähnt. Eine andere Sache ist, daß es vermutlich auch authentische Fälle gegeben hat, in denen Menschen zu Blutsaugern wurden - aus welchen Gründen und unter welchen Umständen auch immer. Es ist heute sehr schwer, bei derartigen Berichten zwischen Wahrheit und Dichtung (Überhöhung / Verklärung / Ausschmückung) zu unterscheiden.

So berichtete 1694 die Schrift "Mercure Galant" in Frankreich, in Rußland und Polen gingen "monströse Menschen" um, die Blut saugten und in jenen Ländern als "Vampire" bekannt seien.

Der deutsche Volkskundler Josef Klapper lehnte damals die Bezeichnung "Vampir" ausdrücklich ab und verwies darauf, daß es praktisch in aller Welt Überlieferungen von Blutsaugern in Menschengestalt gebe. Er schlug den Terminus "schädigende Tote" vor; wie man weiß, ohne jeden Erfolg. Er aber wollte den Begriff auch schon auf jene "unheimlichen Wesen" angewendet wissen, die im antiken Griechenland den Überlieferungen nach Furcht und Schrekken verbreitet haben sollen. (Im griechischen Volksglauben sind es bis heute geisterhafte Frauen – im Gegensatz zu den sonst eigentlich stets männlichen Vampiren –, die Kinder oder Jugendliche anlocken, töten und ihr Blut trinken.)

Schon Aristophanes läßt in seinem Theaterstück "Die Frösche" eine sogenannte "Empuse" auftreten. Altem griechischen Glauben zufolge waren Empusen Wesen, die Kinder töteten, um ihr Blut zu trinken. Eine Variante der Empuse ist der "Gello", der es speziell auf kleine Kinder und Neugeborene abgesehen hat.

In der christlichen Welt gibt es erst im 8. Jh. erste vampirartige Erwähnungen. In der Lehrmeinung der damaligen Kirche gab es "Tote, die doch nicht tot sind" – weil sie nämlich Blut saugen. Noch Luther hielt an dieser Überzeugung fest. Es ist verbürgt, daß er des öfteren bei Tisch über blutsaugende Monsterwesen redete. Ohne es zu wissen, vertrat er damit einen Glauben, der auch von den Verfassern der altindischen "Veden" geteilt wurde. (Die Veden – wörtlich "Wissen" – sind die älteste aus Indien überlieferte Literatur in Versen und Prosa in altertümlichem Sanskrit. Sie zählen zu den heiligen Schriften des Hinduismus und bestehen aus mehreren Sammlungen, von denen die berühmtesten die "Upanischaden" sind.) Der Unterschied zwischen Luther und den Veden ist allenfalls der, daß Luther vorzugsweise Frauen für die blutsaugenden Monster hielt, während in den Veden Frauen hauptsächlich die Opfer der "Vampire" sind (die dort natürlich nicht so heißen).

Keinen Unterschied im Geschlecht macht hingegen der armenische Monstergeist, wenn er den kostbaren Lebenssaft raubt. Und das gleiche gilt für den "Sohn der Unterwelt" in Finnland.

Der ganze Vampir-Vorstellungskreis hängt seit jeher mit der Scheintod-Angst zusammen, die im 19. Jh. bekanntlich bis zu kuriosen Patenterteilungen auf Sargklingeln führte. Der englische Anatomie-Professor Dr. Herbert Mayo vom King's College in London stellte im vergangenen Jahrhundert damals zwar fest: "Die universell verbreiteten Erzählungen von nur scheinbar Toten, die aber in Wirklichkeit als Blutsauger ihr schauriges Wesen treiben, beruhen sicherlich auf zumindest teilweise wahren Begebenheiten." Doch deshalb an "Vampire" zu glauben, lag ihm fern. 1851 schrieb er: "Im sogenannten Vampirzustand Aufgefundene waren alle keine abnormen Wesen, sondern einfach noch Lebende oder Tote, die noch nach ihrem Begräbnis eine gewisse Zeit gelebt hatten, also scheintot beerdigt wurden; mit anderen Worten, lebendig Begrabene, die durch Unwissenheit oder Fahrlässigkeit auf grausame Weise erst in ihrem eigenen Grab starben, oder in seltenen Fällen daraus noch einmal befreit wurden."

Wenn man zurück zum "Grafen Dracula" geht und außer den allgemeinen Verhältnissen auch die Pest-Epidemie zu seiner Zeit im Auge behält, dann darf man wohl mit ziemlicher Wahrscheinlichkeit annehmen, daß damals tatsächlich des öfteren Scheintote begraben wurden. Man mag spekulieren, daß das eine oder andere dieser Gräber später aus irgendwelchen Gründen noch einmal geöffnet wurde (wenn auch wohl kaum Umbettungen; derlei war damals gewiß nicht gerade üblich; aber wie auch immer) und es dann erscheinen mochte, als hätten Tote in den Gräbern gelebt. Weil eben scheintot Begrabene noch einmal zu sich gekommen waren und in ihrem folgenden Erstickungstodeskampf um sich geschlagen und gegraben hatten. Jedenfalls läßt sich denken, daß auf solche Weise irgendwie die Legende vom blutsaugenden Vampir entstand (oder die viel älteren Legenden und Vorstellungen aus der Antike oder auch aus Indien im Sinn, neubelebt oder wiedergeboren wurden).

Indessen gibt es auch ganz andere und sehr moderne Theorien dazu. So verwarf vor einiger Zeit der kanadische Arzt Dr. David Dolphin von der University of British Columbia in Vancouver das ganze Spekulationsgarn in Bausch und Bogen und erklärte: Gewiß, es sei natürlich eine Mär, daß es "lebende Tote" gebe, ob man sie nun Vampire nenne oder Zombies. (Zombies sind bekanntlich, jeder Gruselfilmbesucher weiß es, "eigentlich Tote, die aber williges Werkzeug dessen sind, der sie wieder zum Leben erweckt hat". Diese den Vampiren verwandte, wenn auch nicht ganz mit ihnen übereinstimmende Vorstellung hat ihren Ursprung im Voodoo-Kult auf Haiti. Seit den 30er Jahren sind die Zombies Motive des Horrorkinos.) Gleichwohl jedoch stellte Dr. Dolphin fest: "Vampire gibt es wirklich." Nach seiner Meinung nämlich ist "Vampirismus" nichts anderes als eine seltene, aber schlimme Blutkrankheit. Auf einem Ärztekongreß in London zum Thema "Porphyrin-Chemie" hielt er einen entsprechenden Vortrag. (Porphyrin-Chemie beschäftigt sich mit angeborenen oder erworbenen Stoffwechselstörungen im blutbildenden System.) Danach ist der Organismus an Vampirismus Erkrankter nicht in der Lage, im Blut Eisen in Porphyrine einzubauen – ein lebenswichtiger Prozeß, mit dem im gesunden Organismus das sogenannte Häm erzeugt wird. Ist der Organismus zu diesem Prozeß nicht imstande, siedelt sich das eisenfreie Blut mit den eisenfreien Porphyrinen in der Haut an; mit dem Ergebnis, daß die Haut ungeheuer empfindlich auf Licht und Helligkeit reagiert. Licht ist damit Gift für die daran Leidenden. Es führt zu schlimm aussehendem Hautzerfall. Der Kranke sieht dann wirklich aus wie ein wandelnder Leichnam. Die Abhilfe und Vorbeugung besteht darin, daß der an Vampirismus Leidende tagsüber seine Wohnung nicht verläßt, selbst seine Fenster verdunkelt und so in ständiger Finsternis lebt. Nur nachts kann er überhaupt ins Freie.

Wenn dies so zutrifft, dann wäre das Rätsel der Nacht-Vampire schon einmal insoweit verblüffend einleuchtend geklärt. Die weitere Folgerung daraus würde dann ebenfalls einer gewissen nachvollziehbaren Logik nicht ganz entbehren: nämlich die Denkbarkeit, daß an Vampirismus Leidende – wohl nicht bewußt, aber instinktiv – versuchen (versucht haben), sich gesundes Blut zu verschaffen. Nur, ist es glaubhaft oder wahrscheinlich, daß sie dazu nächtens Blutjagd auf Opfer machten? Da ist wieder die Frage, wo die Tatsachen enden und die Gruselfiktion beginnt; aber denkbar bleibt es natürlich – wenn man beispielsweise an Analogien bei Tieren denkt, z.B. an Hunde, die Gras fressen, was sie sonst nie tun, um Magenverstimmungen oder Vergiftungen zu beseitigen... Aber das bleibe dahingestellt.

Dr. Dolphins Überlegungen gehen noch weiter. Vampirismus in seinem medizinischen Sinne wird noch verschlimmert, führte er aus, wenn das im Blut enthaltene wenige Häm(oglobin) abgebaut wird. Für seinen Zerfall ist das Enzym P 450 zuständig – und ist damit der schlimmste Feind des an Vampirismus Leidenden. Und eben dieses Enzym ist nun besonders stark in Knoblauch enthalten.

Bekanntlich soll Knoblauch Vampire vertreiben...

Ganz neue und keineswegs uninteressante Aspekte zum Thema Vampire also. Auf der Grundlage dieser modernen medizinischen Überlegungen wäre also manches erklärbar – einschließlich Vermutungen, daß Graf Dracula selbst ein Vampirismuskranker gewesen sein könnte. Allerdings gibt es dafür keine Anhaltspunkte, und es bleibt wohl dabei, daß hier seine Person mit den Vampirgeschichten nur verknüpft worden ist; warum, wie und wann, mag nicht so ganz erklärbar sein, außer allenfalls semantisch...

Als der historische Vlad Dracula, um zu ihm zurückzukehren, sein abscheuliches Leben ausgehaucht hatte, gerade 46 Jahre alt, verließ seine Frau mit ihren Kindern das Land fluchtartig, und natürlich nicht ohne Grund. Sie mußten fürchten, vom aufgebrachten, rachedurstigen Volk gelyncht zu werden – zumal Berichte die Runde machten, er habe noch kurz vor seinem Tode eine Bauernmagd vergewaltigt und ihr das Blut aus den Adern gesogen sowie anschließend das Gehöft, in dem sie lebte, angezündet und niedergebrannt.

Ist hier schon ein erster Hinweis auf den möglichen Vampir-Zusammenhang mit seiner Person – wobei offen bleibt, ob das Blutsaugen, sofern es authentisch war, sozusagen im Vampir-Sinne oder einfach sonst nur wild/ekstatisch/grausam/sexuell pervers geschah, so bekommt dieser Zusammenhang weitere Nahrung durch andere Erzählungen der Dracula-Grausamkeiten.

"Wann immer", so diese Berichte, "eine Bauern- oder Händlerfamilie, die zu wenig Steuern bezahlte, gepfählt werden sollte, ließ sich Tepes die junge Tochter der Familie – so eine vorhanden war, und das war sie ja meistens – kommen und sie martern, zwang sie, ihm zu Willen zu sein, und ließ sie schließlich vor seinen Augen erstechen." (Hier spielt erkennbar das Motiv des Ius primae noctis mit, das mittelalterliche

Recht –oder jedenfalls der Anspruch – eines Adelsherrn auf die erste Nacht mit seinen weiblichen Untertanen.) Dann soll er sich aber auch noch "einen Becher ihres Blutes genommen und damit den auf den Pfählen sterbenden Eltern zugeprostet" haben.

Auch dieses Detail ist eine Möglichkeit, wie es zu der Verknüpfung der Vampirgeschichten mit dem buchstäblich blutdürstigen/blutrünstigen Dracula kam. Wobei der Vollständigkeit halber noch zu erwähnen bleibt, daß die historischen Berichte, siehe oben, eigentlich nur von der Pfählung seiner Feinde, nicht aber seiner Untertanen, sprechen. Aber er mag natürlich auch renitente oder steuerzahlungsunfähige Untertanen als seine Feinde angesehen haben.

Seine Frau flüchtete nach seiner Hinrichtung nach Ungarn, wo ihre Kinder später in ungarische Grafengeschlechter einheirateten. Die hübscheste Tochter soll eine Gräfin Bathory geworden sein. Deren Nachkommen errangen im Laufe der Zeit Macht und Ansehen in Ungarn. Eine Urnichte, die Gräfin Elisabeth Bathory, kam Anfang des 17.Jh. sogar nach Wien als Hofdame. Sie soll sich ihrer Abstammung sehr bewußt gewesen sein. Angeblich ließ sie sich nicht ungern "Tochter Draculas" nennen.

Ihre Geschichte geht sogar noch weiter. Da sie als eine der schönsten Frauen Wiens galt, fürchtete sie, eines Tages auf Grund des natürlichen Alterns diesen Titel abtreten zu müssen. Eine ungarische Wahrsagerin habe ihr deshalb den Rat gegeben, das Blut von Jungfrauen zu trinken. In ihrer Sorge, schön und jung zu bleiben (und vermutlich dann auch in Erinnerung an ihre Abstammung samt deren Bedeutung!) habe sie auch tatsächlich wiederholt aus ungarischen Dörfern junge Mädchen als Dienstpersonal oder Kammerzofen nach Wien gelockt, die alle irgendwann spurlos verschwunden seien. Und "in ganz Wien" sei gemunkelt worden, sie lasse diese Mädchen umbringen und salbe sich mit ihrem Blut oder trinke es sogar.

Das alles mag bereits wieder Kolportage sein. Tatsache indessen ist, daß Dracula und seine Blutsverwandten niemals ihre makabre Faszination verloren haben und die Geschichten um Vampire (oder auch Zombies) sich so hartnäckig im Unterbewußtsein der Menschen halten, daß sie offensichtlich "einem Bedürfnis entsprechen". Einem Bedürfnis, das sich tiefenpsychologisch lang und breit beschreiben ließe, wofür wir hier aber unsere Chiffre für alle diese Fälle setzen dürfen: "rätselhaft"...

Der Schatz des Juan Valverde

Juan Valverde, spanischer Konquistador, heiratet eine Inka-Häuptlingstochter, deren Vater ihm eine Schatzhöhle "mit unermeßlichen Schätzen" zeigt. Valverde kommt als reicher Mann nach Spanien zurück. Seit 400 Jahren wird dieser Schatz gesucht, aber trotz Valverdes präziser Wegbeschreibung nicht gefunden.

Die Inkas/Indios lieferten Gold an die spanischen Konquistadoren. Vermutlich zeitgenössische Darstellung

Ob Juan Valverde auch eine dieser mordenden Bestien ist?

Äußerst mißtrauisch mustert der Häuptling der Salasaca seinen frischgebackenen Schwiegersohn. In diesen Tagen des Jahres 1536 gilt eine solche Ehe als höchst ungewöhnlich: die Tochter eines Inkahäuptlings und ein Spanier. Schon deshalb, weil die Inkas ihre erheblichen Zweifel haben, ob es sich bei den Spaniern wirklich um Menschen handelt oder eher um Bestien in Menschengestalt.

Und so ganz von ungefähr kommt diese Überzeugung ja nicht. Diese fremden goldgierigen und gewalttätigen Raffer, die da ganz plötzlich in Südamerika auftauchten, sind, hat man inzwischen gelernt, zu allem bereit, bis hin zu Folter und Mord, wenn es darum geht, Gold zu erbeuten. Noch ein letztes Mal haben die Einheimischen versucht, das fremde Joch abzuschütteln. Doch auch dem Häuptling der Salasaca ist klar, daß die Fremden mit ihren überlegenen Waffen am Ende siegen werden. Nicht zuletzt deshalb hat er schließlich auf Hochzeits-Diplomatie gesetzt. Er ist sich gleichwohl nicht so sicher, ob diese Heirat mit einem Spanier seiner Familie Glück bringen wird.

Jedenfalls aber war er bereit, sein Mißtrauen zwar nicht zu vergessen, aber hintanzustellen. Es blieb ihm ohnehin wenig anderes übrig. Er hatte nur diese eine Tochter und erhofft sich von den fremden "Göttern", wenn er sie in sein Geheimnis einweiht, vielleicht Erbarmen: Er will seinem Schwiegersohn offenbaren, wo der größte Schatz der Welt verborgen ist.

Juan Valverde ist auch augenblicks begeistert und drängt zum sofortigen Aufbruch. Er ist bereit, auch unmenschliche Strapazen auf sich zu nehmen, die ihm warnend angekündigt werden. Und tatsächlich scheinen ihm die Schwärme von Moskitos, die sie auf ihrem beschwerlichen Weg durch den Dschungel und dessen endlose Sümpfe, mit seinem Schwiegervater als Führer, überall und pausenlos begleiten und quälen, nichts auszumachen. Der Lockruf des Goldes scheint ihn auch keine Angst kennen zu lassen, wenn er todesmutig Schluchten durchquert. Und wenn ihn doch einmal die Kräfte zu verlassen drohen, muß ihm sein Schwiegervater, der Häuptling der Salasaca, nur von dem Schatz erzählen.

Und sie erreichen ihr Ziel. Ein kleines Tal öffnet sich ihnen. Der Spanier hat freilich wenig Sinn für alle Naturschönheiten. Der idyllische See in der Mitte des Tales läßt ihn ebenfalls kalt; zumal er bereits weiß, daß es ein künstlich angelegter See ist und sich irgendwo an seinem Ufer der Eingang einer Grotte befindet.

Aber so sehr er auch, von übermächtigem Goldfieber gepackt, am Ufer dieses Sees entlanghetzt, er findet den Eingang der Höhle nicht. Er ist blind dafür. Der Häuptling muß ihn ihm zeigen.

Dann aber sieht er sich einem in der Tat "unermeßlichen" Schatz gegenüber. Gold und Edelsteine sind aufgehäuft wie in orientalischen Märchen.

So lautet die Geschichte der Überlieferung nach. Wobei ihr Wahrheitsgehalt unsicher ist, wie bei so vielen alten Geschichten – und zumal, wenn es um "unermeßliche" Schätze geht.

Der Indio-Häuptling und der spanische Konquistador tragen also, so geht die Geschichte weiter, so viel "Gold und Edelsteine" zusammen, wie sie nur tragen können. Juan Valverde würde, versteht sich, gerne noch mehr mitnehmen. Aber schließlich haben sie noch den gefahrvollen Rückweg vor sich. Mehr als man selbst und die Tragtiere transportieren können, kann man nicht mitnehmen.

Zwei Wochen dauerte ihr strapaziöser Rückweg. Kaum aber sind sie wieder in der Stadt des Häuptlings angekommen, in Pillaro (das in Wahrheit einfach nur ein armseliges Nest ist), treibt ihn bereits wieder die Unrast um: warum hat er nicht doch mehr von den Schätzen mitgenommen? Und er bedrängt seinen Schwiegervater, den alten Häuptling, so lange, bis dieser endlich einer zweiten Reise zu der Schatzgrotte zustimmt.

Und als sie auch von dieser Reise tatsächlich unversehrt und wiederum vollbepackt mit Schätzen zurückkehren, stirbt seine junge Frau kurz danach. Valverde kehrt nach Spanien in seine Heimat zurück – als reicher Mann.

Ende der Geschichte, Anfang der Spekulationen:

Es ist unbekannt, ob Valverde noch ein drittes Mal zu der Schatzhöhle zu gelangen versuchte oder ob sich sein Ex-Schwiegervater, der Inka-Häuptling, vielleicht weigerte, ihm den Weg noch einmal zu zeigen (aber den muß er ja nun inzwischen selbst gekannt haben); oder ob er nur zu dem Zweck nach Spanien zurückkehrte, um dort seine Schätze zu deponieren und alsbald zu einer neuen Expedition aufzubrechen, mit dem Ziel, die Schatzhöhle ganz auszuräumen. Eine gewisse Wahrscheinlichkeit spricht dafür. Denn in seinem Reisegepäck befand sich eine genaue Wegbeschreibung von dem Andenort Pillaro zu der geheimen Höhle am künstlichen See tief im Urwald mit dem vielleicht "größten Schatz der Welt". Wie überhaupt soll dieser Riesen-Schatz dorthin gekommen sein und warum?

Doch zunächst einmal: diese Wegbeschreibung des Juan Valverde ist tatsächlich bis heute erhalten geblieben. In zeitgemäßes Deutsch übertragen, besagt sie folgendes:

Ausgangspunkt: Pillaro.

Erstes Etappenziel: Die Hazienda La Moya.

Nächstes Ziel: der Berg Guapa.

Hat man dessen Gipfel erklommen, so sieht man bei gutem Wetter im Osten drei Berge, genannt Llanganati. Am Abhang eines dieser drei Berge befindet sich der künstliche See.

Nun gilt es, am rechten Ufer dieses Sees weiterzugehen, bis man einen kleinen Hügelkamm erreicht hat. Dieser muß überquert werden. Der Weg setzt sich danach fort durch dichten Baumbewuchs und struppiges Buschwerk, bis am Ende eine Lichtung erreicht ist, welche "El Golpe" heißt und auf der sich drei Wasserläufe kreuzen. Diese Gewässer müssen überquert werden. Der Weg geht dahinter weiter durch den Wald bis zu einer Schlucht, die ebenfalls zu durchqueren ist. Zwar existiert auch ein Paß, doch dieser ist nur sehr schwer zu finden.

Hat man die Schlucht erst einmal hinter sich – was ein nicht ungefährliches Unterfangen ist – so muß man danach die Augen offen halten, um einen Berg zu entdecken, der von Pyrit-Gestein bedeckt ist. Links von diesem Berg wächst in einem Tal besonders viel hartes Stroh. Die Indios flechten daraus Schuhe und benützen es auch zum Decken ihrer Dächer. Der Berg muß nun zu seiner rechten Seite erklommen werden. Hinter ihm schließt sich eine weitere Ebene an, die zu durchschreiten ist. Wieder folgen zwei Berge, zwischen denen ein Weg hindurchführt. Wichtig zu beachten ist, daß diese beiden Berge nicht besonders

auffällig sind. Sie wirken mehr wie Hügel. Und von dieser Stelle aus nun ist der Schatzstollen bereits zu sehen, wenn man gute Augen hat. Doch noch ist man nicht am Ziel. Das Tal muß noch durchquert werden, bis man an einen Wasserfall gelangt.

Folgt man dem Wasserfall, so gelangt man an ein gefährliches Sumpfgebiet. Hat man es aber bisher geschafft, so soll man das Wagnis, durch diesen Sumpf zu gehen, nicht eingehen. Es ist besser, um den Sumpf herumzugehen.

Dann überquere man den Wasserfall. Und nun befindet man sich bereits ganz in der Nähe des Eingangs zu der Schatzgrotte. Diesen Eingang gilt es zu finden. Hat man ihn erreicht, erstreckt sich zu seinen Füßen der geheimnisvolle See.

Der Legende nach wurde in eben diesen See über lange Zeit hinweg ein großer Hort an Schätzen versenkt. Wozu?

Da kommt die nächste angebliche oder authentische Geschichte ins Spiel: Als die Spanier den Inkaherrscher Atahualpa gefangen nahmen und Lösegeld forderten, schleppten die Inkas tatsächlich große Mengen Goldes herbei, herrlichste Kunstgegenstände. Für Kunst hatten die rauhen Soldaten der Konquistadoren wenig übrig. Sie schmolzen alles ein zu Barren. Und töteten Atahualpa anschließend, ungeachtet der Tatsache, daß das Lösegeld für ihn bezahlt worden war.

Entsetzt über das Vorgehen der Weißen schworen die Indios, lieber ihre Schätze fortzuwerfen, sie in einem See zu versenken, als sie noch einmal den spanischen Bestien zu geben. Und so zogen sie mit Karawanen von Packtieren in die Berge und versenkten gewaltige Mengen Schätze in einen See. Nur – in welchen?

Dieses Geheimnis (falls es sich so verhielt) ist tatsächlich niemals gelüftet worden – auch nicht trotz abscheulichster Folterungen an den Indios.

Dann gibt es eine weitere Überlieferung über einen legendären "Goldsee". Danach wurde "seit Urzeiten" ein geheimes Ritual gepflegt. Diese Geschichte ist Teil der Überlieferungen der Muisca-Indios und wird etwa so erzählt:

Seit Tagen hat der designierte Herrscher in einer düsteren Höhle gefastet. Am Tag vor der Frühjahrs-

sonnenwende begibt er sich dann an den Guitavita-See, der 2600 m hoch in den Bergen gelegen ist. Dort warten bereits seine Stammesangehörigen. Der künftige Herrscher entkleidet sich und wird von den Zeremonienmeistern mit einer klebrigen Masse aus Erde und Harzbrei eingerieben, auf ein Floß geführt und dick mit Goldstaub bestreut.

Regungslos steht der künftige Herrscher auf seinem Floß, an dessen vier Ecken andere Stammeshäuptlinge, ebenfalls überreich mit Gold geschmückt, stehen. Das Floß hat ziemlichen Tiefgang. Es ist mit einer Vielzahl von Kultgegenständen aus purem Gold beladen. Doch erst, wenn die Sonne am Morgen der Frühjahrssonnenwende ihr erstes Licht auf die Wellen des Sees wirft, werden die Goldgegenstände dem Sonnengott zum Geschenk in den See versenkt.

Dann kehrt das Floß zurück. Unter rituellen Gesängen befreien die Zeremonienmeister den künftigen Regenten wieder von seinem Goldüberzug.

Ende der Geschichte, wie authentisch, ausgeschmückt, überhöht sie sein mag oder nicht. (Man weiß aus den Sagen und Überlieferungen in aller Welt, daß man meistens einen ganz gehörigen Multiplikationsfaktor einrechnen muß. Und wenn also - immer nur! - von "Bergen von Gold" die Rede ist, dann mag es sich tatsächlich jeweils um einige Kelche, Gefäße, Bildwerke oder Ringe gehandelt haben. Aber sei's drum.)

Seit dem 16. Jh. jedenfalls wird nun dieser See gesucht. Handelte es sich überhaupt um den Guitavita-See? Die Spanier damals waren fest davon überzeugt. Was aber noch nichts heißen muß.

1545 ließ Hernan Perez de Quesada den Wasserspiegel dieses Sees senken. Mit Kürbisflaschen und Schöpfkellen habe man den See tatsächlich um annähernd drei Meter gesenkt. Und die Ausbeute sei wirklich Gold im Wert von 4000 Goldpesos gewesen. Und die Schlußfolgerung war demzufolge: auf dem Grund des Sees müsse noch viel mehr liegen.

Ein gewisser Antonio de Sepulvedo ließ deshalb – es war inzwischen 1580 – eine künstliche Schlucht anlegen, deren Einkerbung heute noch zu erkennen sein soll. Und der Wasserspiegel sei nunmehr um weitere 20 m gesunken. Und

die neuerliche Ausbeute diesmal: "Goldene Brustschilde, allerlei Tierdarstellungen aus massivem Gold (zum Beispiel Affen, Schlangen, Adler), Stäbe aus Gold, besetzt mit wertvollen Edelsteinen." Immer vorausgesetzt, auch dabei wurde nicht, aus allen möglichen Gründen, heftig geflunkert.

Die insoweit nicht weiter verwunderliche Tatsache ist indessen, daß seitdem tatsächlich immer wieder versucht wurde, den Wasserspiegel dieses Sees künstlich zu senken, um an die noch immer auf seinem Grund vermuteten Schätze zu gelangen.

Aber Tatsache ist nun einmal, daß die Abenteurer und unermüdlichen Schatzsucher der Welt bis heute der vermeintliche (Rest-)Schatz des Juan Valverde magisch in das Andennest Pillaro zieht. Regelmäßig zwischen Oktober und Dezember fallen sie wie eine Landplage ein (nur in diesen Monaten läßt der sonst nahezu pausenlos fallende Regen dort nach). Und seit Juan Valverde sind auch schon Hunderte und Tausende auf dieser Schatzsuche ums Leben gekommen. Jedenfalls lauten die Berichte so. Sie sind verunglückt, haben sich gegenseitig umgebracht oder sind von Banditen ausgeraubt und ermordet worden: "Die Wüstenei der trostlosen Gegend verschlingt alle Spuren." Aber trostlos genug war sie offenbar nicht, um dort "unermeßliche Schätze" anzuhäufen...

Denn dies bleibt die entscheidende Frage überhaupt: Hat es den Schatz denn wirklich gegeben? Oder hat Juan Valverde geflunkert, aus wohlüberlegten oder auch nicht so ehrbaren Gründen?

Vielleicht ist seine "präzise Wegbeschreibung" auch nur eine Finte, ein Alibi, oder bestenfalls eine gezielte Irreführung gewesen, mit eingebauten Fehlern allenfalls, die sie nur ihm selbst lesbar machten? Oder, gnädigste Vermutung: hat sich die Landschaft inzwischen so verändert, daß Valverdes Beschreibung heute nichts mehr taugt? Vermuten darf man alles – bis hin zur Herkunft des Valverde-Reichtums bei seiner Rückkehr durch simple Raubzüge... Geheimnisvolle Überhöhungen machen sich aber natürlich immer besser.

Der Fliegende Holländer und andere Geisterschiffe

Vom "Fliegenden Holländer" bis zur "Pamir": Wann gilt ein Schiff tatsächlich als gesunken? Kann ein herrenloses Schiff 40 Jahre lang im Eismeer treiben? Schieben geheimnisvolle Strömungen gesunkene Schiffe wieder nach oben? Gibt es eine Fata Morgana der Meere?

Eine historische Aufnahme des modernen "Geisterschiffs" Baychimo aus dem Jahr 1931, wieder einmal im Eis vor Alaska festsitzend

Es gibt "Geisterschiffe" bis auf diesen Tag, aller supermodernen Elektronik und Technik der heutigen Schiffe zum Trotz. Noch immer gilt, was um 1960 der Erste Offizier eines der damals noch regelmäßig verkehrenden Passagierschiffe zwischen Europa und Nordamerika seinen Gästen bei der Kapitänsparty erzählte (und vermutlich bei jeder Ozeanüberquerung): "...daß noch immer jedes Jahr so an die zehn Schiffe auf den Weltmeeren schlicht und einfach spurlos verschwinden. Was kann man sich als Erklärung denken, ohne daß man gleich ans Bermuda-Dreieck glauben muß?" (Das war damals gerade "erfunden" worden.) Daß sie sehr plötzlich und überraschend untergehen – dafür gibt es eine Menge Möglichkeiten. Daß sie hinter den Eisernen Vorhang entführt werden, nach China. Oder von Piraten über den Schnabel genommen, die sind ja keineswegs ausgestorben, nur fahren sie heute nicht mehr mit schwarzer Flagge, Totenkopf und Augenklappe..."

Bis auf den inzwischen nicht mehr existierenden Eisernen Vorhang gelten diese möglichen Gründe noch heute.

Ein Sonderfall der ewig faszinierenden Geschichte vom spurlos verschwundenen Schiff ist das "Geisterschiff". Klassisch und sogar zum Opernstoff geworden ist es als "Fliegender Holländer". Doch so richtig los ging es mit den "Geisterschiffen" erst im 17. Jahrhundert.

1680 geriet ein holländischer Ostindienfahrer vor Kap Hoorn in einen schweren Sturm. Das Ruder wurde stark beschädigt, das Schiff trieb steuerlos durch die aufgewühlte stürmische See...–

–...Wind und Meer waren ein Chaos, tobende Wassermassen und pechschwarzer Himmel schienen ineinander überzugehen, die Masten mit den zerfetzten Segeln erinnerten in gespenstischer Weise eher an ein Skelett als an ein einstmals stolzes Handelschiff, und immer stärker tobte der Sturm aus Südwest...- "

–...und so weiter. Kurzum, "wutentbrannt" habe der Kapitän schließlich gebrüllt ("in die tobende See hinein", versteht sich): und er werde, basta, an seinem Kurs festhalten und selbst Gott trotzen, und wenn er bis in alle Ewigkeit segeln müsse.

Und genau das sei ihm denn auch widerfahren, lautet die – bekannte – Geschichte:

So wie er es in jenem Sturm im Jahre 1680 in die Wogen brüllte, gotteslästerlich, muß er nun bis ans Ende der Zeiten über die Meere segeln.

Noch hundert Jahre nach seinem Fluch soll der bedauernswerte Kapitän "wirklich" noch immer über die Meere gefahren sein. 1881 will niemand Geringerer als der spätere englische König Georg V. das Geisterschiff gesehen haben. Er war damals Leutnant zur See und fuhr am Kap der Guten Hoffnung vorbei. Die Entfernung bis zum Kap sei noch ca. 80 km gewesen. Von seinem Schiff, der "Bachante" aus, habe er, der Kronprinz, ein "durchsichtig und doch sehr real wirkendes Schiff mit der für das 17. Jh. typischen Takelage" erblickt.

Nicht genug damit: noch 1942 wollten vier Kapstädter das gespenstische Schiff aus dem 17. Jahrhundert "wirklich" in die sogenannte Tafelbucht hinter der Robbeninsel einfahren gesehen haben.

Wie heißt es bei Dickens immer wieder? "Humbug!" Und auch Kronprinzen sind vor Spökenkiekerei nicht gefeit, wie man sieht.

Nur...

Natürlich treibt kein verlassenes Schiff jahrhundertelang über die Meere, das ist logisch. Aber daß es immer wieder Fälle von verschwundenen und wieder aufgetauchten Schiffen gab und gibt, läßt sich zumindest als zunächst einmal "sonderbar" einordnen und ist dann ein paar genauere Blicke wert.

Da gibt es allerlei Berichte. Zum Beispiel:

Die Besatzung des Schiffes "Federico Katalin" sichtete 1914 auf der Fahrt nach Montevideo ein verlassenes Schiff. Der Kapitän schickte einige Matrosen an Bord. Sie fanden das Schiff ohne jede Besatzung. Recherchen ergaben: es handelte sich um ein Schiff, das seit 1909 als gesunken galt.

Nun machen die Geheimniskrämer aller Couleur aus solchen Geschichten und Berichten natürlich sofort die Version, daß es sich um ein 1909 tatsächlich gesunkenes und nun "geheimnisvoll" wieder aufgetauchtes Schiff gehandelt habe. Natürlich war es wieder "aufgetaucht", aber nicht so wie ein U-Boot. Es ist außerdem selbstverständlich ein Unterschied, ob das Schiff als gesunken "galt" / gemeldet wurde oder tatsächlich gesunken war. Daß ein Schiff fünf Jahre lang ohne jede Besatzung auf dem Meer treibt, kann man sich immerhin als denkbar und glaubhaft vorstellen; wobei die Frage natürlich ist, was aus der Besatzung geworden sei. Da gibt es aber auch diese und jene Möglichkeit. Die Abenteuerautoren von Jack London bis B. Traven haben sie so ziemlich alle schon abgehandelt. Gleichwohl, zweifellos, der Fall der "Federico Katalin" gehört authentisch zu den "Geisterschiffen" – und sei es nur im redensartlichen Sinne.

Nicht ganz so eindeutig, wie es in Kreisen der professionellen Geheimniskrämer und -händler seit Jahren behauptet wird, ist dagegen die Sache mit der "Pamir". Eigentlich ist man versucht zu sagen, da werde mit einer Tragödie Schindluder getrieben. Aber es gibt nun einmal einen angeblichen Augenzeugen.

In den offiziellen Nachrichten las sich die Tragödie der "Pamir" so:

Die "Pamir" war ein deutsches Marine-Segelschulschiff. Sie war 1905 von Blohm und Voss gebaut worden. Am 21. September 1957 war sie von Buenos Aires nach Hamburg unterwegs, und hatte eine Ladung Getreide an Bord.

Alles dauerte eine knappe halbe Stunde. An diesem Tag um elf Uhr vormittags traf eine heftige Sturmbö von einem nahenden Orkan die Pamir, das deutsche Segelschulschiff, das auf große Fahrt gegangen war, um Seekadetten – künftige Marineoffiziere der neuen Bundeswehr – in der Seefahrt auszubilden und "auf du und du mit dem Meer" zu bringen. Das Schiff war seinerzeit für eine Hamburger Reederei als Viermastbark gebaut worden und seit dem Wiederaufbau der Bundeswehr im Dienst der Bundesmarine. Der Standort war jetzt etwa 600 Seemeilen südlich der Azoren. Ein schwerer Sturm war aufgekommen. Marssegel und Klüver sowie das Focksegel waren noch gesetzt, wegen der Windstärke aber nicht mehr zu reffen. Die erfahrene Stammannschaft bekam Befehl, sie deshalb mit dem Messer zu kappen. Das Weitere vollzog sich dann in unheimlicher Blitzesschnelle. Die Segel flogen weg, das Schiff bekam Schlagseite. Im Funkraum

zeigte der Neigungsmesser schnell 32, 35, 38, 40 Grad Neigung. Weiter reichte die Skala nicht. Kommandos wurden ausgegeben: "Schwimmwesten anlegen, Schlauchboote klarmachen!" Es gab keine Panik, es herrschte beste Disziplin. So berichteten es die sechs Überlebenden. Viele glaubten anfangs sogar, es handle sich nur um ein Sturmmanöver. Doch der Funker signalisierte bereits SOS. Nach 3-4 Minuten war es aus. Das Schiff kenterte und war um 11.45 Uhr gesunken: "Keine Zeit mehr, Boote zu setzen", lautete der letzte Funkspruch. "Das Chaos ist groß", schildern später die Überlebenden die entscheidenden Minuten. "Viele werden erdrückt und verletzten sich gegenseitig, da sie wie in einem Knäuel übereinander und durcheinander ins Wasser stürzen..." Insgesamt waren 86 Menschen an Bord, darunter an die 60 Seekadetten. Sie kamen bis auf die erwähnten Sechs alle um. Die Sechs trieben zwei Tage im Meer, ehe Rettung eintraf. Zuerst waren sie noch acht Überlebende gewesen, doch zwei wurden krank, weil sie aus Durst Seewasser getrunken hatten. Wahnsinn ergriff sie, sie sprangen aus einem Bootswrack über Bord und ertranken. Mehrere Schiffe hatten zuvor die Schiffbrüchigen nicht bemerkt. Die Tragödie der Pamir erschütterte das ganze Land und löste viele Diskussionen und Untersuchungen aus. War die Ballastfracht schlecht verstaut, verrutschte und war so die Ursache des Kenterns? Hatten Segelschulschiffe noch einen Sinn? Doch bald war wieder ein neues Segelschulschiff in Dienst; es fährt bis heute: die Gorch Fock.

Und dann ereignete sich 27 Jahre später, was die Sensationspresse wie eine bewiesene Tatsache hinausschrie: "Pamir wieder aufgetaucht – als Geisterschiff!"

Darunter, apodiktisch: "Zeuge: Offizier Jarie Flatebo."

Was war da passiert? Das norwegische Schulschiff "Christian Radich" war vor der englischen Küste in arge Bedrängnis geraten. Weit über 150 km/h schnelle Stürme peitschten gewaltige Wellen gegen das Schiff.

Und plötzlich zerreißt das Grau aus Wasser, Gischt und Himmel in jener fürchterlichen Spätherbstnacht des Jahres 1984. Gespenstisch hebt sich der massive Rumpf eines Segelschiffes vor dem fahlen Mondlicht ab - es ist die "Pamir!"

Und angeblich begleitete das "Gespensterschiff" die "Christian Radich" eine geschlagene Stunde lang. Und selbst die Besatzung der "Pamir" sei zu sehen gewesen. Und "laut übereinstimmenden Aussagen" der Leute auf der "Christian Radich" hätten die Matrosen der "Pamir" weiße Hemden angehabt, nicht etwa das moderne Ölzeug, in dem sie seinerzeit untergegangen waren. Und immer noch nicht genug: mit roten Laternen hätten sie gewinkt. Ausgerechnet mit roten...

Und so urplötzlich, wie sie aufgetaucht war, verschwand sie dann wieder mit dem Nachlassen des Sturms.

Wenn das kein Seemannsgarn ist, wann war dann jemals eine Geschichte eines...

Doch damit immer noch nicht genug: bis zu diesem Erscheinen vor der "Christian Radich" soll die gesunkene "Pamir", angeblich, mindestens 25mal als Gespensterschiff gesichtet worden sein, darunter beispielsweise von dem chilenischen Schiff "Esmeralda" und dem japanischen "Nippon Miru" sowie der französischen Fregatte "La Corse". Und "erstaunlich" seien die zahlreichen Übereinstimmungen in den verschiedenen Berichten. "Es sieht tatsächlich so aus, als tauche die 'Pamir' immer wieder auf." Wie gesagt, so sehr dies starker Tobak für jeden ist, der weiß, wie solche Berichte zustandekommen und verbreitet werden (und wachsen und wachsen), so interessant ist dennoch das Phänomen an sich: daß dergleichen Berichte überhaupt auftauchen, daß es auch tatsächlich die "Augenzeugen" gibt, die felsenfest davon überzeugt sind (oder dies zumindest bekunden), und daß über ein Weilchen aus einem Brei von Andeutungen, Vermutungen. Spekulationen, Vergleichen plötzlich "unbestreitbare Tatsachen" geworden sind.

Ein anderer, weitaus weniger spökenkiekerischer Geisterschiff-Fall ist die "Baychimo".

Letztmals ist sie angeblich 1969 zwischen Icy Cape und Point Barrow gesichtet worden. Aber da kann sie eigentlich längst nicht mehr existiert haben – möchte man jedenfalls meinen.

Das Schiff war am 6. Juli 1931 aus Vancouver in Kanada zu seiner letzten Fahrt ausgelaufen.

Kapitän John Cornwall und seine Besatzung von 36 Mann waren auf einen harten Winter gefaßt. Sie fuhren nordwärts. Die Nordwinde machten die Arbeit schwer, früher als sonst trieb Packeis an, schon am 30. September war nur noch eine schmale Fahrrinne frei. Am 1. Oktober saßen sie im Eis fest. Gefahr für die Besatzung bestand nicht. Der kleine Ort Barrow in Alaska war nahe. Dort befand sich eine ständige Niederlassung der Handelsgesellschaft, für die die "Baychimo" fuhr. Die Besatzung verließ das Schiff und wanderte die wenigen Kilometer bis Barrow, als feststand, daß ein heftiger Sturm im Anzug war, dem das Schiff in seiner Lage wohl kaum standhalten könne. Die Eismassen, war zu erwarten/zu befürchten, würden dann so heftig gegen den Schiffsrumpf getrieben, daß dieser wie ein Nußschale zerquetscht würde.

Der Sturm tobte zwei Tage lang. Die "Baychimo" aber hielt stand und kam wieder frei. Die Mannschaft kehrte auf ihr Schiff zurück. Ihre Hoffnungen waren allerdings verfrüht. Schon am 8. Oktober saßen sie wieder im Eis fest.

Man funkte SOS, von Nome aus starteten zwei Flugzeuge, die 20 Mann der Besatzung ausflogen. Der Kapitän und die 14 übrigen Mann der Besatzung aber wollten in der Nähe des Schiffes bleiben. Der nächste Sturm brach am 24. November los. Die 15 Ausharrenden saßen in den primitiven Hütten fest, die sie sich an Land errichtet hatten.

Aber als dieser Sturm sich gelegt hatte, war die "Baychimo" verschwunden, wurde aber in 60 km Entfernung wieder gesichtet, mit Kurs nach Süden. Doch erneut lief sie sich im Eis fest, ohne daß vorerst eine Möglichkeit bestand, sie zu bergen. Am 12. März erspähte der Trapper und Forschungsreisende Leslie Melvin die "Baychimo" zwischen Herschel Island und Nome. Er kletterte an Bord und fand alles in Ordnung. Auch die Schiffsladung, vornehmlich Felle, befand sich, bekundete er, in bestem Zustand. Danach aber geschah Merkwürdiges, den Berichten zufolge.

Genau ein Jahr später, im März 1932, will eine Gruppe Eskimos das Schiff an der Stelle angetroffen haben, wo die Besatzung letztmals von Bord gegangen war. Und als sie - etwa dreißig Mann – an Bord waren, sei wieder ein Sturm losgebrochen, der sie zehn Tage lang auf dem Schiff festgehalten habe.

Die nächsten Berichte:

August 1933: "Die 'Baychimo' driftet Richtung Norden."

Juli 1934: "Der schottische Botaniker Hutchington kletterte zusammen mit einigen Abenteurern an Bord der 'Baychimo'. Die Männer blieben einige Stunden an Bord."

September 1935: "Die 'Baychimo' hat die Küste Alaskas erreicht."

November 1939: "Kapitän Hugh Polson gelang es, die 'Baychimo' kurz unter seine Gewalt zu zwingen, doch treibende Eisschollen versperrten schon bald wieder die Fahrt. Kapitän Polson gab wieder auf."

Und seit diesem letzten Versuch, die "Baychimo" wieder unter Kontrolle zu bringen – nachdem sie inzwischen schon 7 Jahre lang herrenlos in der arktischen See herumgetrieben war –, ist sie – angeblich – noch viele Male gesichtet worden. Wobei auch hier nicht so eindeutig ist, wieweit inzwischen Realität und Seemannsgarn, Tatsachen und Fiktionen oder subjektiver Glaube ineinander übergegangen sind.

1962 will eine Gruppe Eskimos das Schiff – das nunmehr also schon über 30 Jahre lang herrenlos herumtreiben würde – im Bereich der Beaufort Sea gesehen haben, wiederum "ohne Möglichkeit der Bergung". Gleiches wurde 1969 behauptet, als die "Baychimo", wieder einmal, im Eis festsaß; angeblich.

Es ist ziemlich undenkbar, daß ein herrenloses, verlassenes Schiff fast vierzig Jahre lang Winter für Winter im Nordmeer immer wieder eingeschlossen vom Eis, standhalten sollte, ohne irgendwann einmal zerquetscht zu werden. Es ist kaum vorstellbar, daß es, mag es immer eine Weile lang herrenlos herumgetrieben sein, nicht schon längst untergegangen und als Wrack auf dem Meeresgrund ruhen sollte.

"Und doch taucht es immer wieder auf, von den Eskimos als Geisterschiff gefürchtet und auch verehrt."

Wirklich? Oder wurden, in diesem Falle, viele verschiedene Wracks einfach immer wieder für die gute alte "Baychimo" gehalten? Oder greifen hier sonstige Mystifikationen und Fiktionen?

Aber andersherum gefragt: Ist es denn ausgeschlossen, daß so etwas einmal vorkommt? Natürlich nicht, daß dieses Schiff etwa gesunken sei und immer wieder auftauche, sondern daß es tatsächlich, allen Wahrscheinlichkeiten zum Trotz, sich einfach hartnäckig weigere, unterzugehen? Nur: wieso sollte, auch entgegen allem, was in der Seefahrt üblich ist, in den ganzen 40 Jahren bis 1969, dem Jahr der letzten angeblichen Sichtung, anscheinend niemand wirklich ernstlich versucht haben, das Wrack zu bergen?

Jedenfalls aber entbehrt dieser Fall wenigstens nicht der durchaus denkbaren und vorstellbaren Wahrscheinlichkeit; im Gegensatz zu so manchem anderen Seemannsgarn und erheblich unglaubwürdigeren Theorien, wie sie für Fälle wie der "Pamir" und andere, tatsächlich gesunkene, angeblich aber wieder aufgetauchte Schiffe angeboten werden: Ob es unerforschte Strömungen gebe, die gesunkene Schiffe wieder an die Oberfläche zurückbrächten.

Wenn dergleichen überhaupt wirklich im Bereich des Denkbaren wäre, dann dürften aber natürlich nicht, wie angeblich bei der "Pamir", auch noch Matrosen an Bord gesichtet werden, die obendrein in Leichenhemden oder allenfalls verschlissener Kleidung aus längstvergangener Zeit an Bord ihrer Arbeit nachgehen – mit oder ohne rote Laternen...

Das nächste Angebot möglicher Erklärung: Vielleicht handelt es sich um Spiegelungen, Fata Morganen der Meere?

"Sollte es möglich sein, daß gesunkene Schiffe unter Wasser dahindriften, irgendwie nahe an die Wasseroberfläche geraten und dann Spiegelungen erzeugen?"

Auch dann natürlich dürften auf solchen Schiffen nicht auch noch die Besatzungen bei seemännischer Arbeit zu sehen sein; abgesehen von der rein physikalischen Waghalsigkeit des Gedankens...

Aber vielleicht dann Luftspiegelungen? "Sahen die Zeugen solcher seltsamen Erscheinungen von Geisterschiffen in Wirklichkeit nur die Fata Morgana der, in großer Entfernung segelnden, Schiffe?"

Dies kann selbstverständlich auch nicht sein - schon, weil die Augenzeugen immer ziemlich detailfreudig sind. Sie haben oftmals Matrosen an Bord von Geisterschiffen gesehen, die Uniformen längst vergangener Zeiten trugen, welche allenfalls noch im Museum zu besichtigen sind. Und außerdem identifizierten sie eben die "Geisterschiffe" stets so genau, daß kein Zweifel war, angeblich: es war ein ganz exakt definiertes, längst gesunkenes Schiff aus alter Zeit; und zwar so, als sei es mit Besatzung an Bord und in gutem Zustand unterwegs. Archetypen der Phantasie...

Wenn es uns also zu der Feststellung hinreißen müßte: "Nein, das bis ins 17. Jahrhundert zurückreichende Rätsel der Geisterschiffe ist nicht gelöst" - dann nur in dem Sinne, daß noch lange nicht alle Rätsel gelöst sind, die sich im menschlichen Kopf abspielen...

Der Graf von Saint-Germain

Der Graf von Saint-Germain: niemand wußte, woher er kam und wer er wirklich war. Er besaß großen Reichtum und schien ein wahrer Tausendsassa zu sein. Besaß er "das Lebenselixier der ewigen Jugend" oder gab es einen ganzen Clan Hochstapler, die sich schon zu seiner Lebenszeit, vor allem danach, als er ausgaben?

Zeitgenössisches Bildnisporträt des geheimnisvollen "Grafen von Saint-Germain"

Das Paris des 18. Jahrhunderts ist bereits die Hauptstadt Europas. Es ist das Jahrhundert Rousseaus, Voltaires, Diderots, von Lametrie – und der Revolution. Das gesellschaftliche Leben ist bis dahin von aufwendigen und auch ausschweifenden Festen geprägt, Klatsch ist ein Gesellschaftsspiel, man fühlt sich als und im Zentrum und Nabel der Welt. Und doch horcht selbst "ganz Paris" auf, als der Mann auftaucht, der neben so zwielichtigen Abenteurer-Figuren wie Casanova oder Cagliostro eine der schillerndsten Gestalten des ganzen Jahrhunderts werden sollte.

Der Mann nennt sich "Graf von Saint-Germain". Bis heute ist nicht wirklich zweifelsfrei geklärt, wer der Mann tatsächlich war. Es gibt Erklärungen, aber sie lassen Zweifel offen. Tatsächlich konnte bisher niemand wirklich eindeutig und zweifelsfrei aufklären, woher dieser Mann kam. Und selbst seine Nationalität bleibt zweifelhaft: Italiener, Engländer? Oder gar aus Arabien?

Wie auch immer, "Saint-Germain" gewinnt die Gunst Ludwigs XVI. und seiner Geliebten, der berühmt-berüchtigten Madame Pompadour.

Die Pompadour insbesondere soll speziell an einer geheimen Tinktur des Grafen von Saint-Germain interessiert gewesen sein. Denn der geheimnisvolle Mann hatte erklärt, er besitze das Mittel gegen jegliches Altern. Es ist ungeklärt, wie er an das gewaltige Vermögen gekommen ist, über das er offensichtlich verfügt.

Er schmückt sich gerne mit wertvollen Edelsteinen, die er – so tut er zumindest – gering schätzt und bei nichtigsten Gelegenheiten einfach verschenkt.

Die Gerüchteküche kocht über. Bezieht er seinen Reichtum etwa von den vielen Damen des Adels, denen er seine angebliche Tinktur des Lebens verkauft, welche ewige Jugend verspricht? Oder ist er ein von den Engländern bezahlter Spion am französischen Königshof? Oder sind die Preußen seine heimlichen Geldgeber? Oder ist er im Dienste sowohl der Preußen wie der Engländer?

Der Graf ist aber auch eine Ausnahmeerscheinung. So ist er beispielsweise auch, zum Erstaunen vieler Adeliger, die keinerlei praktische Kenntnisse und Fähigkeiten besitzen, imstande, verblüffende Farbeffekte zu erzielen. Er färbt mit geheimnisvollen Tropfen und Tinkturen Seide und Leder – zum hellen Entzücken der nun wirklich verwöhnten adeligen Hofdamen über seine prachtvollen Stoffe.

Immer wieder findet er mühelos Gönner und Förderer, auf deren Kosten er sich Laboratorien einrichtet.

Die Chemie ist im 18. Jh. eine erwachende Wissenschaft und steht hoch im Kurs. Doch während ein Priestley, ein Cavendish oder Lavoisier etwa die Zusammensetzung der Luft erforschen, gilt des Grafen Saint-Germain Aufmerksamkeit noch mehr der Alchemie und dem "Lebenselixier".

1710 lernt ihn die Gräfin de Gegy angeblich in Venedig kennen und als sie ihm 50 Jahre später, 1760 wiederbegegnet, erkennt sie ihn zunächst nicht, aber eine gewisse Ähnlichkeit fällt ihr auf – angeblich – und sie fragt ihn, ob sie wohl den Herrn Vater gekannt habe, der ihr in Venedig begegnet sei. Und "zum Erstaunen aller" erfährt sie, angeblich: er selbst war es, den sie damals, vor 50 Jahren traf und der nun immer noch genauso aussieht wie damals, nicht gealtert.

Dank seines Lebenselixiers? Die Geschichte kennt man ja nun auch von unserem Münchhausen, aber der ist bekannt als Lügenbaron...

Nun, immerhin, 1710 beschreibt Jean Philippe Rameau den Saint-Germain als einen Mann von 45-50 Jahren. Dann müßte er also 1760, immer vorausgesetzt, er ist wirklich der Gleiche, an die 100 Jahre alt gewesen sein.

Er selbst ist da sogar noch großzügiger. Er nennt – falls er sich nicht gleich, siehe unten, als tausend Jahre alt bezeichnet – 1651 als sein Geburtsjahr.

"Geheimnisumwittert" waren seine Jahre von 1737-42. Er verbrachte sie, angeblich, am Hof des Schahs von Persien, "was eine außergewöhnliche Ehre war, die mir da zuteil wurde". In dem fernen Persien will er auch in "bislang unbekannte Rätsel und Geheimnisse" eingeweiht worden sein. Wo sonst; unbekannte Geheimnisse und Kenntnisse finden sich bekanntlich niemals in der Nähe, sondern vorzugsweise ganz weit in der Ferne. Ganz im Sinne der Erkenntnis des alten Sprichworts: Wer von weither kommt, hat leicht lügen.

1743 dann taucht er in London auf, "reicher denn je, spendabler denn je, und auf die noble Welt des Adels anziehender denn je".

1744 verschwindet der Mann, der sich Graf von Saint-Germain nennt, aus England und seine Spur findet sich im Jahr darauf in Österreich. Was er dort die nächsten vier Jahre gemacht hat, bleibt unerwähnt in den Chroniken. 1749 lädt ihn der Marechal de Belle-Isle jedenfalls nach Paris ein, und "1756 begegnet ihm der Weltenbummler Robert Clive in Indien". Schon im nächsten Jahr ist er aber wieder in Frankreich, nämlich am Hof des Königs.

In dieser Zeit verstärkt sich der Verdacht, der Graf, ein wahrhaftiger "Figaro hier-Figaro da", sei wohl ein "Politischer". Schon deshalb, weil der Friedensschluß zwischen Preußen und Österreich angeblich von niemand anderem als ihm zustandegebracht worden sei. 1760 sieht sich der "London Chronicle" zu einer Notiz veranlaßt, daß der Graf von Saint-Germain doch wohl über das von ihm behauptete Jugendelixier verfügen müsse.

Die nächste Station des offenbar so Ruhelosen ist Rußland, wo er, angeblich, ebenfalls politisch aktiv wird, nämlich: "Bald heißt es allgemein, er habe der späteren Katharina der Großen an die Macht verholfen."

Weiterhin gibt es nur Heroisches von ihm zu berichten: "Er arbeitet verstärkt im Labor. Er stellt außerdem Prognosen für die Zukunft. Als Ludwig XV. stirbt, sieht er blutige Bilder vor seinem geistigen Auge und weiß 1762, daß dem französischen Adel eine blutige Zukunft bevorsteht."

Also geht er hin und warnt Ludwig XVI. und Marie-Antoinette und zwar "energisch und heftig: aber die beiden lachen nur".

Daraufhin begibt er sich 1768 nach Deutschland.

"Berlin ist sein Ziel. In Deutschland eröffnet er 1768 und 1769 mehrere Fabriken."

Ein Tausendsassa, der auf allen Hochzeiten tanzt: "1770 hat er Geheimunterredungen mit dem Fürsten Orlow in Moskau, im gleichen Jahr weiht er" – immerhin: angeblich – "Mesmer in die geheimen Kräfte des Menschen ein." Dann wird er noch einmal in London registriert und als nächstes sein Tod vermeldet: 1784. Nanu? Einer seiner größten Gönner, der Prinz Karl von Hessen-Kassel, ist äußerst bestürzt, kann es kaum glauben, daß der Mann mit der ewigen Jugend tot sein soll, und verkündet: "Er war vielleicht einer der größten Weisen, die jemals lebten."

Ein in Kreisen der "Geheimwissenschaften" in unserem Jahrhundert renommierter Mann, Colin Wilson, stellt jedoch sachlich fest, was sich auch im Kirchenbuch von Eckernförde dokumentarisch findet (s. Abb.): daß der sogenannte Saint-Germain tatsächlich 1784 gestorben sei. "Die nüchterne Wahrheit ist, daß er mit etwa 75 Jahren 1784 starb. Er litt an Rheumatismus und krankhaften Depressionen."

Der Mann mit dem Elixier der ewigen Jugend, der große Meister Tausendsassa: Rheumatismus, Depressionen...

Das schert die Geheimnishändler bis heute freilich wenig.

In Frankreich nimmt er am 15. Februar 1785 am internationalen Kongreß der Freimaurer teil. Die Pariser Protokolle davon belegen dies eindeutig.

(Was belegt dann das Kirchenbuch von Eckernförde? Nichts Eindeutiges? Aber weiter, wer wird sich mit solchen Kleinigkeiten aufhalten:)

Bester Gesundheit erfreut sich Saint-Germain auch, als er im Revolutionsjahr 1789 am schwedischen Königshof auftaucht. König Gustav hört auf den gelehrten Mann und macht ihn zu seinem Leibarzt. Madame d'Adhemar ist nicht minder beeindruckt. Sie schätzt ihn auf etwa 45 Jahre, beschreibt ihn als einen Mann von stattlicher Statur... 1793 ist er neuerdings in Frankreich. Seine schlimme Vision hat sich bewahrheitet. Die blutigen Bilder, die er um 1762 als deutliche Visionen vorhersah, sind Wirklichkeit geworden. Es gelingt ihm, wie aus zeitgenössischen Überlieferungen hervorgeht, 1793 Madame Dubarry zu sprechen, die Geliebte Ludwigs XV., die, als sie in diesem Jahr nach Paris zurückkehrt, verhaftet und hingerichtet wird. Er soll aber auch Marie-Antoinet-

te trostreich beigestanden haben. Im 19. Jh. dann will Lord Lytton vom Grafen Saint-Germain in die geheimen Kräfte der Natur eingeweiht worden sein. 1867 wird von der Teilnahme Saint-Germains in Wien am Treffen der 'Großen Loge' berichtet und im gleichen Jahr von einer Beteiligung des Grafen an einem ähnlichen Treffen in Mailand! 1972 schließlich erklärt der Franzose Richard Chanfay: Ich bin Saint-Germain, und führt vor Fernsehkameras alchimistische Experimente vor.

Und wenn er wirklich nicht gestorben ist, dann lebt er also heute noch.

Was muß man, im Ernst, aus alledem für Schlüsse ziehen, die einigermaßen logischem Denken – und auch heutigem Wissen – standhalten? Ein tatsächlich "eingeweihter" Weiser? Oder doch eher nur, falls nicht einfach ein sehr erfolgreicher / gerissener Geschäftsmann und Unternehmer, ein großer Gauner und Hochstapler in der Tradition etwa des Cagliostro? Oder vielmehr: nicht nur einer, sondern mehrere, die als er reisten, nacheinander durch die Jahrzehnte und Jahrhunderte? Das klingt wahrscheinlicher, wenn man sich die "Berichte" vor allem außerhalb seiner tatsächlich dokumentierten Lebenszeit ansieht (aber auch die aus seiner Lebenszeit selbst.) Der "Graf von Saint-Germain": das scheint außer und vielleicht schon neben

ihm selbst mehr eine Gruppenbezeichnung für einen ganzen Clan Hochstapler (samt ihren Nachfahren) geworden zu sein.

Das wäre dann allenfalls die Lösung dieses "Rätsel"-Falles.

Lexikalischer Abschluß:

Saint-Germain, * ca. 1710, gestorben 1784 Gottorp, von den einen als Abenteurer, von anderen als Eingeweihter bezeichnet, in der Adyar-TG als Meister des 7. Strahls ausgegeben. Er selbst gab vor, über 1000 Jahre alt und im Besitz von Zauberkräften zu sein. Er war an vielen Höfen Europas eingeführt und gewann später großen Einfluß auf den Landgrafen Karl von Hessen. Er behauptete auch, Hochgrad-Freimaurer zu sein. Bei der Adyar-TG heißt er auch M. Rakoczi und wird als Inkarnation u.a. von Francis und Roger Bacon angesehen... s.a. Abb.: Die Beurkundung von Saint Germains Tod im Kirchenbuch zu Eckernförde, Febr./März 1784, No. 12: "Der sich so nennende Graf von Saint Germain und Weldona, weitere Nachrichten sind nicht bekannt worden in hiesiger Kirche..."

(Adyar-TG: Theosophische Gesellschaft seit 1882. "Meister": die unbekannten und anonymen Autoritäten, auf die sich okkulte Bewegungen seit Gründung der Adyar-TG beziehen, um ihre Lehren zu rechtfertigen.)

(Lexikon des geheimen Wissens)

Die Beurkundung von Saint-Germains Tod im Kirchenbuch zu Eckernförde

Wurde Napoleon vergiftet?

Napoleon ruht heute in sieben Särgen im Invalidendom in seinem prächtigen Grabmal. Als er 19 Jahre nach seinem Tod von St. Helena in die Heimat überführt wurde, war der exhumierte Leichnam völlig unverwest: "als schliefe er nur!". Solche Konservierung bewirkt Arsen...

Eine leicht karikierte Napoleondarstellung. Ist die Aufgedunsenheit der letzten Jahre Beweis-Symptom für eine Arsenvergiftung?

Als Napoleon Bonaparte am 5. Mai 1821 auf St. Helena starb, war dies kein natürlicher Tod, sondern die Konsequenz gezielter Vergiftung mit Arsen.

Dieser Ansicht ist der schwedische Zahnarzt und Giftexperte Sten Forshufvud. Und mit ihm auch andere. Die These vom Giftmord an Napoleon ist "schon immer" vertreten worden. Inzwischen gilt sie als bewiesen.

Forshufvud studierte seit 1955 die Memoiren des treuen Kammerdieners Napoleons, Louis Marchand. Dieser war seinem einstigen Kaiser treu ergeben und hatte niemals an einen natürlichen Tod geglaubt.

Für eine Vergiftung sprach aber auch mehr als nur der Verdacht eines treuen Kammerdieners. Es ist bekannt und dokumentiert, daß der Ex-Kaiser in den Jahren von 1815 bis zu seinem Tod in der Verbannung auf St. Helena körperlich zusehends verfallen und "förmlich aufgeschwemmt und aufgedunsen" war.

Und das sind nun Merkmale, die sehr wohl auf eine Arsenvergiftung hinweisen könnten.

Nun hat allerdings St. Helena auch ein Klima, das alles andere als gesund oder bekömmlich ist. Bei den britischen Soldaten war die Insel zwischen Afrika und Südamerika wegen ihres "mörderischen Tropenklimas" schon immer berüchtigt und gefürchtet. Durchfallkrankheiten und Gelbsucht dezimierten die Besatzungssoldaten regelmäßig. In Napoleons Exil-Haus war die Rattenplage der Normalzustand. Fast allnächtlich erschlugen die Diener Ratten zu Dutzenden.

Es gibt sehr präzise Protokolle über die letzten qualvollen Stunden Napoleons: Er litt unter schlimmem innerem Hitzegefühl, brennendem Schmerz, großem Durst und schwachem Puls. Ein Chirurg namens Dr. Francesco Antommarchi schrieb nach dem Tod 30 Symptome nieder, die er beobachtet hatte. Forshufvud erklärte 22 davon als typisch oder jedenfalls mögliche Symptome für eine Arsenvergiftung.

In der Tat spricht allein schon die dokumentierte Tatsache, daß Napoleon ständig an Gewicht zugenommen und sein Körper sich aufgebläht hatte, gegen die amtliche Todesursache "Magenkrebs". In diesem Fall nämlich hätte ganz im Gegenteil eine Gewichtsabnahme bis zur Auszehrung vorliegen müssen.

Die Frage ist, ob sich eine Vergiftung, wenn sie denn vorlag, heute noch nachweisen ließe. Es hat inzwischen bereits mehrfache Fernsehdokumentationen über das Thema gegeben. Auch sie gingen von diesem etablierten Tatbestand aus:

Napoleon wurde 19 Jahre nach seinem Tod 1840 nach Paris in den Invalidendom überführt. In der französischen Geschichtserinnerung stellt sich das Ereignis so dar:

Im Jahre 1840 vollzieht sich das bedeutsamste Ereignis in der Geschichte des Invalidendoms: er empfängt die sterblichen Überreste Napoleons. Nach sieben Jahren der Verhandlungen mit England war es Louis-Philippe möglich, seinen Sohn, den Prinzen von Joinville, nach St. Helena zu entsenden. Dieser kommt dort an Bord der Fregatte "La Belle Poule" am 8. Oktober an und veranlaßt die Exhumierung. Der Sarg wird zwei Minuten lang geöffnet. Der vor 19 Jahren verstorbene Ex-Kaiser liegt, überraschenderweise völlig konserviert und überhaupt nicht verwest, in der Uniform der Gardejäger darin. Als Augenzeugen sind die letzten Gefährten seines Exils, Gourgaud, Bertrand, Las-Cases und Marchand anwesend und können ihre Emotionen nur mühsam beherrschen. Die Fregatte mit dem Sarg läuft am 30. November in Cherbourg ein. Über Le Havre und auf der Seine wird der Sarg mit dem Leichnam nach Paris bis zum Pont de Neuilly gebracht. Das feierliche Begräbnis geschieht am 15. Dezember 1840. In einem heftigen Schneegestöber kommt der Trauerkondukt zum Arc de Triomphe und zieht die Champs Elysées hinab über die Place de la Concorde bis zur Esplanade des Invalides.

Einer der Ehrengäste auf den Tribünen ist Victor Hugo. Auf der ganzen Esplanade drängen sich hunderttausend Menschen. Hugo hat notiert, daß sich die Sonne genau in dem Augenblick durch die aufreißenden Wolken zeigte, als der goldblitzende Sargwagen den Quai herab in die Esplanade einfuhr "und sich darob ein gewaltiges Raunen erhob".

Der Sarg wird in der Kapelle St. Jerome aufgebahrt und bleibt dort, bis das große eigentliche Grabmal fertiggestellt ist. Dies dauert noch weitere 21 Jahre.

Die endgültige Bestattung erfolgt am 3. April 1861. Die atemraubende Majestät dieses Grabmals in der Mitte des Doms genau unter der Kuppel ist ganz überlegt gewählt worden. Um weder die Harmonie des Dombaus zu stören noch den Blick auf den Altar zu verstellen, hat der Baumeister, Visconti, eine kreisrunde Krypta angelegt, die mit einer Marmorwand umgeben und geschützt ist. Im Zentrum und am tiefsten Punkt ruht der Sarkophag aus rotem Porphyr auf einem Sockel aus Vogesen-Granit.
(Porphyr ist ein dichtes, feinkörniges Ergußgestein mit eingestreuten Kristalleinsprenglingen.)
Der rote Porphyr wurde gewählt, weil einst auch bei den Römern die kaiserlichen Sarkophage aus diesem edlen Gestein waren. Die Suche nach geeignetem Porphyr in Italien, Griechenland und Frankreich selbst blieb aber lange erfolglos. Erst 1846 fand man im russischen Karelien einen geeigneten Steinbruch des wertvollen Materials. Fünfzehn Blocks von je 200 t Gewicht wurden aus den insgesamt 200 gebrochenen ausgewählt. Der Transport nach Paris verursachte zusätzliche ungewöhnliche Schwierigkeiten und Probleme und dauerte allein über ein ganzes Jahr. Zwei Jahre erforderte dann das Behauen und Polieren.
Der Leichnam des Kaisers kam in sechs ineinandergefügte Särge. Der erste (von innen) ist aus Weißblech, der zweite aus Mahagoniholz, der dritte und vierte aus Blei, der fünfte aus Ebenholz und der sechste, äußere, aus Eiche. Und dieser sechsfache Sarg erst kam in den eigentlichen Porphyrsarkophag.
Allein dies macht deutlich, daß eine nochmalige Exhumierung des Leichnams aus diesen sieben ineinandergeschachtelten Sarghüllen ausgeschlossen ist. Der Aufwand dafür wäre durch nichts gerechtfertigt. Von der üblichen und noch mehr der nationalen Pietät gar nicht zu reden. Doch das bedeutet deshalb nicht, daß keine letzte Gewißheit mehr eruierbar wäre.
Da ist zunächst einmal die verblüffende und verbürgte Tatsache, daß man den Leichnam bei der Exhumierung vor der Überführung in die Heimat nach 19 Jahren noch völlig konserviert und unverwest vorfand, obwohl er weder einbalsamiert noch der Sarg absolut luftdicht verschlossen war. "Dieser erstaunlich gute Zustand des Leichnams", glaubte Sten Forshufvud,

"spricht allein schon für eine Arsenvergiftung. Dieses Gift zerstört nämlich zwar das Leben, ist aber zugleich ein gutes Konservierungsmittel. Ohne ein solches hätte Napoleons Leiche ganz zwangsläufig und unweigerlich längst zum Skelett zerfallen sein müssen. Tatsächlich aber lag er verbürgtermaßen im Sarg, als ob er nur schliefe."
Nun ist aber von der Schlußfolgerung bis zum konkreten Beweis ein weiter und mühsamer Weg.
Arsen kann man im Haar des Opfers nachweisen. Früher benötigte man allerdings größere Mengen Haar dafür. Wenn auch bekannt ist, daß in verschiedenen französischen Familien mehrere Haarlocken Napoleons wie Reliquien aufbewahrt werden, so war es doch völlig unmöglich und ausgeschlossen, auf diese Weise die nötigen "größeren Mengen" Napoleonhaar für Untersuchungszwecke zu bekommen; allein schon deshalb, weil die meisten Besitzer solcher Napoleonlocken dergleichen strikt ablehnten.
Dies war der Stand der Dinge, als sich eine entscheidende Wende ergab. Der britische Forscher Dr. Hamilton Smith von der Universität Glasgow entwickelte ein Testverfahren, bei dem ein einziges Haar ausreichte, um eine Arsenvergiftung festzustellen.
Forshufvud machte sich daraufhin an die Arbeit. Er versuchte zu eruieren, wo Nachfahren derer lebten, die mit und bei Napoleon auf St. Helena waren – und welche davon eventuell Napoleonhaar-Souvenirs besaßen.
Da war beispielsweise Prinz Napoleon Louis Jerome Victor Bonaparte. Aber dieser ließ ein schon vereinbartes Treffen platzen und weigerte sich einfach, ein Napoleonhaar zur Verfügung zu stellen.
Hilfreicher war der Commandant Henri Lachoque, von dem bekannt war, daß er im Besitz einer Locke war, die Napoleon unmittelbar nach seinem Tode abgeschnitten worden sein sollte. Dr. Smith in Glasgow bekam ein Haar eben dieser Locke und unterzog es seinem neuen Test, ohne allerdings zu wissen, woher es stammte. Sein Testbericht enthielt folgendes Fazit:

Die mit H.S. beschriftete Haarprobe ergab bei der Analyse nach meiner Aktivierungsmethode einen Wert von 10,38 Mikrogramm Arsen je Gramm Haar. Dieser hohe Wert beweist, daß die betreffende Person relativ großen Mengen Arsen ausgesetzt worden war.

Forshufvud suchte nun mit beflügeltem Eifer noch weiter nach immer neuen Napoleonhaaren, und mit Erfolg. Alle Untersuchungen hatten das gleiche Ergebnis. In der Zeit vom allmählichen Erkranken über das Dahinsiechen bis zum endlichen Tod waren Napoleon Bonaparte laufend hohe Dosen von Arsen verabreicht worden.

War nun, juristisch gesprochen "mit an Sicherheit grenzender Wahrscheinlichkeit" nachgewiesen, daß der Ex-Kaiser tatsächlich an einer Arsenvergiftung gestorben war, so blieben gleich anschließend daran die weiteren zwangsläufigen Fragen: War es überhaupt ein Giftmord, und wer war, wenn ja, der Mörder, und warum? Wem konnte wohl daran gelegen sein, einen ohnehin gebrochenen und gescheiterten Mann, der, buchstäblich ans Ende der Welt verbannt, aller Macht und allen Einflusses beraubt war und nach menschlichem Ermessen niemandem mehr gefährlich sein oder werden konnte, aus dem Weg zu räumen?

Befürchtete der Mörder es doch? War irgendeine Art Rache das Motiv, Enttäuschung?

Kam vielleicht sein Arzt, Dr. Antommarchi, in Frage? Er war wie Bonaparte selbst Korse. Als er im September 1819 auf St. Helena eintraf, machte er als erstes dem britischen Inselgouverneur Sir Hudson Lowe seine Aufwartung. Darüber war Napoleon so verärgert, daß er ihn anschließend drei Tage lang warten ließ, ehe er ihn das erste Mal empfing. Aber das allein wäre gewiß noch kein Motiv für eine so gravierende "Rache" – selbst für einen Korsen. Außerdem hätte er, wäre er der Arsenmörder gewesen, wohl kaum einen derart detaillierten Bericht mit der Aufzählung sämtlicher Todessymptome verfaßt, von denen mehr als zwei Drittel Indizien für eine Arsenvergiftung waren oder sein konnten (und das war ihm als Arzt natürlich bekannt und hätte ihm, gerade wenn er es gewesen wäre,

erst recht genau bekannt sein müssen). Er hätte sich auf diese Weise also dann bewußt selbst ans Messer geliefert, und das kann man nun wirklich nicht unterstellen; andernfalls hätte er die Vergiftung nicht über so lange Zeit hin unauffällig und heimlich bewerkstelligt. Und noch ein weiteres gewichtiges Indiz sprach gegen die Annahme, der Arzt könne der Täter sein. Napoleon mußte, den Analysen zufolge, schon ab 1818 das Arsen in jeweils winzigen Dosen verabreicht worden sein. Antommarchi aber kam erst 1819. Napoleon hatte sogar schon im September 1817 erstmals über dumpfe Druckgefühle in der rechten Unterrippengegend geklagt.

Nach langer detektivischer Arbeit blieb schließlich als einzig möglicher Täter Charles-Tristan de Montholon übrig, nicht aber irgendein gekaufter Mörder aus England, bezahlt von der britischen Monarchie, wie Napoleon selbst des öfteren befürchtet und gemutmaßt hatte.

Wer war dieser Charles-Tristan de Montholon? Er gehörte zur Dienerschaft. Es mußte auch zwangsläufig jemand sein, der sich seit 1817, mindestens aber 1818 und bis zu seinem Tod in der unmittelbaren und täglichen Umgebung Napoleons befand. Und da kamen so viele nicht in Frage.

Alle Personen des Exilhaushaltes nahmen stets das gleiche Essen wie Napoleon ein. Das Essen schied also aus.

Aber anders war es mit dem Wein. Wer Napoleon vergiften wollte, konnte es nur mit Arsen in seinem Wein. Wer also hatte Zugang zum Wein? Allein Charles-Tristan de Montholon.

Aber das Motiv?

Nach Forshufvuds Meinung steckte als Auftraggeber der Conte d'Artois dahinter, der jüngere Bruder (1757-1836) der beiden Könige Ludwig XVI. (1754-1793) und Ludwig XVIII. (1755-1824, König ab 1815) – alle drei Söhne des Dauphins Louis. Er hatte sich nach der Revolution ins Exil nach Schottland zurückgezogen und haßte alles, was nur irgendwie mit dieser Revolution zusammenhing, und ganz besonders Napoleon, der seiner Ansicht nach die Revolution nur dazu benutzt hatte, selbst an die

Macht zu gelangen. Mehrere Mordanschläge auf Napoleon werden in der Tat ihm zugeschrieben und auch Intrigen von Schottland aus. Ihm ging es offensichtlich um die zuverlässige endgültige Ausschaltung der "Dynastie" oder auch nur ähnlicher Ansprüche der Bonaparte-Familie. Denn er wußte, daß er selbst nach dem Tod seines Bruders Ludwigs XVIII. den Anspruch auf den Thron erheben konnte und auch tatsächlich Thronfolger war (als Charles X. regierte er dann wirklich von 1824-1830). Deshalb hatte er schon, während Napoleon noch an der Macht war, immer wieder versucht, ihn zu beseitigen.

Noch in seinem Exil, so ahnte Napoleon und sprach auch immer wieder davon, war er für den intriganten Grafen und späteren König eine stete potentielle Gefahr – sowohl für ihn persönlich als auch generell für das wieder installierte Königtum. Und d'Artois hatte schließlich miterlebt, wie Napoleon schon einmal wieder "aus der Versenkung aufgetaucht" und im Triumphzug von Elba nach Paris zurückgekehrt war, wenn auch nur für die berühmten 100 Tage. Ein zweites Mal sollte Ähnliches auf gar keinen Fall auch nur möglich sein – vermutete Foshufvud mit einiger Berechtigung. Dieses Mordmotiv klingt ja auch verhältnismäßig einleuchtend.

Heuerte er sich also den Diener de Montholon für die Ausführung des Giftmordes an?

Die beiden amerikanischen Autoren David Hapgood und Ben Weider kommen in ihrem Buch über den Fall ("Der Mörder Napoleons") zu eben diesem Schluß: "Allein de Montholon kommt, schon aus praktischen Gründen, als Täter in Frage. Nur er war rein technisch in der Lage dazu. Er war der einzige, der Gelegenheit hatte, in Napoleons Wein Arsen zu mischen – anfangs nur ganz minimale, kaum merkliche und auf keinen Fall tödliche Mengen, die aber zu einer allmählichen, doch stetigen Verschlechterung des Gesundheitszustands führten."

Eine letzte Frage war, ob de Montholon die Dosis am Ende beträchtlich gesteigert habe. Das treffe wohl zu, ist die Überzeugung, zu der Sten Forshufvud gelangte: Der Mörder habe besonders in den letzten Tagen, als Napoleon schon sehr starke Qualen litt, auch noch dessen Schmerz-Medikamente mit Arsen versetzt.

Dabei war Napoleon an sich ein Gegner aller Medikamente. In einem Gespräch mit Antommarchi hatte er einmal gesagt: "Glauben Sie mir, wir täten besser daran, alle diese Heilmittel beiseite zu lassen. Das Leben ist eine Festung, von der Sie und ich nichts wissen. Warum sollten wir deren eigene Verteidigung erschweren. Die Mittel, die sie selbst hat, sind allen aus euren Laboratorien überlegen. Corsivart hat mir ebenfalls aufrichtig darin beigestimmt, daß alle eure unsauberen Mixturen nichts taugen. Die Medizin ist eine Anhäufung ganz unsicherer Vorschriften, deren Wirkung im allgemeinen mehr schadet als nützt. Reines Wasser, reine Luft und Sauberkeit sind in meiner Pharmakopöe die Hauptmittel."

Doch noch ein letzter Zweifel war zu klären und womöglich zu beseitigen: Wurde Napoleon wirklich absichtlich mit Arsen vergiftet, oder besteht nicht zumindest theoretisch die Möglichkeit, daß er das Gift "aus Versehen" aufnahm oder ganz unbewußt und unabsichtlich und auch ohne jede ausdrückliche "Verabreichung", also ohne Mordabsicht? Arsen kann in der Tat auf verschiedene Weise aufgenommen werden – fast so wie Asbest, das wir heute als zuweilen lebensgefährlichen Baustoff erkannt haben.

Zu Napoleons Zeiten war tatsächlich Kupferarsen, Schelles Grün genannt, in sehr leichtsinniger Weise, wie man heute weiß, weit verbreitet. Stoffe und Tapeten wurden damit gefärbt. Und schon 1892 gelang dem Engländer Dr. David Jones tatsächlich der Nachweis, daß Tapeten in mehreren Zimmern Napoleons mit eben diesem Kupferarsen eingefärbt waren. (Diesem Aspekt widmete erst jüngst das englische Fernsehen eine Dokumentation über "Die Sache mit Napoleons Tapete".)

Forshufvud hat diese Möglichkeit jedoch kategorisch ausgeschlossen; nicht ganz ohne Logik: "Träfe dies zu, dann hätten ja außer ihm auch alle anderen Personen auf St. Helena diese Vergiftungssymptome zeigen müssen, was aber nicht der Fall war."

Das letzte Denkspiel schließlich: Könnte es sein, daß der finstere Mörder de Montholon, untreuer, aber gewiß für die Missetat reich belohnter Diener, beobachtete, wie Napoleon, der während seiner zweiten Verbannung nachgewiesenermaßen immer wieder in stumpfsinnige Depressionen verfiel, dann vor sich hinstarrend stundenlang mit dem Finger die Tapetenmuster an der Wand nachmalte? Und dann (de Montholon) vielleicht auch da etwas nachgeholfen und mit Arsenfarbe nachgestrichen hat?

Das aber ist natürlich wieder einmal reine Spekulation, die nur in pikanter Weise an den "Denver-Clan" aus dem Fernsehen erinnert. Dort unternahm bekanntlich der böse Sohn Adam ebenfalls einen Giftmordanschlag. Auf Jeff. Mit giftiger Farbe, mit der er Jeffs Büro streichen ließ.

Die geheime Botschaft von Fatima

Hat sich die Sonne in Fatima "wie ein Feuerwerkskörper" gedreht, ohne daß irgendein Observatorium der Welt dies registriert hätte? Wird die sogenannte dritte Botschaft von Fatima von der Kirche geheimgehalten? Steht wirklich das Datum des Beginns des Weltuntergangs darin?

Diese drei Kinder, Lucia dos Santos, ihr Vetter Francisco und ihre Cousine Jacinta Marta, sahen das Wunder von Fatima

Drei Bauernkinder hatten 1917 in Fatima/Portugal eine merkwürdige Vision. Seitdem ist Fatima ein weltweit bekannter Marienerscheinungs- und damit Wallfahrtsort für christliche Gläubige wie Lourdes oder Tschenstochau.

Den drei Kindern Lucia dos Santos, ihrem Vetter Francisco und ihrer Cousine Jacinta Marta erschien, so erzählten sie es, beim Schafehüten die Mutter Gottes.

Sechsmal insgesamt, ein halbes Jahr lang pünktlich jeden Monat am gleichen Monatstag: am 13. Mai, 13. Juni, 13. Juli, 13. August, 13. September und am 13. Oktober.

Das eigentliche Rätsel von Fatima aber – und das ist weniger bekannt –, beginnt schon ein Jahr früher, im Sommer des Jahres 1916. Und noch früher waren in ganz Europa die Marienerscheinungen immer häufiger geworden.

Am 21. August 1879 hatten 15 Personen zusammen und gleichzeitig in Cnoc Mhuire in Irland eine Vision von Maria mit der Krone, weiß gekleidet, die Arme im Gebet zum Himmel erhoben.

Am 2. Januar 1882 erlebt Anne-Marie Coste eine Marienvision im Spital zu Lyon in Frankreich. Die Mutter Gottes, angetan mit einem prächtigen, kostbaren Mantel, trägt das Jesuskind im Arm. Außerdem hält sie eine Weltkugel mit zerbrochenem Kreuz.

1884 erscheint die Madonna mehrmals der neun Jahre alten Maria Lourdeau in St. Columbin in Frankreich.

Am 29. November 1886 betet in Diemoz in Frankreich die 27jährige Marie-Luise Nerbolliers ihre Marienvision an.

Am 22. März 1888 bezeugen zwei 30jährige Frauen eine Marienerscheinung in Castelpetrosos in Italien.

Am 8. Mai 1890 nehmen in Signy in Frankreich ein Mann namens Alfred Caileaux und seine Schwester Marie eine stumm mit zum Gebet gefalteten Händen am Himmel dahinschwebende Maria wahr.

1895 erblickt ein zwölf Jahre alter Junge in Krishnannesti Sankaranarayanam in Indien eine Maria mit dem Jesuskind.

Dann aber geschieht etwas. Während in sämtlichen sich gegen das Ende des 19. Jh. hin häufenden Marienvisionen die Mutter Gottes stets ganz passiv bleibt, handelt sie nun plötzlich aktiv; und zwar zum erstenmal am 12. September 1914.

Die Schlacht an der Marne tobt. Es ist eine der ersten gewaltigen Materialschlachten der "neuen Kriegführung" des 20. Jh. Die deutsche Armee scheint haushoch überlegen zu sein, ihr Angriff steht sichtlich unmittelbar bevor. "Da taucht am Himmel eine Marienerscheinung auf, die den deutschen Vormarsch zum Stillstand bringt. Zahlreiche Soldaten sehen die Erscheinung."

Für wie erwiesen muß man das halten?

Am 13. Februar 1914 hatte bereits eine Marienerscheinung zu der Bäuerin Eudokia Andrianova in Potschinski gesprochen: "In Kolomenskoje bei Moskau ist eine schwarze Ikone verborgen."

Die Ikone soll tatsächlich entdeckt worden sein. 1915 gibt es mehrfach Berichte, daß auch über der russischen Front Maria am Himmel erschienen sei.

Wie sicher (oder objektiv nachweisbar) ist dies? Es läßt sich gewiß nur subjektiv verbürgen.

Im Sommer 1916 schließlich überstürzten sich in Fatima die Ereignisse. Die dortigen, weltberühmt gewordenen Visionen müssen wohl als der Höhepunkt der zahlreichen Marienerscheinungen in den Jahrzehnten davor verstanden werden.

Schon im Sommer 1915, wird dokumentiert, erblickten Lucia dos Santos, ihr Vetter Francisco und ihre Cousine Jacinta Marta mehrmals eine weiße Wolke, die "eine überirdisch schöne Gestalt" umhüllte und am Himmel dahinzog. Dieses Erlebnis wiederholte sich für die Kinder im Sommer 1916, diesmal in der kleinen Mulde namens Cova da Iria.

Alles scheint sich so zu ordnen und zu fügen, als habe die erste Erscheinung im Sommer zuvor und nun auch diese die Kinder auf die künftigen Ereignisse hinweisen wollen.

Am 13. Mai 1917 dann sehen die Kinder die erste konkrete Vision. Sie sind beim Schafehüten. Etwas wie ein Blitz läßt sie aufschrecken. Freilich ist weit und breit kein Donner zu vernehmen. Kündigt sich etwa ein starker Sturm an? Das Phänomen wiederholt sich. Grelles Licht zuckt vom Himmel, noch imposanter als beim ersten Mal. Und dann erscheint ihnen ihre Vision. Maria spricht zu ihnen. Sie werde von nun an, sagt sie, stets am 13. der nächsten Monate kommen.

Die Kinder berichten, was sie erlebt haben. Aber kaum jemand will ihnen glauben. Am nächsten Erscheinungstag, dem 13. Juni, finden sich deswegen nur ganz wenige Menschen mit ihnen an dem Ort ein. Es sind die drei Kinder und etwa 50 Erwachsene aus den umliegenden Dörfern versammelt.

Und wieder leuchtet das blitzartige Licht gleißend auf, erneut wie ein Blitz ohne Donner.

Dann fällt Lucia auf die Knie. Sie fleht die Erscheinung an, doch mit ins Paradies kommen zu dürfen. "Und auch meine Cousine Jacinta Marta und mein Cousin Francisco möchten mit in den Himmel."

Als Antwort folgt die erste prophetische Botschaft von Fatima, die im Vergleich zu den späteren nur wenig bekannt geworden ist.

"Francisco und Jacinta Marta werde ich bald holen. Du, Lucia, aber wirst noch länger hier bleiben."

Am 4. April 1919 stirbt Francisco, kein Jahr später auch Jacinta Marta. Der Tod der beiden Kinder, heißt es, wird von einem geheimnisvollen Lichtschein begleitet.

Die nächste Erscheinung ist wie angekündigt am 13. Juli 1917. Diesmal sind nun schon an die 4000 Gläubige anwesend, die das Wunder miterleben möchten. Diesmal kündigt zweimaliges Donnern die Erscheinung an. "Ein überirdisch schöner Regenbogen", sagen Berichte, "verbreitet rätselhaftes Licht."

Lucia wendet sich wieder mit einer Bitte an die Erscheinung: "Vollbringe doch ein Wunder, damit Ungläubige zum Glauben finden!"

Und ein solches Wunder kündigt die Erscheinung – sagt Lucia – für den 13. Oktober an.

Die nächste Erscheinung vom 13. August wird besonders bekannt wegen der "drei Botschaften von Fatima" an diesem Datum.

Die erste Botschaft ist froh: Der Erste Weltkrieg wird bald enden.

Die zweite ist düster: Ein zweiter Weltkrieg wird ausbrechen. Die Botschaft nennt ein Zeichen. Bevor dieser zweite Krieg beginnen wird, taucht ein Leuchten am Himmel auf.

Eben dies läßt sich aus einem Ereignis eine Woche vor Beginn des Zweiten Weltkriegs deuten.

Hitler feiert auf seinem "Berghof" bei Berchtesgaden gerade den Nichtangriffspakt mit Stalin, als ein sonderbares Leuchten am Himmel eine Stunde lang die Schwärze der Nacht besiegt und alles in ein rötliches Licht taucht. Hitler soll beim Anblick dieses Lichts versonnen gesagt haben: "Das sieht nach viel Blut aus. Diesmal wird es nicht ohne Gewalt abgehen."

Die Botschaft soll noch eine präzise Angabe enthalten haben: Im Todesjahr des Papstes kommt es zum Krieg.

Pius XI. stirbt 1939. (Wenn es allerdings wirklich hieß: "des" Papstes und nicht "eines" oder "des nächsten", dann muß hier auch erwähnt werden, daß zur Zeit dieser Botschaft, 1917, noch Benedikt XV. Papst war und erst Pius XI., sein Nachfolger, gemeint sein konnte.)

Für den 13. Oktober 1917, den Tag, an dem sich das angekündigte Wunder ereignen soll, wird in allen Kirchen Portugals auf diese Ankündigung hingewiesen. Und allseits erwartet man eine gewaltige Menschenmenge in Fatima.

Doch am 13. Oktober regnet es in Strömen, und so sind es "nur" 70 000 Gläubige, die sich dennoch einfinden und auf das Wunder von Fatima hoffen.

Und sie sind alle überzeugt, daß es geschehen ist an diesem Tag.

So lauten die Berichte darüber:

Zwar sehen wieder nur die drei Kinder "ihre" Erscheinung, aber von der Sonne hinter dem Schleier der Regenwand geht ein seltsames Licht aus. Es ist hell genug, um direkt auf sie blicken zu können. Die Sonne erinnert mehr an einen großen Mond und sie beginnt plötzlich, sich wie ein Feuerwerkskörper um die eigene Achse zu drehen. Aus dem fahlen, matten Schein wird sprühendes Funkeln in den Farben des Regenbogens. Für Augenblicke hält die Sonne in ihrer Bewegung inne, nur, um kurz darauf wieder in rasendes Kreisen zu verfallen, scheinbar noch heller. Ein zweites Mal kommt die Bewegung zum Stillstand. Und ein drittes Mal beginnt das Kreisen. Der deutschstämmige italienische Fachjournalist Hellmuth Hoffmann zitiert einen – namentlich nicht bezeichneten – Augenzeugen: "Mit einem Male schien es, als ob die Sonne sich vom Firmament loslöse und in Zickzacksprüngen auf die Erde stürze ... als die Menge wieder zu sich gekommen war, bot sich eine neue Überraschung dar. Die von dem anhaltenden Regen völlig durchnäßten Kleider waren in wenigen Minuten trocken geworden." Was haben die Leute da gesehen? Einen sogenannten Kugelblitz vielleicht? Denn daß die Sonne faktisch kreiseln konnte "wie ein Feuerwerkskörper", ist physikalisch absolut unmöglich und wäre, wenn es geschehen wäre, ja nicht nur in Fatima zu beobachten gewesen.

Und keinem Observatorium der Welt wäre es entgangen – wie es tatsächlich aber der Fall ist. "Das nie geklärte Sonnenwunder ist nicht als örtliche Täuschung zu erklären, und auch eine Massenhysterie liegt nicht vor, denn noch in einer Entfernung von 160 km von Fatima war das wundersame Geschehen beobachtet worden". Sind solche Feststellungen zulässig und glaubhaft?

Sie sind jedenfalls nicht sachdienlich. Denn sowohl die Fragen wie die Antworten darauf müssen anders lauten. Es handelt sich um Dinge, die nicht naturwissenschaftlich zu sehen sind, also auch weder auf naturwissenschaftliche Weise geschildert und begründet noch widerlegt werden können. Es ist völlig müßig, zu behaupten oder zu widerlegen, ob nun die Sonne sich tatsächlich "kreiselnd gedreht" habe. Das hat sie nicht, das kann sie nicht haben. Wenn sie es für die in Fatima Versammelten tat, dann war es eine Wahrnehmung anderer Provenienz als einer naturwissenschaftlichen. Nur so kann die Antwort lauten.

Weiter in der Schilderung der Abläufe.

Die Jahre gehen dahin, die Geschehnisse von Fatima scheinen in Vergessenheit zu geraten.

1921 geht das Mädchen Lucia dos Santos in das Kloster der hl. Dorothea in Oporto.

Als 1939 dann der Zweite Weltkrieg ausbricht, so wie es in der Botschaft vom Juli 1917 in Fatima enthalten war, erinnert man sich wieder daran, daß da damals noch eine Botschaft war. Noch eine Vorhersage. Diese soll aber der Papst der Welt erst 1960 kundtun.

Es beginnt ein Rätselraten. Warum so spät? Ist diese Botschaft vielleicht so schlimm, daß man sie noch niemandem zumuten kann?

Die Frage wird später immer wieder gestellt: Sagt diese geheimnisvolle dritte Botschaft von Fatima etwa einen dritten Weltkrieg voraus? Seit 1948 lebt Lucia dos Santos, inzwischen 41 Jahre alt, in strenger Klausur bei den Karmelitinnen im Kloster von Coimbra. Bis heute ist nicht klar, warum. Soll sie vor den Fragen allzu Neugieriger geschützt werden? In der Tat wächst das Interesse, dieses "letzte Geheimnis von Fatima" zu erfahren, zusehends.

1957 überreicht der Erzbischof von Leiria, Josef Alvas Cerreida da Silva, die Botschaft dem Vatikan in einem versiegelten Umschlag.

Am 26. Dezember des Jahres 1957 spricht Padre Augustin Fuentes aus Mexiko mit Lucia und behält, was er dabei erfährt, bis zum 22. Mai 1958 für sich.

Der erwähnte Journalist Hoffmann schrieb in seinem Buch "Die Wahrheit über die Botschaft von Fatima", was der mexikanische Priester von Lucia dos Santos erfahren hat.

Nämlich dies: Tatsächlich stehe laut der letzten Botschaft von Fatima der dritte Weltkrieg noch vor Ende des Jahrhunderts bevor: "Viele Nationen werden vom Angesicht der Erde verschwinden. Die Völker ohne Gott werden die von Gott gewählte Geißel zur Bestrafung der Menschheit sein, wenn wir nicht durch Gebete und Sakramente ihre Bekehrung herbeiführen. Wir kommen zur Endzeit."

Auch das Jahr 1960 aber verstreicht, ohne daß aus Rom amtlich mitgeteilt wird, wie nun die dritte Botschaft von Fatima exakt lautet.

Das Jahr 1975, ein von Rom ausgerufenes "Heiliges Jahr", vergeht, ohne daß der Schleier um die Botschaft von Fatima gelüftet wird.

Es werden Fragen gestellt: Warum?

1978 stirbt Papst Johannes Paul I. unter rätselhaften Begleitumständen nach einer Amtszeit von erst einem Monat. Noch bevor sein Nachfolger den Stuhl Petri besteigt, erscheint in dem römischen Sonntagsblatt "L'Osservatore della Domenica" ein sensationeller Artikel. Als Autor zeichnet Monsignore Carrado Balducci. Der Inhalt des Artikels lautet im Tenor: Es wird eine große Bestrafung über die Menschheit kommen. Derart präzise hat noch niemand auf den vermuteten Inhalt der letzten Vorhersage der Botschaft von Fatima hingewiesen. Noch unter dem Pontifikat des jetzigen Papstes soll "ein großer Krieg" ausbrechen, dem "Millionen Menschen zum Opfer fallen".

Daß in dem amtlichen Wochenblatt des Vatikans das so sorgfältig gehütete Geheimnis von Fatima in Auszügen publik gemacht wurde, löste viele Diskussionen aus, auch Mutmaßungen wie die, ob Monsignore Balducci die kurze papstlose Zeit etwa habe nutzen wollen, um die Botschaft von Fatima quasi handstreichartig zu publizieren. Und daß oder ob er damit dem Befehl habe gerecht werden wollen, den Lucia dos Santos 1917 von Maria erhalten haben will (nämlich, daß diese Botschaft den Menschen 1960 mitgeteilt werden müsse)...

Das alles führt aber eigentlich, mit allen seinen Widersprüchen und Seltsamkeiten, schon wieder ins Kolportagehafte.

Kurienkardinal Josef Ratzinger jedenfalls hat erklärt, die Kirche habe auch heute nicht vor, den Schleier zu lüften. Nach seinen Worten enthält die sogenannte "dritte Botschaft von Fatima" nichts, was der Gläubige nicht auch schon der Offenbarung des Johannes entnehmen könne.

In der Offenbarung ist bekanntlich von Krieg, Gemetzel und grauenhaftem Sterben von Völkern die Rede.

Aber ein Datum ist nicht genannt.

In der dritten Botschaft von Fatima aber soll der "Beginn des Weltuntergangs" mit einem Datum genannt sein.

Das bleibt jedoch eine reine Spekulation, solange es nicht wirklich belegt werden kann.

Und damit eine letzte lexikalische Anmerkung: *Fatima, portugiesischer Wallfahrtsort 20 km südöstlich von Leiria, 800 m ü.d.Meer, 6500 E. Drei Kinder hatten hier 1917 jeweils am 13. der Monate Mai bis Oktober Erscheinungen Marias, 1930 von der Kirche für glaubwürdig erklärt. Am Ort der ersten Erscheinung entstand ein großer Versammlungsplatz mit Basilika, Klosterbauten und Unterkünften.*